工学结合·基于工作过程导向的项目化创新系列教材
国家示范性高等职业教育土建类"十三五"规划教材

工程项目管理

GONGCHENG XIANGMU GUANLI

主　编　傅鸣春　侯献语
　　　　黄　超
副主编　何　伟　曹迎春
　　　　武　斌　程　林
　　　　任　微　徐　敏

華中科技大學出版社
http://www.hustp.com
中国·武汉

内容简介

本书按照高等职业教育土建类各专业对工程项目管理课程的要求，根据项目管理类专业的标准，以国家现行建设工程标准、规范、规程为依据，参照现行国家注册建造师“建设工程项目管理”科目内容和考试大纲，根据编者多年工作经验和教学实践，在结合国内建筑工程技术管理的发展，以及同事们已有成果的基础上修改、补充编写而成。本书对建筑工程项目管理的理论、方法、要求等做了明确的阐述，坚持以就业为导向，突出实用性、实践性。

本书共分10个学习情境，内容包括工程项目管理概述、工程项目管理规划、工程项目的组织与管理团队、建筑工程项目招标投标、工程项目合同管理、建筑工程项目成本管理、建筑工程项目进度管理、建筑工程项目质量管理、建筑工程项目现场管理与环境管理和建筑工程项目信息资料管理。

为了方便教学，本书还配有电子课件等教学资源包，任课教师和学生可以登录“我们爱读书”网(www.ibook4us.com)注册并浏览，任课教师还可以发邮件至 hustujian@163.com 索取。

图书在版编目(CIP)数据

工程项目管理/傅鸣春，侯献语，黄超主编. —武汉：华中科技大学出版社，2019.1
国家示范性高等职业教育土建类“十三五”规划教材
ISBN 978-7-5680-4947-4

Ⅰ.①工… Ⅱ.①傅… ②侯… ③黄… Ⅲ.①工程项目管理-高等职业教育-教材 Ⅳ.①F284

中国版本图书馆 CIP 数据核字(2019)第 020533 号

工程项目管理
Gongcheng Xiangmu Guanli

傅鸣春　侯献语　黄　超　主编

策划编辑：康　序
责任编辑：刘　静
责任监印：朱　玢
出版发行：华中科技大学出版社(中国·武汉)　　电话：(027)81321913
武汉市东湖新技术开发区华工科技园　　邮编：430223
录　　排：武汉三月禾文化传播有限公司
印　　刷：武汉市籍缘印刷厂
开　　本：787mm×1092mm　1/16
印　　张：14
字　　数：359千字
版　　次：2019年1月第1版第1次印刷
定　　价：35.00元

前言

当今，我国建筑市场不断发展和规范化，并与国际接轨逐渐推进全球化进程，工程项目管理理论和实践经验在我国得到进一步推广应用，尤其是国际工程建设的项目，必须按国际惯例实行项目管理。工程项目管理作为一种先进的管理模式和管理理念，已经受到人们的广泛重视，促进了我国建筑业管理体制、投资体制等方面进一步的改革。

工程项目管理是高职院校工程管理与施工、工程造价等土建类相关专业的基础课程。课程的主要培养目标是使学生掌握工程项目管理的基本理论和方法，具备工程进度控制、成本控制、质量控制、安全控制的基本技能，能够搜集、整理、处理工程信息，具有一定的工程风险分析能力，培养学生的团队合作精神及主动思考问题和解决问题的综合素质。

本书以现行工程项目管理的标准规范及相关法律法规为依据进行编写，且充分参考了工程项目管理领域的最新理论与发展趋势，不仅具有理论性、基础性，还具有与时俱进性。

另外，本书的编写倡导先进性，注重可行性，淡化细节，强调对学生综合思维和能力的培养，编写时既考虑内容的相互关联性和体系的完整性，又不拘泥于此，对工程实践中的可操作性和指导性做了充足的解析。

考虑到工程项目管理国际化、信息化、专业化水平的不断提高，本书在编写过程中，尽量吸纳工程项目管理理论与实践的新经验和新成果，以建造师执业资格考试为基础，坚持"以应用为目的，专业理论知识以必需、市场为依据"的原则设计结构，组织内容编写，以满足读者对工程项目管理理论知识体系的系统学习和高职院校工程类专业课程教学的需要，在内容编排上体现了以下几个特点。

第一，根据高职工程施工类专业学生主要就业岗位(如施工员、技术员等)所需要施工项目管理的能力需求设置各学习情境的内容，力求做到简单适用、通俗易懂。

第二，注重理论与实践相结合，按照实际工程项目管理工作流程展开，特别强调实用性和可操作性，使逻辑结构符合认识规律，有利于读者较好地掌握学习内容。

第三，充分考虑我国建筑施工企业转型升级、延伸产业链的新常态以及工程项目管理国际化的新趋势，在内容上借鉴建造师执业资格考试内容，以利于学生在执业资格上的发展。

本书共分为10个学习情境，由辽宁省交通高等专科学校傅鸣春、侯献语和贵州工商职业学院黄超担任主编，由长江工程职业技术学院何伟、辽宁省交通高等专科学校曹迎春和武斌、襄阳职业技术学院程林、鄂州职业大学任微、安徽国防科技职业学院徐敏担任副主编。具体编写分工如下。傅鸣春编写学习情境2、学习情境3、学习情境7，侯献语编写学习情境4，黄超编写学习情境5，何伟编写学习情境6，曹迎春编写学习情境1，武斌编写学习情境8，程林编写学习情境10，任薇和徐敏编写学习情境9。全书由傅鸣春拟定大纲、完成统稿。

为了方便教学，本书还配有电子课件等教学资源包，任课教师和学生可以登录“我们爱读书”网(www.ibook4us.com)注册并浏览，任课教师还可以发邮件至 husttujian@163.com 索取。

限于编者的专业水平，书中不足之处在所难免，恳请广大读者批评指正。

编　者

2018年12月

目录

学习情境 1

工程项目管理概述

知识目标

通过本学习情境的学习，了解项目的概念、特征，了解工程项目的概念、分类、特征、建设程序及工程系统的构成，认识工程项目管理的概念、内容及程序，熟悉工程项目管理的类型。

技能目标

通过本学习情境的学习，能够对工程项目现场管理有一定认识，熟悉项目管理的程序和内容。

任务 1 项目与工程项目

一、项目

项目起源于建筑行业，但随着社会进步和现代科技的发展，"项目"一词的含义不断扩展。项目各式各样，大小不一，如载人航天工程、长江三峡水利枢纽工程、京九铁路工程、政府部门的体制改革、企业策划的开发促销活动、科技推广项目、科研课题、各种基础设施建设、房地产项目等，甚至出趟差、联欢会或家庭聚会等都可以当作一个小项目。

1. 项目的定义

"项目"的定义很多，许多管理学家、学者或相关组织都试图用简单通俗的语言对项目进行抽象性概括和描述。

(1) 美国的项目管理权威机构——项目管理协会(PMI)认为，项目是一种被承办的、旨在创造某种独特产品或服务的临时性努力。

(2) 德国国家标准 DIN 69901 认为，项目是在总体上符合一定条件的唯一性任务，这些条件为具有预定的目标，具有时间、财务、人力和其他限制条件，具有专门的组织。归纳起来，项目主要包含以下三层含义。

① 项目是一项有待完成的任务，有特定的环境与要求，即项目是指一个过程，而不是指过程终结后所形成的成果。

② 在一定的组织机构内，利用有限的资源(人、财、物等)在规定的时间内完成任务，且质量、进度、费用是项目普遍存在的三个主要约束条件。

③ 任务要满足一定性能、质量、数量、技术指标等要求，即必须达到事先规定的目标要求。

2. 项目的特征

(1) 资源和成本的约束性。项目是通过企业或者组织调用各种资源和人力来实施的，但这些资源都是有限的，而且组织为了维持日常的运作不会把所有的人力、物力和财力放于某一个项目上，在该项目上投入的仅仅是有限的资源。

(2) 时限性。时限性是指每一个项目都有明确的开始和结束时间。当项目的目标都已经达到时，该项目就结束了；当项目的目标确定不能达到时，该项目就会终止。时限是相对的，并不是说每个项目持续的时间都短，而是仅指项目具有明确的开始和结束时间，有些项目需要持续几年，甚至更长时间。项目的时限性同时还体现在：机遇和市场行情通常是暂时的——大多数项目都需要在限定的时间框架内创造产品或者服务；项目小组的存在也是有时限的，项目小组一般都是为了项目而临时组成的，当项目结束时大部分的项目小组成员都会回归原部门。

(3) 不确定性。在日常运作中，拥有较为成熟的、丰富的经验，对产品和服务的认识比较丰富，而在项目的实施过程中，所面临的风险比较多，这一方面是因为经验不丰富，环境不确定；另一方面是因为生产的产品和提供的服务具有独特性，在生产之前对这一过程并不熟悉，因此项目具有明显的不确定性。

(4) 唯一性，或者说是独特性。区别一种或一系列活动是不是项目，重要的标准就是辨别这些活动是否生产特殊的产品和提供特殊的服务，这就是项目的唯一性。每一个项目的产品和服务都是唯一的、独特的。有些项目即使生产的产品或提供的服务相似，但由于时间、地点、内外部环境的不同，项目的实施过程和项目本身也具有独特的性质。

(5) 实施过程的一次性。项目是一次性任务，一次性是项目与重复性运作的主要区别。而且随着项目目标的逐渐实现、项目结果的移交和合同的终止，该项目也即结束，项目并非日常运作似的终而复始地工作。

(6) 整体性。从系统论的角度来说，每一个项目都是一个整体，都按照其目标来配置资源，追求整体的效益，做到数量、质量、结构的整体优化。由于项目是为了实现特定目标而展开的多项任务的集合，是一系列活动的过程，所以强调项目的整体性，就是要重视项目过程与目标的统一，重视时间与内容的统一。

(7) 目标明确性和多目标性。项目的目标必须是明确的，在项目成立之初目标便已确定，并且在项目的进行中目标一般不会发生太大的变化，因此项目比较明显的特征就是目标明确性。另外，项目由于涉及多个主题、过程与活动等，具有多目标性。这主要体现在项目的成果性目标和约束性目标两个方面。成果性目标是指项目应实现按时交付产品和服务的目标，约束性目标是指要在一定的时间、人力和成本下完成项目。

(8) 生命周期性。从项目开始到项目的一步一步实施，再到项目的终结，项目在不同的阶段有不同的特点，因此项目具有明显的生命周期性。

(9) 冲突性。项目经理生活在冲突的世界里。美国著名项目管理大师小塞缪尔·J.曼特尔说，项目经理如果不是一个熟练的谈判者和冲突的解决者，要完成项目是不可能的。在项目中存在着各种冲突和矛盾，如项目与各职能部门之间争夺人力、成本、权力等引发的冲突，项目经理与各职能部门领导人、客户、项目小组成员之间的矛盾。可以看出，要想项目获得成功，就必须解决好这些冲突和矛盾。

(10) 项目的委托人是特定的。委托人或者说客户，在项目中是特定的。在一般情况下，他们既是项目成果的需求者，也是项目的主要资助者。项目的委托人可以是人，可以是组织，甚至可以是相互合作的团体，他们共同的特征就是对项目的成果具有相同的需求。

二、工程项目

（一）工程项目的定义

工程项目又称土木工程项目或建筑工程项目，是以工程建设为载体的项目，是作为被管理对象的一次性工程建设任务。它是以建筑物或构筑物为目标产出物的、有开工时间和竣工时间的、由相互关联的活动所组成的特定过程。该过程要达到的最终目标应符合预定的适用要求，并满足标准或业主所提出的质量、工期、造价和资源等约束条件。

（二）工程项目的分类

1.按建设工程的自然属性划分

建设工程是指为人类生活、生产提供物质技术基础的各类建筑物和工程设施的统称。按建设工程的自然属性划分，工程项目可分为建筑工程、土木工程和机电工程三类，涵盖房屋建筑工程、铁路工程、公路工程、水利工程、市政工程、煤炭矿山工程、水运工程、海洋工程、民航工程、商业与物质工程、农业工程、林业工程、粮食工程、石油天然气工程、海洋石油工程、火电工程、水电工程、核工业工程、建材工程、冶金工程、有色金属工程、石化工程、化工工程、医药工程、机械工程、航天与航空工程、兵器与船舶工程、轻工工程、纺织工程、电子与通信工程和广播电影电视工程等。

2.按建设性质划分

按建设性质划分，工程项目可分为基本建设项目和更新改造项目（简称更改项目）。基本建设项目包括新建项目、扩建项目、迁建项目和恢复项目。一个基本建设项目只能有一种性质，在项目按总体设计全部建成以前，其建设性质是始终不变的。

（1）新建项目。新建项目是指根据国民经济和社会发展的近远期规划，按照规定的程序立项，从无到有、“平地起家”的建设项目。现有企事业和行政单位一般不应有新建项目。如果有的单位原有基础薄弱需要再兴建的项目，则当其新增加的固定资产价值超过原有全部固定资产价值（原值）3 倍以上时，该项目才可算新建项目。

（2）扩建项目。扩建项目是指现有企事业单位在原有场地内或其他地点，为扩大产品的生产能力或增加经济效益而增建的生产车间、独立的生产线或分厂的项目；事业和行政单位在原有业务系统的基础上扩充规模而进行的新增固定资产投资项目。

（3）迁建项目。迁建项目是指原有企事业单位根据自身生产经营和事业发展的要求，出于国家调整生产力布局的经济发展战略的需要或出于环境保护等其他特殊要求，搬迁到异地而建设的项目。

（4）恢复项目。恢复项目是指原有企事业和行政单位，因在自然灾害或战争中使原有固定资产遭受全部或部分报废，需要进行投资重建来恢复生产能力和业务工作条件、生活福利设施等的建设项目。这类项目，不论是按原有规模恢复建设，还是在恢复过程中同时进行扩建，都属于恢复项目。但对于尚未建成投产或交付使用的项目，受到破坏后，若仍按原设计重建，原建设性质不变；若按新设计重建，则根据新设计内容来确定其建设性质。

（5）更新改造项目。更新改造项目是指利用企业基本折旧基金、国家更改措施预算拨款、企业自有资金、国内外技术改造贷款资金，对现有企业的设施及辅助性装置进行改造工作。更新改造项目按更新改造的对象可分为挖潜工程项目、节能工程项目、安全工程项目和环境工程项目。

3.按建设规模划分

为适应对工程项目分级管理的需要，国家规定基本建设项目分为大型、中型、小型三类；更新改造项目分为限额以上和限额以下两类。对于不同等级标准的工程项目，国家规定的审批机关和报建程序也不尽相同。划分项目等级的原则如下。

（1）按批准的可行性研究报告（初步设计）所确定的总设计能力或投资总额的大小，根据国家颁布的《基本建设项目大中小型划分标准》进行分类。

(2) 凡生产单一产品的项目，一般按产品的设计生产能力划分；生产多种产品的项目，一般按其主要产品的设计生产能力划分；产品分类较多，不易分清主次、难以按产品的设计能力划分时，可按投资总额划分。

(3) 对国民经济和社会发展具有特殊意义的某些项目，虽然设计能力或全部投资不够大中型项目标准，经国家批准已列入大中型计划或国家重点建设工程的项目，也按大中型项目管理。

(4) 更新改造项目一般只按投资额分为限额以上和限额以下两类，不再按生产能力或其他标准划分。

(5) 基本建设项目的大、中、小型和更新改造项目限额的具体划分标准，根据各个时期经济发展和实际工作中的需要而有所变化。目前国家的有关规定如下。

① 按投资额划分的基本建设项目，属于生产性建设项目中的能源、交通、原材料部门的工程项目，投资额达到5 000万元以上为大中型项目；其他部门和非工业建设项目，投资额达到3 000万元以上为大中型项目。

② 按生产能力或使用效益划分的基本建设项目，以国家对各行各业的具体规定作为标准。

③ 更新改造项目只按投资额标准划分，能源、交通、原材料部门投资额达到5 000万元及其以上的工程项目和其他部门投资额达到3 000万元及其以上的项目为限额以上项目，其他为限额以下项目。

(6) 一部分工业、非工业建设项目，在国家统一下达的计划中，不作为大中型项目安排。

① 分散零星的江河治理、国营农场、植树造林、草原建设等；原有水库加固，并结合加高大坝、扩大溢洪道和增修灌区配套工程的项目，除国家指定者外，不作为大中型项目。

② 分段整治、施工期长、年度安排有较大伸缩性的航道整治疏浚工程。

③ 科研、文教、卫生、广播、体育、出版、计量、标准、设计等事业单位的建设(包括工业、交通和其他部门所属的同类事业单位)，新建工程按大中型标准划分，改、扩建工程除国家指定者外，一律不作为大中型项目。

④ 城市的排水管网、污水处理、道路、立交桥梁、防洪、环保等工程，城市的一般民用建筑包括集资统一建设的住宅群、办公和生活用房等。

⑤ 名胜古迹、风景点、旅游区的恢复、修建工程。

⑥ 施工队伍以及地质勘探单位等独立的后方基地建设(包括工矿业的农副业基地建设)。

⑦ 采取各种形式利用外资或国内资金兴建的旅游饭店、旅馆、贸易大楼、展览馆科教馆等。

4.按投资用途划分

按投资用途划分，工程项目可分为生产性建设项目和非生产性建设项目。

(1) 生产性建设项目。生产性建设项目是指直接用于物质资料生产或直接为物质资料生产服务的工程项目。它主要包括以下内容。

① 工业建设：包括工业、国防和能源建设。

② 农业建设：包括农、林、牧、渔、水利建设。

③ 基础设施建设：包括交通、邮电、通信建设，地质普查、勘探建设等。

④ 商业建设：包括商业、饮食、仓储、综合技术服务事业的建设。

(2) 非生产性建设项目。非生产性建设项目是指用于满足人民物质和文化、福利需要的建设和非物质资料生产部门的建设。它主要包括以下内容。

① 办公用房:国家各级党政机关、社会团体、企业管理机关的办公用房。

② 居住建筑:住宅、公寓、别墅等。

③ 公共建筑:科学、教育、文化艺术、广播电视、卫生、博览、体育、社会福利事业、公共事业、咨询服务、宗教、金融、保险等建设项目。

④ 其他建设:不属于上述各类的其他非生产性建设。

5.按行业性质和特点划分

按行业性质和特点划分,工程项目可分为竞争性项目、基础性项目和公益性项目三种。

(1) 竞争性项目。竞争性项目主要是指投资效益比较高、竞争性比较强的一般性工程项目。这类工程项目应以企业作为基本投资主体,由企业自主决策、自担投资风险。

(2) 基础性项目。基础性项目主要是指具有自然垄断性、建设周期长、投资额大而收益低的基础设施和需要政府重点扶持的一部分基础工业项目,以及直接增强国力的符合经济规模的支柱产业项目。

对于这类工程项目,主要应由政府集中必要的财力、物力,通过经济实体进行投资。同时,还应广泛吸收地方、企业参与投资,有时还可吸收外商直接投资。

(3) 公益性项目。公益性项目主要包括科技、文教、卫生、体育和环保等设施,公、检、法等政权机关以及政府机关、社会团体办公设施,国防建设等。公益性项目的投资主要由政府用财政资金安排。

6.按管理者划分

按管理者划分,工程项目可分为建设项目、工程设计项目、工程监理项目、工程施工项目和开发工程项目等,它们的管理者分别是建设单位、设计单位、监理单位、施工单位和开发单位。

(三) 工程项目的特征

工程项目除了具有一般项目的特征外,还具有自身的特征。工程项目的特征表现在以下几个方面。

(1) 具有明确的建设任务。例如,建设一所学校、一座发电厂、一条高速铁路、一个住宅小区等。

(2) 具有明确的进度、费用和质量目标。工程项目建设受到多方面的条件约束,包括时间约束,即有合理的工期限制,形成了进度目标;资源约束,即要在一定的人力、物力、财力投入下完成建设任务,形成了费用目标;质量约束,即要达到预期的使用功能、生产能力、技术水平、产品等级等要求,形成了质量目标。

(3) 受一定环境条件的限制。工程项目及其建设过程固定在某一地点,建设施工和安装活动一般露天进行,受到当地资源、气象和地质条件的制约,受到当地经济、社会和文化的影响。

(4) 建设产品具有唯一性的特点。工程项目的建设成果和建设过程的固定性,设计的单一性,施工的单件性,管理组织的一次性,使工程项目的建设过程不同于一般商品的批量生产过程,建设产品具有唯一性的特点。

(5) 建设产品具有整体性的特点。一个工程项目往往是由多个相互关联的子项目构成的系统,其中一个子项目的失败有可能影响整个工程项目的功能的实现。工程项目建设包括多个阶段,各阶段有着紧密的联系,各阶段的工作都对整个工程项目的完成产生影响。

(6) 工程项目管理的复杂性。工程项目一般规模大、范围广，涉及的单位多，各单位之间关系协调的难度和工作量大；工程技术的复杂性不断提高，出现了许多新技术、新材料和新工艺；社会、政治和经济环境对工程项目的影响，特别是对一些跨地区、跨行业的大型工程项目的影响，越来越复杂；项目管理组织是临时性的组织，大大增加了工程项目管理的复杂性。

（四）工程项目的建设程序

工程项目的建设程序是指工程项目从策划、评估、决策、设计、施工到竣工验收、投入生产或交付使用的整个建设过程中，各项工作必须遵循的先后工作次序。工程项目的建设程序是工程项目建设过程客观规律的反映，是建设工程项目科学决策和顺利进行的重要保证。工程项目的建设程序是人们长期在工程项目建设实践中得出来的经验总结，不能任意颠倒，但可以合理交叉。

1.策划决策阶段

策划决策阶段，又称为建设前期工作阶段，主要包括编报项目建议书和可行性研究报告两项工作内容。

(1) 编报项目建议书。对于政府投资工程项目，编报项目建议书是工程项目建设最初阶段的工作。编报项目建议书的主要作用是推荐工程项目，以便在一个确定的地区或部门内，以自然资源和市场预测为基础，选择工程项目。项目建议书经批准后，可进行可行性研究工作，但并不表明工程项目非上不可，项目建议书不是工程项目的最终决策。

(2) 编报可行性研究报告。可行性研究是在项目建议书被批准后，对工程项目在技术上和经济上是否可行所进行的科学分析和论证。根据《国务院关于投资体制改革的决定》(国发〔2004〕20号)，对于政府投资工程项目，须审批项目建议书和可行性研究报告。《国务院关于投资体制改革的决定》指出，对于企业不使用政府资金投资建设的工程项目，一律不再实行审批制，区别不同情况实行核准制和登记备案制。对于《政府核准的投资项目目录》以外的企业投资工程项目，实行备案制。

2.勘察设计阶段

(1) 勘察过程：复杂工程分为初勘和详勘两个阶段。勘查的目的是为设计提供实际依据。

(2) 设计过程：一般划分为两个阶段，即初步设计阶段和施工图设计阶段，对于大型复杂项目，可根据不同行业的特点和需要，在初步设计阶段之后增加技术设计阶段。

初步设计是设计的第一步，当初步设计提出的总概算超过可行性研究报告投资估算的10%以上或其他主要指标需要变动时，要重新报批可行性研究报告。

初步设计经主管部门审批后，建设项目被列入国家固定资产投资计划，方可进行下一步的施工图设计。施工图一经审查批准，不得擅自修改，必须重新报请原审批部门，由原审批部门委托审查机构审查后批准实施。

3.建设准备阶段

建设准备阶段主要内容包括：组建项目法人，征地，拆迁，“三通一平”乃至“七通一平”；组织材料、设备订货；办理项目工程质量监督手续；委托工程监理；准备必要的施工图纸；组织施工招投标，择优选定施工单位；办理施工许可证等。按规定做好施工准备，具备开工条件后，建设单位申请开工，进入施工安装阶段。

4.施工安装阶段

工程项目具备了开工条件并取得施工许可证后方可开工。工程项目新开工时间，按设计文件中规定的任何一项永久性工程第一次正式破土开槽时间确定。不需开槽的，以正式打桩作为开工时间。铁路、公路、水库等以开始进行土石方工程作为开工时间。

5. 生产准备阶段

对于生产性建设项目，在竣工投产前，建设单位应适时地组织专门班子或机构，有计划地做好生产准备工作。生产准备工作包括招收、培训生产人员；组织有关人员参加设备安装、调试、工程验收；落实原材料供应；组建生产管理机构，健全生产规章制度等。生产准备是由建设阶段转入经营的一项重要工作。

6. 竣工验收阶段

工程项目竣工验收是全面考核建设成果、检验设计和施工质量的重要步骤，也是工程项目转入生产和使用的标志。验收合格后，建设单位编制竣工决算，工程项目正式投入使用。

7. 考核评价阶段

工程项目考核评价是工程项目竣工投产、生产运营一段时间后，对工程项目的立项决策、设计施工、竣工投产、生产运营等全过程进行系统评价的一种技术活动，是固定资产管理的一项重要内容，也是固定资产投资管理的最后一个环节。

（五）工程项目内部的工程系统

工程项目内部的工程系统由单项工程、单位工程、分部工程和分项工程等子系统构成。

1. 单项工程

单项工程是指在一个工程项目中，具有独立的设计文件，竣工后能独立发挥生产能力或产生效益的工程。单项工程从施工的角度看是一个独立的系统，在工程项目总体施工部署和管理目标的指导下，形成自身的项目管理方案和目标，按照投资和质量要求，如期建成并交付使用。

单项工程是工程项目的组成部分，一个工程项目由一个或多个单项工程组成。例如，工民建工程中，某工厂建设项目中的生产车间、办公楼、住宅等即可成为单项工程；某学校建设项目中的教学楼、食堂、宿舍等也可成为单项工程。公路工程中独立设计、独立施工、建成后可以独立交工通车的一个合同段，也可成为单项工程。

2. 单位工程

单位工程是指具有单独设计和独立施工条件、不能独立发挥生产能力或产生效益的工程，它是单项工程的组成部分。

例如，在工民建工程中，生产车间这个单项工程一般是由建筑工程、设备安装工程这两个单位工程组成的；在公路工程中，某第五标段这个单项工程是由路基工程（每 10 km）、路面工程（每 10 km）、桥梁工程（大中桥）、隧道工程等单位工程组成的。

3. 分部工程

分部工程是工程项目按单位工程部位划分的组成部分，即单位工程的进一步分解。一般工业与民用建筑工程划分为地基与基础、主体结构、建筑装饰装修、建筑屋面、建筑给排水及采暖、建筑电气、智能建筑、通风与空调、电梯等分部工程。

4. 分项工程

分项工程一般是按工种划分的，也是形成工程项目产品的基本部件或构件的施工过程，如模板工程、钢筋工程、混凝土工程、砖砌体工程等。分项工程是施工活动的基础，也是工程项目用工用料和机械台班消耗计量的基本单元，是工程项目质量形成的直接过程。分项工程既有其作业活动的独立性，又有相互联系、相互制约的整体性。

任务 2 工程项目管理的概念、内容和程序

一、工程项目管理的概念

工程项目管理是指从事工程项目管理的企业（以下简称工程项目管理企业）受业主委托，按照合同约定，代表业主对工程项目的组织实施进行全过程或若干阶段的管理和服务。工程项目管理企业不直接与该工程项目的总承包企业或勘察、设计、供货、施工等企业签订合同，但可以按合同约定，协助业主与工程项目的总承包企业或勘察、设计、供货、施工等企业签订合同，并受业主委托监督合同的履行。工程项目管理的具体方式及服务内容、权限、取费和责任等，由业主与工程项目管理企业在合同中约定。

二、工程项目管理的内容

广义工程项目管理的内容是指工程项目生命周期内的所有活动的管理问题，狭义工程项目管理的内容是指工程项目实施阶段的管理。这里主要阐述的内容是工程项目实施阶段的管理。

1. 建立工程项目管理组织

明确工程项目各参加单位在工程项目实施过程中的组织关系和联系渠道，并选择合适的工程项目组织机构及实施形式；做好工程项目各阶段的计划准备和具体的组织工作；建立本单位的工程项目管理班子；聘任项目经理及各有关职能人员。

2. 编制工程项目管理规划

工程项目管理规划是对工程项目管理的目标、组织、内容、方法、步骤、重点等进行预测和决策，做出具体安排的文件。工程项目管理规划的主要内容如下。

(1) 进行工程项目分解，形成施工对象分解体系，以便确定阶段控制目标，从局部到整体地进行施工活动和工程项目管理。

(2) 建立工程项目管理工作体系，绘制工程项目管理工作体系图和工程项目管理工作信息流程图。

(3) 编制工程项目管理规划，确定管理点，形成文件，以利于执行。

3. 工程项目目标的动态控制

工程项目的目标有阶段性目标和最终目标，实现各项目标是工程项目管理的目的所在。因此，应当坚持以控制论原理和理论为指导，对工程项目进行全过程的科学控制。工程项目的控制目标包括进度控制目标、质量控制目标、成本控制目标和安全控制目标。在工程项目建设过

程中，各控制目标会不断受到各种客观因素的干扰，各种风险因素有随时发生的可能，故应通过组织协调和风险管理，对工程项目控制目标进行动态控制。

4. 现场生产要素的优化配置和动态管理

工程项目的现场生产要素是工程项目目标得以实现的保证，主要包括劳动力、材料、设备、资金和技术。工程项目现场生产要素管理的内容包括以下三个方面。

(1) 分析各项现场生产要素的特点。

(2) 按照一定原则、方法对工程项目的现场生产要素进行优化配置，并对配置状况进行评价。

(3) 对工程项目的各项现场生产要素进行动态管理。

5. 工程项目的合同管理

工程项目的合同管理包括起草合同文件，参加合同谈判，修改、签订合同，处理合同纠纷、索赔等内容。

6. 工程项目的信息管理

工程项目的信息管理主要内容包括：明确参与工程项目的各单位及本单位内部的信息流，相互之间信息传递的形式、时间和内容；确定信息搜集和处理的方法、手段。

7. 工程项目的组织协调

工程项目的组织协调是指按一定的组织形式、手段和方法，对工程项目管理中产生的关系不畅予以疏通，对产生的干扰和障碍予以排除的活动。各种条件和环境的变化，在控制与管理的过程中必然造成不同程度的干扰，使计划的实施产生困难，这时必须进行协调。协调是为顺利“控制”服务的，协调与控制的目的都是保证目标的实现。协调要依托一定的组织、形式和手段，并针对干扰的种类和关系的不同而分别对待。除努力寻找规律外，协调还要靠应变能力，靠处理突发事件的机制和能力来实现。

三、工程项目管理的程序

工程项目管理的各职能部门及各管理部门在工程项目建设过程中既有工作过程的联系(工作流)，也有信息联系(信息流)，这构成了一个工程项目管理的整体，这也是工程项目管理工作的基本逻辑关系。工程项目管理的程序如下。

(1) 编制工程项目管理规划大纲。

(2) 编制投标书并进行投标。

(3) 签订施工合同。

(4) 选定项目经理。

(5) 项目经理接受企业法定代表人的委托，组建项目经理部。

(6) 企业法定代表人与项目经理签订“工程项目管理目标责任书”。

(7) 项目经理部编制“工程项目管理实施规划”。

(8) 进行工程项目开工前的准备。

(9) 施工期间按“工程项目管理实施规划”进行管理。

(10) 在工程项目竣工验收阶段，进行竣工结算，清理各种债权债务，移交资料和工程。

(11) 进行经济分析,做出工程项目管理总结报告并送企业管理层有关职能部门。

(12) 企业管理层组织考核委员会对工程项目管理工作进行考核评价,并兑现"工程项目管理目标责任书"中的奖罚承诺。

(13) 项目经理部解体。

(14) 在保修期满前,企业管理层根据"工程质量保修书"和相关约定进行工程项目回访保修。

任务3 工程项目管理的类型

根据工程项目不同参与方的工作性质和组织特征,在我国工程项目管理可分为以下几类。

(1) 业主进行的工程项目管理。

(2) 第三方(咨询公司)代表业主进行的工程项目管理。

(3) 设计单位进行的工程项目管理。

(4) 第三方(咨询公司)代表设计单位进行的工程项目管理。

(5) 施工单位进行的工程项目管理。

(6) 第三方(咨询公司)代表施工单位进行的工程项目管理。

(7) 工程指挥部代表有关政府部门进行的工程项目管理。

(8) 政府的建设管理。

在工程项目建设的不同阶段,参与工程项目建设的各方的管理内容和重点各不相同,下面对在工程项目管理实践中最常见的管理类型进行介绍。

一、业主的工程项目管理

业主(建设单位)是工程项目的发起人和投资者,业主的工程项目管理经常委托第三方(如监理公司)来进行,所以业主的管理偏重于重大问题的决策,如工程项目立项、咨询公司的选定、承包方式和承包商的确定等。另外,业主及其工程项目管理班子要做好必要的协调和组织工作,为咨询公司、承包商的工程项目管理做好必要的支持和配合工作。

(一) 业主的工程项目管理机构

工程项目建设实施,业主必须设立相应的工程项目管理机构(或称项目经理部)。工程项目管理机构的组建应视工程项目的性质、投资来源、工程项目的规模和复杂程度而定。凡新建大中型项目,由于工程项目建设周期长,经主管部或董事会的批准,可组成单独的由各类专业人员组成的专职机构来负责工程项目的管理工作。另外,由于在工程项目的不同阶段管理工作的内容和工作量变化较大,工程项目管理机构应适时做出必要的调整。小型项目可由业主指定若干熟悉业务的专业人员兼职,但责任一定要明确。

任命一位精明强干的项目经理是至关重要的。要明确项目经理的责任，并赋予其足够的权限和权力，使其能够真正行使工程项目管理的职责。对于项目经理部，要选定一个合理的组织结构模式，建立畅通的信息联系渠道和指令传达系统；要任命有能力和有威望的部门主管，选择有才能和有工作热情的办事人员。业主本人的重大决策的做出，一定要与自己的工程项目管理机构（咨询机构也要参与）做充分而必要的调查研究，而不要越过工程项目管理班子。这样做除了可使自己的决策尽可能是科学的、合理的（因为有专业人员的参与）之外，还可避免挫伤工程项目管理机构工作人员的积极性。

（二）业主工程项目管理的任务和内容

业主的工程项目管理机构工作任务的根本重心是通过自己的工作能够帮助业主对重大问题做出决策，并为参与工程项目的有关各方提供必要的支持，监督控制工程项目的顺利实施。业主的工程项目管理机构具体的工作任务及其内容如下。

1. 工程项目的立项决策

1）进行投资机会研究

首先是进行投资的地区研究、部门研究，然后根据对自然资源的了解和根据市场的预测，以及国家的经济政策和国际贸易联系等情况，分析是否有最有利的投资机会，为业主投资机会选择提供依据。

2）编制项目建议书

项目建议书是业主向国家推荐工程项目并获得国家同意工程项目立项的第一步，主要包括工程项目的建设规模、布局、进度、投资、方案等内容。

编制项目建议书，遵循的原则是根据国民经济、社会发展规划、地区规划、市场和业主自身情况来分析是否有工程项目投资的可能性和机遇。通常的评价标准是：国民经济及社会发展战略和规划从宏观角度决定了该工程项目是否有发展前途；地区规划决定了该工程项目的选址，而市场的需求从微观角度决定了该工程项目是否有市场和前景。项目建议书的估算精度为±30％。

在我国，项目建议书一经批准，该工程项目就被列入计划，这一过程称为工程项目立项，这是我国工程项目建设程序中的重要环节之一。

3）进行可行性研究

项目建议书通过、工程项目得以立项以后，进入工程项目的可行性研究阶段。初步可行性研究主要解决以下几个方面的问题：一是投资机会是否恰当，值不值得进行进一步的详细可行性研究；二是确定的工程项目目标是否正确，有无必要通过详细可行性研究做详细分析；三是工程项目中有哪些关键问题，是否需要通过市场调查、实验室试验、工业性试验进行深入的研究；四是是否需要进行工程、水文、地质勘查等成本高昂的下一步工作。初步可行性研究的估算精度为±20％。

详细可行性研究是进入深入的技术经济论证的关键环节。详细可行性讲究必须对与工程项目有关的政治、经济、环保、社会等各方面进行详尽的分析；全面研究工程项目所涉及的各种关键因素和达到目标的各可行方案，并对各可行方案进行比较论证，确定最终方案；论述可能实现的程度和令人满意的程度等。详细可行性研究的估算精度为±10％。

4）可行性研究报告的报批

将业主同意的可行性研究报告上报政府主管部门和贷款银行，由政府主管部门和贷款银行进行工程项目评估，即对可行性研究报告进行评价。工程项目评估的估算精度为±10%。对工程项目评估中所指出的可行性研究报告的不合理之处加以补充完善，一旦批准了可行性研究报告，便是做出了工程项目决策，标志着工程项目立项决策阶段的完成。

工程项目立项决策阶段的各项任务，可由业主自己的工程项目管理机构完成，也可委托相应的咨询机构来完成，而业主的人员做一些配合和辅助工作。

2.工程项目的实施阶段

工程项目的实施阶段是整个工程项目建设周期中时间最长、工作任务最为繁重、工程项目投资支出最多的一个阶段，因此必须抓好本阶段的工程项目管理工作。

1）选择、确定社会监理公司（或咨询公司）

在我国按照有关规定，业主经常以招标的方式来选择确定监理公司。在招标的过程中，业主的工程项目管理机构要负责编制监理任务大纲，确定被邀请参加投标的监理公司的名单，组织被邀请者投标，组建评标小组，进行评标、定标，进行合同谈判并最终签订监理委托合同等一系列工作。

2）建设用地的报批

业主可以通过征用、征拨、出让、转让等形式获得建设用地的使用权，按规定向土地管理部门报批，并进行拆迁、征用补偿和搬迁安置等工作。

3）选定工程地质勘察单位

业主应在自己的工程项目管理机构和监理公司的协助下，选择一家报价合理、信誉良好的工程地质勘察单位来承担工程项目的地质勘察任务。

4）编制项目设计任务书

业主的工程项目管理机构应自行编制或协助所委托的监理公司编制项目设计任务书。项目设计任务书的编制依据是已批准的项目建议书、可行性研究报告及工程地质勘察报告。项目设计任务书由有关部门批准以后，作为进行设计方案竞选或设计招标的主要依据。

5）进行设计方案竞选或设计招标

一般来说是由监理公司配合，以业主及其工程项目管理机构为主进行此项工作，来选择承担工程项目设计任务的单位并做好合同条款的拟定和合同的签订工作。

6）对工程设计进行管理

一般来说进行工程设计管理，业主的工程项目管理机构主要是做宏观方面的审核工作，如设计概算、设计进度、建筑风格和结构类型等，以及为设计者提供必要的设计基础资料，如批准的可行性研究报告，规划部门的“规划设计条件通知书”等，而一些更为具体的管理工作，委托管理者来完成。对此，可在签订设计委托合同时以合同条款的形式予以明确。必须改变我国目前有许多设计院以与监理公司没有合同为由而拒绝监理公司对其设计工作进行监理的局面。进行工程设计管理，要促使设计者遵守以下原则。

（1）符合国家有关法规、规范、规程，从实际出发，讲求投资效果的原则。设计时，设计者要根据工程的不同性质、不同要求合理地确定设计标准，考虑能源的综合利用，做到所设计的工程安全、可靠、先进、经济、美观。

（2）节约用地的原则。

（3）保护环境的原则。

（4）如果工程设计中采用了新技术、新工艺、新设备、新材料，则要进行必要的试验和鉴定，并履行审批手续。

(5) 当设计任务由几家设计单位分别承担时，要做好组织协调工作，以确保质量和进度。

工程设计管理的另一项重要任务是工程项目规划设计的报审工作：一是与政府的规划管理机关联系，获得其批准，这些机关有规划局、建委、公安消防、人防办等；二是与市政公用事业单位如自来水公司、电力公司、煤气公司等联系，获得其认可。

7) 进行施工招标

在监理公司的帮助下，确定工程发包合同方式，这一点对于业主而言，是非常重要的。确定工程发包合同方式后，编制招标文件，确定标底，对投标者进行资格审核，开标、评标和决标，确定中标单位，谈判并与中标的承包商签订合同。

8) 做好施工准备工作

(1) 加紧征地拆迁工作的进行，保证如期办理完毕建设用地有关事宜。

(2) 保证设计单位按进度计划供应图纸，及时组织有监理单位、承包商、设计单位和业主本人参加的图纸会审会议，做好设计的报批工作，保证能根据施工展开的要求供应图纸。

(3) 落实施工现场的供水、排水、供电、道路修筑等工作，与市政、道路、供电、自来水、市政养护等部门签订有关协议，进行施工现场的场地平整工作。上述工作可由业主自行解决或委托承包商来承担。

(4) 组织由业主负责供应的材料、设备的订货，必要时可进行设备招标。

(5) 项目资金的筹措。

(6) 帮助承包商办理施工许可证。

(7) 当工程项目需要进口材料、设备且由业主负责时，业主要申请办理进口许可证，并办理报关手续，签订委托运输合同；当工程项目需要进口材料、设备且由承包商负责时，业主可提供一些必要的帮助。

9) 对施工过程进行管理

(1) 确认承包商选择的分包单位。

(2) 审查承包商提出的施工组织设计方案，对其中的施工技术方案和施工进度计划等提出修改意见。

(3) 审核承包商提交的工程量清单及其要求付款的报表，按有关规定向承包商支付工程价款，监督工程进度计划的执行，对承包商提出的延长工期的要求予以审核答复，检查工程质量。

(4) 针对承包商的索赔要求进行反索赔工作。

(5) 参加主要的现场施工会议，进行工作协调和决策。

(6) 履行业主应承担的其他义务。

10) 工程项目试生产或试运营

工程项目完成以后，可进行试生产或试运营。

11) 竣工验收阶段

业主应督促和配合监理公司、承包商做好工程结算、工程质量等级评价、竣工图的绘制，以及各种资料和文件的准备和整理等工作。必要时，可进行工程项目的初步验收，然后向有关部门(上级主管部门、城建部门、规划部门、工程质量监督部门等)申请进行竣工验收。

整理各类技术文件资料，将参与工程项目的各方所提交的技术文件资料进行系统的整理，并立项分类，以适应以后生产、维修的需要，并按要求将一些文件图纸上交当地的档案管理部门。在上述技术文件中，竣工图非常重要，因为竣工图是真实记录各种地下、地上建筑物、构筑物等情况的技术文件，是对工程进行交工验收、维护、改建、扩建的依据，是国家的重要技术档案。竣工图应根据谁施工谁绘制的原则，在工程项目签订承发包合同时明确规定绘制、检验和交接问题。

最后，与承包商进行工程结算。

3. 工程项目评价阶段

工程项目进入生产或使用时期营运一段时间以后，要进行工程项目的评价，以利于总结工程项目管理的经验教训。工程项目评价主要包括以下内容：工程项目建成后的效益分析与原预测产生偏差的原因；建成工程项目所需的投资、工期与原计划产生偏差的原因；进行重大设计变更的原因；工程项目建成后的社会、政治、经济和环境影响等；对工程项目前景的展望。

二、施工单位的工程项目管理

施工单位的工程项目管理，是工程项目承包单位（建筑企业）对工程施工全过程的管理。

（一）施工全过程管理

施工全过程管理的对象是工程项目寿命周期各阶段的工作。

1. 投标、签约阶段

业主对工程项目进行设计和建设准备，具备了招标条件以后，便发出招标广告（或邀请函），施工单位根据招标广告或收到邀请函后，做出投标决策，参与投标直至中标签约。在这一阶段，施工单位主要进行以下工作。

（1）企业从经营战略的高度做出是否投标争取承包该工程项目的决策。

（2）决定投标以后，从多方面（企业自身、相关单位、市场、现场等）搜集大量信息。

（3）编制符合企业战略发展和意图（如要盈利、维持企业生存或者占领市场等）的、有竞争力并可望中标的投标书。

（4）如果中标，则与业主进行谈判，依法签订工程项目承包合同，使合同符合国家法律、法规和国家计划，符合平等互利、等价有偿的原则。

2. 施工准备阶段

施工单位与业主签订了工程项目承包合同、交易关系正式确立以后，便应组建项目经理部，然后以项目经理部为主，与企业经营层和管理层、业主进行配合，进行施工准备，使工程项目具备开工和连续施工的基本条件。在这一阶段，施工单位主要进行以下工作。

（1）成立项目经理部，根据工程项目管理的需要建立机构，配备管理人员。

（2）编制施工组织设计方案，主要是施工方案、施工进度计划和施工平面图，用以指导施工准备和施工。

（3）制订工程项目管理规划，以指导工程项目管理活动。

（4）进行施工现场准备，使现场具备施工条件，利于进行文明施工。

（5）编写开工申请报告，待批开工。

3. 施工阶段

这一阶段的目标是完成合同规定的全部施工任务，达到交工验收、竣工验收条件。在这一过程中，项目经理部既是决策机构，又是责任机构。经营管理层、业主、监理单位的作用是支持、监督与协调。在这一阶段，施工单位主要进行以下工作。

(1) 按施工组织设计的安排进行施工。

(2) 在施工中努力做好动态控制工作，保证质量目标、进度目标、成本目标、安全目标的实现。

(3) 管好施工现场，进行文明施工。

(4) 严格履行工程项目承包合同，处理好内外关系，管好合同变更及索赔。

(5) 做好记录、协调、检查和分析工作。

4. 竣工验收、交付使用与结算阶段

这一阶段的目标是对工程项目成果进行总结、评价，对外结清债权债务，结束交易关系。在这一阶段，施工单位主要进行以下工作。

(1) 工程收尾。

(2) 进行试运转。

(3) 在预验的基础上接受正式验收。

(4) 整理、移交竣工文件，进行财务结算，编制竣工总结报告。

(5) 办理工程交付手续。

(6) 项目经理部解体。

5. 用后服务阶段

这一阶段是按合同规定的责任期进行用后服务、回访与保修，其目的是保证使用单位正常使用、发挥效益。在该阶段中，施工单位主要进行以下工作。

(1) 为保证工程正常使用而进行必要的技术咨询和服务。

(2) 进行工程回访，听取使用单位意见，总结经验教训，观察使用中的问题，进行必要的维护、维修和保修。

(3) 进行沉陷、抗震性能等观察，以服务于宏观事业。

（二）施工单位工程项目管理的内容

在签订了工程项目承包合同以后，工程项目管理的主体便是以施工项目经理为首的施工项目经理部，管理的客体是具体的施工对象、施工活动和相关的生产要素，管理的内容包括建立施工项目管理组织、进行施工项目管理规划、进行施工项目的目标控制、对施工项目现场生产要素进行优化配置和动态管理、进行施工项目的组织协调、进行施工项目的合同管理和信息管理以及施工项目管理的总结等。

1. 建立施工项目管理组织

(1) 由企业采用适当的方式选聘称职的项目经理。

(2) 根据施工项目组织原则，选用适当的组织形式，组建施工项目管理机构，明确责任、权限和义务。

(3) 在遵守企业规章制度的前提下，根据施工项目管理的需要，制订施工项目管理制度。

2. 进行施工项目管理规划

施工项目管理规划是对施工项目管理组织、内容、方法、步骤、重点进行预测和决策，做具体安排的纲领性文件。施工项目管理规划的主要内容如下。

(1) 进行工程项目分解,形成施工对象分解体系,以便确定阶段控制目标,从局部到整体地进行施工活动和施工项目管理。

(2) 建立施工项目管理工作体系,绘制施工项目管理工作体系图和施工项目管理工作信息流程图。

(3) 编制施工项目管理规划,确定管理点,形成文件,以利于执行。这个文件类似于施工组织设计。

3.进行施工项目的目标控制

施工项目的目标有阶段性目标和最终目标,实现各项目标是施工项目管理的目的。施工项目的控制目标有以下几项。

(1) 进度控制目标。

(2) 质量控制目标。

(3) 成本控制目标。

(4) 安全控制目标。

由于在施工项目目标的控制过程中会不断受到各种客观因素的干扰,各种风险因素都有发生的可能性,故应通过组织协调和风险管理对施工项目目标进行动态控制。

4.现场生产要素管理和施工现场管理

施工项目的现场生产要素是施工项目目标得以实现的保证,主要包括劳动力、材料、设备、资金和技术(即5M)。施工现场的管理在节约材料、节省投资、保证施工进度、创建文明工地等方面都至关重要。这部分的主要内容如下。

(1) 分析各项现场生产要素的特点。

(2) 按照一定原则、方法对施工项目现场生产要素进行优化配置,并对配置状况进行评价。

(3) 对施工项目的各项现场生产要素进行动态管理。

(4) 进行施工现场平面图设计,做好现场的调度与管理。

5.施工项目的组织协调

组织协调为目标控制服务,包括以下几个方面的内容。

(1) 人际关系的协调。

(2) 组织关系的协调。

(3) 配合关系的协调。

(4) 供求关系的协调。

(5) 约束关系的协调。

这些关系发生在施工项目管理组织与其外部相关单位之间和施工项目管理组织内部。

6.施工项目的合同管理

由于施工项目管理是在市场条件下进行的特殊交易活动的管理,这种交易活动从招标、投标工作开始,并持续于工程项目管理的全过程,因此必须依法签订合同,进行履约经营。工程项目合同管理的质量直接涉及工程项目管理及工程施工的技术经济效果和目标实现。因此,要从招标、投标开始,加强工程项目承包合同的签订、履行管理。合同管理是一个执法、守法活动,市场有国内市场和国际市场,因此合同管理势必涉及国内和国际有关法规和合同文本、合同条件,在合同管理中应予高度重视。为了取得经济效益，还必须注意做好索赔工作，讲究方法和技巧，提供充分的证据。

7.施工项目的信息管理

现代化管理要依靠信息。施工项目管理是一项复杂的现代化的管理活动。进行施工项目管理和施工项目目标控制、动态管理，必须依靠信息管理，而信息管理又要依靠电子计算机辅助。

8.施工项目管理总结

从管理的循环原理来说，管理的总结既是对管理计划、执行、检查阶段经验和问题的提炼，又是进行所需信息的来源的新的管理，其经验可作为新的管理标准和制度，其问题有待于下一循环管理予以解决。施工项目管理由于施工项目具有一次性的特征，更应注意总结，依靠总结不断提高管理水平，丰富和发展工程项目管理学科。

三、第三方的工程项目管理

工程咨询是第三方进行工程项目管理的一种方式。随着工程建设规模的增大、工程技术的复杂化，业主缺乏这类专业的管理人员，故业主委托从事工程咨询活动的第三方来进行工程项目管理是目前常见的一种工程项目管理方式。

工程监理是工程咨询的一种最典型的咨询活动。工程监理是对工程建设有关活动的“监理”，这是一项目标很明确的具体行为，包括视察、检查、评价、控制等从旁纠偏，督促目标实现等一系列活动。它不同于一般性的监督管理，而是一个以严密的制度构成为显著特征的综合管理行为。工程监理通过对工程建设参与者的行为进行监控、督导和评价，并采取相应的管理措施，保证工程建设行为符合国家法律、法规和有关政策；制止建设行为的随意性和盲目性，促使工程建设费用、进度、质量按计划实现，确保工程建设行为合法、科学、合理和经济。

工程项目管理咨询与一般的技术情报咨询有较大的区别。后者着重提供信息，是询问解答性的；而工程项目管理咨询承担工程项目管理的具体任务，如代表业主、代表设计总负责单位或代表施工总承包单位进行工程项目的具体管理。应该说明，工程项目管理咨询公司的服务对象是政府有关部门、业主、设计单位和施工单位等。但是对于同一个工程项目，一个咨询公司不允许也不能同时为该工程项目的业主、设计单位和施工单位进行工程项目管理的咨询，因为这三方所处的地位不相同，考虑问题的出发点也不同。

工程咨询（工程监理）的有关内容这里不再赘述，可参考有关资料来详细了解。

四、政府的建设管理

政府建设管理是指国家对建设行为、活动和建设行业进行管理、监督。建设管理的方式有两种：一是“立法”，即国家的权力机关制定一系列直接针对建设行为或与建设行为有关的法律，如将我国的《中华人民共和国建筑法》《中华人民共和国招标投标法》《中华人民共和国土地管理法》《中华人民共和国经济法》《中华人民共和国合同法》等一系列法律作为管理和监督的依据，且地方人大也针对本地区的建设行为制定颁布相应的法规；二是“执法”，中央政府及地方各级政府设立建设行政主管部门，并会同其他相应政府管理部门，根据国家的有关法律、法规，制定有关建设活动管理的规定、规范及规程，并对建设活动以及从业单位的设立和升级、从业人员的资格审定等进行管理，即政府建设管理。我国在国务院设立住房和城乡建设部作为全国范围内的建设行政管理部门，在各级地方政府以及国务院的工业、交通等部门设立或指定地方或部门内的建设行政主管部门，而对建设活动的管理还涉及计委、工商、土地等政府管理部门。这里着重讨论政府的建设管理。政府的建设管理具有强制性、执法性、全面性和宏观性的特点。

（一）政府建设管理的职能

1. 政府建设管理的第一职能

政府建设管理的第一职能是指政府建设行政主管部门对建设行为进行监督、管理等。在我国，政府对建设行为的管理包括对全社会所有建设工程项目决策阶段的监督、管理和工程建设实施阶段的管理。按照我国政府机关行政分工的格局，大体上建设前期是由计划、规划、土地管理、环保、公安（消防）等部门负责，建设实施主要由建设行政主管部门负责。它们代表国家行使或委托专门机构行使政府职能，充分运用审查、许可、监督、检查、强制执行等手段，实现监理目标。例如，计划部门审查批准（或不批准）工程项目计划任务书和工程项目开工报告；土地管理和城镇规划部门审查批准（或不批准）建设用地、规划许可；环保、消防等部门从各自的角度审查建设方案是否符合有关标准；建设行政主管部门审查批准（或不批准）施工开工报告，并对建设过程进行有效管理，如派出机构——工程质量监督站在施工过程对工程质量进行检查、认证等。

政府建设管理的职能是一个有机整体，政府的这一职能分布在不同部门，亦即我国已经形成的政府对建设活动的管理格局，不应成为理解政府建设管理职能的完整系统性的障碍。

2. 政府建设管理的第二职能

政府建设管理的第二职能是指政府建设行政主管部门对从事建筑活动的单位和个人实行监督、管理。政府建设管理的这一职能，主要是通过制定法规、政策，审批社会监理单位、施工单位、设计单位等的成立、资质升级、变更、停业等，办理监理工程师、建筑师、结构工程师等的注册，并监督、管理他们的工作情况等来实现的。

（二）政府建设管理机构及其任务

我国建设管理有关文件很明确地规定：建设管理工作的归口管理部门在中央为住房和城乡建设部，在地方为县以上各级人民政府的建设行政主管部门；国务院工业、交通等部门根据需要设置或指定相应的机构，指导本部门建设管理工作。由此可以看出，我国建设行政管理部门实际上是指各级建设行政主管部门和国务院工业、交通等部门的建设管理部门。

由于我国政府建设管理的第一职能是分布在不同的行政部门分别实施，所以我国政府建设行政管理机构的任务主要是政府建设管理的第二职能，此外还包括政府建设管理第一职能的一部分。根据建设管理的有关文件，我国各级政府建设行政管理机构的任务具体如下。

1. 国家一级的政府建设行政管理部门——住房和城乡建设部的主要任务

（1）根据国家政策、法律、法规，制定并组织实施建设管理法规。

（2）制定从事建筑业的单位和个人的资格标准、审批和管理办法并监督实施。

（3）审批全国性、多专业、跨省（自治区、直辖市）承担建筑业务的建筑从业单位资质，参与大型项目的竣工验收。

(4) 检查督促工程建设重大事故的处理。

(5) 指导和管理全国建设管理工作。

2. 各省、自治区、直辖市政府建设管理机构(为同级的建设行政主管部门)的任务

(1) 贯彻执行国家建设管理法规,根据需要制定管理办法或实施细则,并组织实施。

(2) 参与审批本地区大中型项目施工的开工报告。

(3) 制定从事建筑业的单位和个人的资格标准、审批和管理办法并监督实施。

(4) 审批多专业、跨省(自治区、直辖市)承担建筑业务的建筑从业单位资质。

(5) 参与大型项目的竣工验收工作。

(6) 检查督促工程建设重大事故的处理。

(7) 指导和管理全国建设管理工作。

3. 国务院工业、交通等部门政府管理机构(为这些部门的建设行政主管部门)的任务

(1) 贯彻执行国家建设管理法规,根据需要制定实施办法并组织实施。

(2) 组织或参与审查本部门大中型项目的设计文件、开工条件和开工报告。

(3) 组织或参与检查、处理本部门工程建设重大事故。

(4) 组织或参与本部门大中型项目的竣工验收。

(5) 组织本专业监理工程师、结构工程师和建筑师等的资格考核,颁发证书,审批本部门管理的本专业全国性的建筑从业单位资质。

(6) 指导和管理本部门的建设管理工作。

国务院各部门建设管理的任务还应包括对所投资工程项目建设实施的直接管理或委托监理。这时,我们可以把这些部门理解为是一个"业主"。这种管理是"业主"对自己投资的工程项目的管理。例如,交通部运输派出一位司长任某高速公路工程的总监理工程师。我国建设管理文件规定,市(地、州、盟)、县(旗)一级建设行政主管部门的建设管理的任务应由各省、自治区、直辖市人民政府规定。各地、各部门工程质量监督站是各级建设行政主管部门的派出机构,行使政府职能,实际上是代表政府对工程质量实施管理,它们的工作是政府管理工作的一个重要组成部分。

(三) 政府在工程项目建设中的管理工作

(1) 审批项目建议书。

① 审批基本建设项目建议书。

② 审批技术改造项目建议书。

③ 审批涉外项目的项目建议书。

(2) 审批可行性研究报告。

(3) 管理建设用地和拆迁补偿。

(4) 管理工程项目建设程序。

(5) 工程质量监督。

(6) 对参与工程项目建设各方进行资质管理。

① 对工程勘察设计单位的资质管理。

② 对工程项目建设监理单位的资质管理。

③ 对施工单位的资质管理。

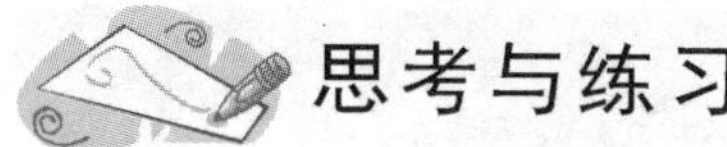

思考与练习

一、单选题

1. 下列对项目的说法，错误的是(　　)。

A. 项目是一项有待完成的任务，有特定的环境与要求，即项目是指一个过程，而不是指过程终结后所形成的成果

B. 项目是在一定的组织机构内，利用有限的资源(人、财、物等)在规定的时间内完成任务，且质量、进度、费用是项目普遍存在的三个主要约束条件

C. 项目的任务要满足一定性能、质量、数量、技术指标等要求，即必须达到事先规定的目标要求

D. 项目起源于建筑行业，项目各式各样，大小不一，但企业策划的开发促销活动不属于项目

2. 下列不属于工程项目管理的类型的是(　　)。

A. 企业的经营管理

B. 施工单位的工程项目管理

C. 业主或业主委托监理公司进行的工程项目管理

D. 政府的建设管理

3. 下列说法错误的是(　　)。

A. 业主(建设单位)是工程项目的发起人和投资者，业主的工程项目管理经常委托第三方(如监理单位)来进行，所以业主的管理偏重于重大问题的决策，如项目立项、咨询公司的选定、承包方式和承包商的确定等

B. 项目建议书是业主向国家推荐项目并获得国家同意项目立项的第一步，主要包括项目的建设规模、布局、进度、投资、方案等

C. 在我国按照有关规定，业主以指定的方式来选择确定监理单位

D. 工程项目的实施阶段是整个工程项目建设周期中时间最长、工作任务最为繁重、工程项目投资支出最多的一个阶段，因此必须抓好本阶段的工程项目管理工作

4. 下列有关第三方的工程项目管理的说法，错误的是(　　)。

A. 工程咨询是第三方进行工程项目管理的一种方式

B. 工程监理是工程咨询的一种最典型的咨询活动

C. 第三方是指由业主在公司各部分抽调人力成立的专门管理工程项目的一个管理组织

D. 工程监理通过对工程建设参与者的行为进行监控、督导和评价，并采取相应的管理措施，保证工程建设行为符合国家法律、法规和有关政策

5. 下列不属于政府在工程项目建设中的管理工作的是(　　)。

A. 审批项目建议书、可行性研究报告

B. 指定项目经理人选

C. 管理建设用地、拆迁补偿和工程项目建设程序

D. 工程质量监督并对参与工程项目建设的各方进行资质管理

二、多选题

1. 项目的特征包括(　　)。

A. 资源和成本的约束性　　B. 时限性

C. 实施过程的一次性　　D. 生命周期性

2. 工程项目的特征包括(　　)。

A. 具有明确的建设任务，受一定环境条件的限制

B. 具有明确的质量、进度和费用目标

C. 建设产品具有唯一性、整体性的特点

D. 工程项目管理的复杂性

3. 工程项目的工程系统构成包括(　　)。

A. 单项工程　　B. 单位工程　　C. 分项工程　　D. 分部工程

4. 工程项目寿命周期各阶段的工作主要包括(　　)。

A. 投标、签约阶段

B. 施工准备及施工阶段

C. 竣工验收、交付使用与结算及用后服务阶段

D. 决策阶段

5. 政府建设管理的职能包括(　　)。

A. 政府建设管理的职能包括政府建设行政主管部门对建设行为进行监督、管理等

B. 政府建设管理的一项主要职能是成立第三方咨询公司，对工程项目进行第三方管理

C. 政府建设管理的职能不包括审批社会监理单位的成立、资质升级、变更、停业等事务

D. 政府建设管理的职能包括政府建设行政主管部门对从事建筑活动的单位和个人实行监督、管理

三、简答题

1. 什么是工程项目？工程项目分为哪些类别？

2. 工程项目的建设程序包括哪些阶段？

3. 工程项目管理的内容包括哪些？

4. 工程项目管理的程序是什么？

学习情境2

工程项目管理规划

知识目标

通过本学习情境的学习，了解工程项目管理规划的概念、作用和要求，熟悉工程项目管理规划的内容，熟悉不同层次的工程项目管理规划，了解工程项目管理规划目标的落实；掌握工程项目管理规划文件编制的程序、依据和内容。

技能目标

通过本学习情境的学习，结合相关规范和参考资料，针对具体工程，能够编制工程项目管理规划大纲和工程项目管理实施规划。

任务 1 工程项目管理规划的概念、作用和要求

一、工程项目管理规划的概念

规划是指一项综合性的、完整的、全面的总体计划，包含目标、政策、程序、任务的分配、采用的步骤、使用的资源及为完成既定行动所需要的其他因素。

工程项目管理规划是对工程项目管理的各项工作进行的综合性的、完整的、全面的总体计划，主要内容包括工程项目管理目标的研究与目标的细化、工程项目的范围管理和工作结构分解、工程项目管理实施组织策略的制定、工程项目管理工作程序、工程项目管理组织和任务的分配、工程项目管理所采用的步骤和方法、工程项目管理所需资源的安排和其他问题的确定等。

二、工程项目管理规划的作用

规划实质上就是计划，因此规划的作用就是计划的作用。与传统的计划不同，工程项目管理规划的范围更大，综合性更强，所以它有更为特殊的作用。

(1) 工程项目管理规划是对工程项目构思、工程项目目标更为详细的论证。在工程项目的总目标确定后，通过工程项目管理规划可以分析研究总目标能否实现，总目标确定的费用、工期、功能要求是否能得到保证，是否能够达到综合平衡。

(2) 规划结果是许多更细、更具体的目标的组合，是明确各个阶段的责任和中间决策的依据。

(3) 工程项目管理规划是工程项目管理实际工作的指南和工程项目实施控制的依据，即工程项目管理规划是对工程项目管理实施过程进行监督、跟踪和诊断的依据，是评价和检验工程项目管理实施成果的尺度，是对各层次工程项目管理人员业绩评价和奖励的依据。

(4) 工程项目管理规划为业主和工程项目的其他方面（如投资者）提供需要了解和利用的工程项目管理规划信息。在现代工程项目中，没有周密的工程项目管理规划，或工程项目管理规划得不到贯彻和保证，就不可能取得工程项目的成功。

三、工程项目管理规划的要求

工程项目管理规划作为对工程项目管理的各项工作进行的综合性、完整的、全面的总体计划，应符合目标的研究与分解要求、符合实际要求、全面性要求、内容的完备性和系统性要求、集成化要求、有弹性并留有余地要求、风险分析要求等。

1.目标的研究与分解要求

目标的研究与分解要求是工程项目管理最基本的要求。工程项目管理规划是为保证实现工程项目管理总目标而做的各种安排，因此目标是规划的灵魂，必须详细地分析工程项目总目标，弄清总任务，并与相关各方就总目标达成共识。如果对目标和任务的理解有误或不完全，则必然会导致工程项目管理规划的失误。

2.符合实际要求

在工程项目管理规划的制定和执行过程中应进行充分的调查研究，以保证工程项目管理规划的科学性和实用性。

(1) 符合环境条件：大量的环境调查和充分利用调查结果，是制定正确工程项目管理规划的前提条件。

(2) 反映工程项目本身的客观规律：按工程项目规模、质量水平、复杂程度、工程项目自身的逻辑性和规律性做工程项目管理规划，不能过于强调压缩工期、降低费用和提高质量。

(3) 反映工程项目管理相关各方的实际情况：包括业主的支付能力、设备供应能力、管理和协调能力；承包商的施工能力、劳动力供应能力、设备装备水平、生产效率和管理水平、过去同类工程项目的经验；承包商现有在手工程项目的数量，对本工程项目能够投入的资源数量；设计单位、供应商、分包商等完成相关任务的能力和组织能力等。

3.全面性要求

工程项目管理规划必须包括工程项目管理的各个方面和各种要素，必须对工程项目管理的各个方面做出安排，提供各种保证，形成一个非常周密的多维的系统。特别要考虑工程项目的设计和运行维护，考虑工程项目的组织及工程项目管理的各个方面。与工程项目计划和项目的规划不同，工程项目管理规划更多地考虑工程项目管理的组织、工程项目管理系统、工程项目的技术定位、工程项目的功能策划、工程项目的运行准备和工程项目的运行维护，以使工程项目目标能够顺利实现。

由于规划过程又是资源分配的过程，为了保证工程项目管理规划的可行性，还必须注意工程项目管理规划与工程项目规划和企业计划的协调。

4.内容的完备性和系统性要求

由于工程项目管理对工程项目实施和运营的重要作用，工程项目管理规划的内容十分广泛，涉及工程项目管理的各个方面，通常包括工程项目管理的目标分解、环境调查、工程项目范围管理和工作结构分解、工程项目实施策略、工程项目组织和工程项目管理组织设计，以及对工程项目相关工作的总体安排（如功能策划、技术设计、实施方案和组织、建设、融资、交付、运行的全部）等。

5.集成化要求

工程项目管理规划所涉及的各项工作之间应有很好的接口。工程项目管理规划应反映规划编制的基础工作、规划的各项工作，以及规划编制完成后相关工作之间的系统联系。相关工作之间的系统联系主要包括以下方面。

(1) 各个相关计划的先后次序和工作过程关系。

(2) 相关计划之间的信息流程关系。

(3) 与计划相关的各个职能部门之间的协调关系。

(4) 工程项目各参加者(如业主、承包商、供应商、设计单位等)之间的协调关系。

6.有弹性并留有余地要求

由于工程项目管理规划在执行过程中会受到许多因素的干扰,编制工程项目管理规划时要留足空间,出现以下情况需要做出调整。

(1) 市场变化、环境变化、气候的影响,使原目标和工程项目管理规划内容不符合实际。

(2) 投资者情况的变化、新的主意、新的要求。

(3) 其他方面的干扰,如政府部门的干预、新的法律的颁布。

(4) 可能存在计划、设计考虑不周、错误或矛盾,造成工程量的增加、减少或方案的变更,以及由于工程质量不合格而引起返工。

7.风险分析要求

工程项目管理规划中必须包括相应的风险分析的内容,对可能发生的困难、问题和干扰做出预测,并提出预防措施。

任务 2 工程项目管理规划的内容

工程项目管理规划作为指导工程项目管理工作的纲领性文件,应明确工程项目管理的目标、依据、内容、组织、资源、方法、程序和控制措施。

一、工程项目管理规划的具体内容

在工程项目中,不同的管理者进行不同内容、范围、层次和对象的工程项目管理工作,他们的工程项目管理规划的内容会有一定的差别,但这些工程项目管理规划都是针对工程项目管理工作过程的,因此在性质上应该具有一致性,主要内容有许多共同点。

(一) 工程项目管理目标分析

工程项目管理目标分析的目的是确定适合工程项目特点和要求的工程项目目标体系,工程项目管理规划是为了保证工程项目管理目标的实现,目标是工程项目管理规划的灵魂。

工程项目立项后,工程项目的总目标已经确定。对总目标进行研究和分解,即可确定阶段性的工程项目管理目标。进行工程项目管理目标分析时,还应确定编制工程项目管理规划的指导思想或策略,使各方面的人员在工程项目管理规划的编制和执行过程中有总的指导方针。

(二) 工程项目实施环境分析

工程项目实施环境分析是工程项目管理规划的基础性工作。在规划工作中,掌握相应的工程项目环境信息,是开展各项工作的前提。通过环境调查,确定工程项目管理规划的环境因素和制约条件,搜集影响工程项目实施和工程项目管理规划执行的宏观和微观的环境因素的资料，特别要注意尽可能利用以前同类工程项目的总结和反馈信息。

（三）工程项目范围的划定和工作结构分解

(1) 根据工程项目管理的目标，分析和划定工程项目的范围。

(2) 对工程项目范围内的工作进行研究和分解，即进行工作结构分解。

工作结构分解在国外称为 WBS(work breakdown structure)，是指把工作对象作为一个系统，将其分解为相互独立、相互影响(制约)和相互联系的活动(或过程)。进行工作结构分解，有助于工程项目管理人员更精确地把握工程项目的系统组成，并为建立工程项目组织、进行工程项目管理目标的分解、安排各种职能管理工作提供依据。进行工程施工和工程项目管理(包括编制计划、计算造价、工程结算等)，应进行工作结构分解；进行工程项目目标管理，也必须进行工作结构分解。编制工程项目管理规划的前提就是工程项目工作结构分解。

（四）工程项目实施方针和组织策略的制定

工程项目实施方针和组织策略的制定就是确定工程项目实施和管理模式总的指导思想和总体安排，包括以下内容。

(1) 如何实施该工程项目，业主如何管理工程项目，控制到什么程度。

(2) 采用的发包方式，采取的材料和设备供应方式。

(3) 由业主内部完成的管理工作，由承包商或委托管理公司完成的管理工作，准备投入的管理力量。

（五）工程项目实施总计划

工程项目实施总计划包括以下内容。

(1) 工程项目总体的时间安排、重要的里程碑事件安排。

(2) 工程项目总体的实施顺序。

(3) 工程项目总体的实施方案，如施工工艺、设备、模板方案，给(排)水方案等；各种安全和质量的保证措施；采购方案；现场运输和平面布置方案；各种组织措施等。

（六）工程项目组织设计

工程项目组织设计的主要内容是确定工程项目的管理模式和工程项目实施的组织模式，建立建设期工程项目组织的基本架构和责、权、利关系的基本思路。

1. 工程项目实施组织策略

工程项目实施组织策略的主要内容包括采用的分标方式、采用的工程承包方式、工程项目可采用的管理模式。

2. 工程项目分标策划

对工程项目工作结构分解得到的工程项目活动进行分类、打包和发包，考虑哪些工作由工程项目管理组织内部完成，哪些工作需要委托出去。

3. 招标和合同策划工作

招标和合同策划工作的主要内容包括招标策划和合同策划两个部分。

4. 工程项目管理模式的确定

工程项目管理模式的确定的主要内容是确定业主所采用的工程项目管理模式，如设计管理模式、施工管理模式，确定是否采用监理制度等。

5. 工程项目管理组织设置

（1）按照工程项目管理的组织策略、分标方式、管理模式等构建工程项目管理组织体系。

（2）部门设置。管理组织中的部门，是指承担一定管理职能的组织单位，是某些具有紧密联系的管理工作和人员的集合，分布在工程项目管理组织的各个层次上。部门设置的过程，实质上就是进行管理工作的组合过程，即按照一定的方式，遵循一定的策略和原则，将工程项目管理组织的各种管理工作加以科学分类、合理组合，进而设置相应的部门来承担，同时授予该部门从事这些管理业务所必需的各种职权。

（3）部门的职责分工。绘制工程项目管理责任矩阵，针对工程项目组织中某个管理部门，规定其基本职责、工作范围、拥有权限、协调关系等，并配备具有相应能力的人员以适应工程项目管理的需要。

（4）管理规范的设计。为了保证工程项目组织结构能够按照设计要求正常地运行，需要工程项目管理规范，这是工程项目组织设计中制度化和规范化的过程。管理规范包含的内容较多，在大型项目管理规划阶段，管理规范设计主要着眼于工程项目管理组织中各部门的责任分工及工程项目主要管理工作的流程设计。

（5）主要管理工作的流程设计。工程项目中的管理工作流程，按照其涉及的范围大小，可以划分为不同的层次。在工程项目管理规划中，主要研究部门之间在具体管理活动中的流程关系。流程设计的成果是各种主要管理工作的工作流程图。工作流程图的种类很多，有箭头图、矩阵框图（表格式）和程序图等。

（6）工程项目管理信息系统的规划。

对新的大型项目，必须对工程项目管理的信息系统做出总体规划。

（7）其他。

根据需要，工程项目管理规划还会有许多内容，但它们会因对象不同而异。

二、不同层次的工程项目管理规划

在工程项目中，不同的对象有不同层次、内容、角度的工程项目管理，对工程项目的实施和管理最重要和影响最大的是业主、承包商和监理工程师，他们都需要做相应的工程项目管理规划，但他们编制的工程项目管理规划的内容、角度和要求是不同的。

1. 业主的工程项目管理规划

业主的任务是对整个工程项目进行总体的控制。在工程项目被批准立项后，业主应根据工程项目任务书对工程项目的管理工作进行规划，以保证全面完成工程项目任务书规定的各项任务。

业主的工程项目管理规划的内容、详细程度、范围，与业主所采用的工程项目管理模式有关。

（1）采用“设计-施工-供应”总承包模式，则工程项目管理规划就比较宏观、粗略。

(2) 采用分专业分阶段平行发包模式，则必须做比较详细、具体、全面的工程项目管理规划。

业主的工程项目管理规划是大纲性质的，对整个工程项目管理有规定性，而监理单位(或工程项目管理公司)和承包商的工程项目管理规划就可以看作是业主的工程项目管理规划的细化。业主的工程项目管理规划可以由咨询公司协助编制。

2. 监理单位(或工程项目管理公司)的工程项目管理规划

监理单位(或工程项目管理公司)为业主提供工程项目的咨询和管理工作。监理单位(或工程项目管理公司)经过投标，与业主签订合同，承接业主的监理(工程项目管理)任务。按照我国的《建设工程监理规范》，监理单位在投标文件中必须提出本建设工程的监理大纲，在中标后必须按照监理大纲和监理合同的要求编制监理规划。由于监理单位是为业主进行工程项目管理，所以监理单位所编制的监理大纲就是相关工程项目的管理规划大纲，监理规划就是工程项目管理实施规划。

3. 承包商的工程项目管理规划

承包商与业主签订工程项目承包合同，承接业主的工程项目施工任务，则承包商就必须承担该合同范围内的施工项目的管理工作。按照我国的《建设工程项目管理规范》，施工项目管理规划也包括规划大纲和实施规划两类文件。

(1) 施工项目管理规划大纲。施工项目管理规划大纲必须在施工项目投标前由投标人编制，用以指导投标人进行施工项目投标和签订施工合同。

(2) 施工项目管理实施规划。施工项目管理实施规划必须由施工项目经理组织施工项目经理部在工程开工之前编制完成，用以策划施工项目目标、管理措施和实施方案，以保证施工项目合同目标的实现。

三、项目管理规划目标的落实

1. 目标管理程序

工程项目管理应用目标管理方法，可大致分为几个阶段。

(1) 确定工程项目组织内各层次、各部门的任务分工，既对完成施工任务提出要求，又对工作效率提出要求。

(2) 把工程项目组织的任务转换为具体的目标。该目标有两类：一类是产品成果性目标，如工程质量、进度等；另一类是管理效率性目标，如工程成本、劳动生产率等。

(3) 落实制定的目标。落实目标，一是要落实目标的责任主体，即谁对目标的实现负责；二是要明确目标主体的责、权、利；三是要落实对目标责任主体进行检查、监督的上一级责任人及手段；四是要落实目标实现的保证条件。

(4) 对目标的执行过程进行调控。监督目标的执行过程，进行定期检查，发现偏差时，要分析产生偏差的原因，及时进行协调和控制，并对目标执行好的主体进行适当的激励。

(5) 对目标完成的结果进行评价，即把目标执行结果与计划目标进行对比，以评价目标管理的效果。

2. 目标管理点

目标分解以后，要整理成结构分析表，并从中找出目标管理点。目标管理点是指在一定时期内，影响某一目标实现的关键问题和薄弱环节。目标管理点就是重点管理对象。不同时期的目标管理点是不同的，对目标管理点应制定措施和管理计划。

3. 目标落实

目标分解不等于责任落实。落实责任是定出责任人，即定出主要责任人、次要责任人和关联责任人。目标落实要定出检查标准，也要定出实现目标的具体措施、手段和各种保证条件。

4. 工程项目管理层的目标实施和经济责任

工程项目管理层的目标实施和经济责任一般有以下几个方面的内容。

(1) 根据工程项目承包合同要求，树立用户至上的思想，完成施工任务；在施工过程中，按企业的授权范围处理好施工过程中所涉及的各种外部关系。

(2) 努力节约各种生产要素，降低工程项目成本，实现施工的高效、安全、文明。

(3) 努力做好工程项目核算，做好施工任务、技术能力、进度的优化组合和平衡，最大限度地发挥施工潜力，做好原始记录。

(4) 做好队伍的精神文明建设。

(5) 及时向企业管理层提供资料和信息。

任务 3 工程项目管理规划文件

根据工程项目管理的需要，工程项目管理规划文件可分为工程项目管理规划大纲和工程项目管理实施规划两类。工程项目管理规划大纲的作用是作为投标人的工程项目管理总体构想或项目管理宏观方案，指导工程项目投标和签订施工合同；工程项目管理实施规划是工程项目管理规划大纲的具体化和深化，是项目经理部实施工程项目管理的依据。

一、工程项目管理规划大纲

工程项目管理规划大纲是工程项目管理工作中具有战略性、全局性和宏观性的指导文件，显示投标人的技术和管理方案的可行性与先进性，利于投标竞争，应由组织的管理层或组织委托的工程项目管理单位编制。

1. 编制程序

编制工程项目管理规划大纲从明确工程项目目标到形成文件并上报审批全过程，反映了其形成过程的客观规律。工程项目管理规划大纲的编制程序如下。

(1) 明确工程项目目标。

(2) 分析工程项目环境和条件。

(3) 搜集工程项目的有关资料和信息。

(4) 确定工程项目管理组织模式、结构和职责。

(5) 明确工程项目管理内容。

(6) 编制工程项目目标计划和资源计划。

(7) 汇总整理,报送审批。

2.编制依据

工程项目管理规划大纲应与招标文件的要求相一致,为编制投标文件提供资料,为签订合同提供依据。工程项目管理规划大纲可根据下列资料编制。

(1) 可行性研究报告。

(2) 设计文件、标准、规范与有关规定。

(3) 招标文件及有关合同文件。

(4) 相关市场信息与环境信息。

3.工程项目管理规划大纲的内容

工程项目管理规划大纲的内容包括下列方面,组织应根据需要选定。

(1) 工程项目概况:应包括工程项目的功能、投资、设计、环境、建设要求、实施条件(合同条件、现场条件、法规条件、资源条件)等,不同的工程项目管理者可根据各自管理的要求确定内容。

(2) 工程项目范围管理规划:应对工程项目的过程范围和最终可交付工程的范围进行描述。

(3) 工程项目管理目标规划:应明确质量、成本、进度和职业健康安全的总目标并进行可能的目标分解。

(4) 工程项目管理组织规划:应包括组织结构形式、组织构架、确定工程项目经理和职能部门、主要成员人选及拟建立的规章制度等。

(5) 工程项目成本管理规划:其内容应包括管理依据、程序、计划、实施、控制和协调等方面。

(6) 工程项目进度管理规划:其内容应包括管理依据、程序、计划、实施、控制和协调等方面。

(7) 工程项目质量管理规划:其内容应包括管理依据、程序、计划、实施、控制和协调等方面。

(8) 工程项目职业健康安全与环境管理规划:其内容应包括管理依据、程序、计划、实施、控制和协调等方面。

(9) 工程项目采购与资源管理规划:其内容应包括管理依据、程序、计划、实施、控制和协调等方面。

(10) 工程项目信息管理规划:主要指信息管理体系的总体思路、内容框架和信息流设计等规划。

(11) 工程项目沟通管理规划:主要指工程项目管理组织就工程项目所涉及的各有关组织及个人相互之间的信息沟通、关系协调等工作的规划。

(12) 工程项目风险管理规划:主要是对重大风险因素进行预测、估计风险量、进行风险控制、转移或自留的规划。

(13) 工程项目收尾管理规划:包括工程收尾、管理收尾、行政收尾等方面的规划。

二、工程项目管理实施规划

工程项目管理实施规划应以工程项目管理规划大纲的总体构想和决策意图为指导,具体规定各项管理业务的目标要求、职责分工和管理方法,把履行合同和落实工程项目管理目标责任书的任务贯彻其中，是工程项目管理人员的行为指南，应由工程项目经理组织编制。承包人的工程项目管理实施规划可以用施工组织设计或质量计划代替，但应能够满足工程项目管理实施规划的要求，大中型工程项目应单独编制工程项目管理实施规划。

1. 编制程序

工程项目管理实施规划编制的主要内容是组织编制。在具体编制时，各项内容仍存在先后顺序关系，需要统一协调和全面审查，以保证各项内容的关联性。编制工程项目管理实施规划应遵循下列程序。

(1) 了解工程项目相关各方的要求。

(2) 分析工程项目条件和环境。

(3) 熟悉相关的法规和文件。

(4) 组织编制。

(5) 履行报批手续。

2. 编制依据

在编制工程项目管理实施规划的依据中，最主要的是工程项目管理规划大纲，应保持二者的一致性和连贯性，其次是同类工程项目的相关资料。工程项目管理实施规划可根据下列资料编制。

(1) 工程项目管理规划大纲。

(2) 工程项目条件和环境分析资料。

(3) 工程合同及相关文件。

(4) 同类工程项目的相关资料。

3. 工程项目管理实施规划的内容

工程项目管理实施规划应包括的内容如下。

(1) 工程项目概况：应在工程项目管理规划大纲的基础上根据工程项目实施的需要进一步细化。

(2) 总体工作计划：应明确工程项目管理目标、工程项目实施的总时间和阶段划分，对各种资源的总投入做出安排，提出技术路线、组织路线和管理路线。

(3) 组织方案：应编制出工程项目的工程项目结构图、组织结构图、合同结构图、编码结构图、重点工作流程图、任务分工表、职能分工表，并进行必要的说明。

(4) 技术方案：主要是技术性或专业性的实施方案，应辅以构造图、流程图和各种表格。

(5) 进度计划：应编制出能反映工艺关系和组织关系的计划、可反映时间计划和相应进程的资源(人力、材料、机械设备和大型工具等)需用量计划，并进行相应的说明。

(6) 质量计划。

(7) 职业健康安全与环境管理计划。

(8) 成本计划。

(9) 资源需求计划。

(10) 风险管理计划。

(11) 信息管理计划。

(12) 工程项目沟通管理计划。

(13) 工程项目收尾管理计划:这些内容均应按《建设工程项目管理规范》相应章节的条文及说明编制。为了满足工程项目实施的需求,应尽量细化,尽可能利用图表表示。

各种管理计划(规划)应保存编制的依据和基础数据,以备查询和满足持续改进的需要。在资源需求计划编制前,应与供应单位协商,编制后应将计划提交给供应单位。

(14) 工程项目现场平面布置图:按施工总平面图和单位工程施工平面图设计和布置的常规要求进行编制,须符合国家有关标准。

(15) 工程项目目标控制措施:应针对目标需要进行制定,具体包括技术措施、经济措施、组织措施和合同措施等。

(16) 技术经济指标:应根据工程项目的特点选定有代表性的指标,且应突出实施难点和对策,以满足分析评价和持续改进的需要。

4.实施规划的要求

每个工程项目的工程项目管理实施规划执行完成以后,都应当按照管理的策划、实施、检查、处置(PDCA)循环原理进行认真总结,形成文字资料,并同其他档案资料一并归档保存,为工程项目管理规划的持续改进积累管理资源。工程项目管理实施规划应符合下列要求。

(1) 工程项目经理签字后报组织管理层审批。

(2) 与各相关组织的工作协调一致。

(3) 进行跟踪检查和必要的调整。

(4) 工程项目结束后,形成总结文件。

思考与练习

一、单选题

1.制定工程项目实施方针和组织策略的工作任务不包括(　　)。

A.如何实施该工程项目,业主如何管理工程项目,控制到什么程度

B.采用的发包方式,采取的材料和设备供应方式

C.由业主内部完成的管理工作,由承包商或委托管理公司完成的管理工作,准备投入的管理力量

D.工程项目管理总目标的研究与分解

2.不同层次的工程项目管理规划不包括(　　)。

A.业主的工程项目管理规划

B.分包单位的工程项目管理规划

C.监理单位(或工程项目管理公司)的工程项目管理规划

D.工程承包商的工程项目管理规划

二、多选题

1.工程项目管理规划的作用包括(　　)。

A.工程项目管理规划是对工程项目构思、工程项目目标更为详细的论证

B.规划结果是许多更细、更具体的目标的组合,是明确各个阶段的责任及中间决策的依据

C.规划是工程项目管理实际工作的指南和工程项目实施控制的依据

D. 为业主和工程项目的其他方面(如投资者)提供需要了解和利用的工程项目管理规划信息

2. 工程项目管理规划的要求包括(　　)。

A. 目标的研究与分解要求、符合实际要求、全面性要求

B. 内容的完备性和系统性要求

C. 集成化要求和有弹性并留有余地要求

D. 风险分析要求

3. 工程项目管理层的目标实施和经济责任一般有(　　)几个方面的内容。

A. 根据工程承包合同要求,树立用户至上的思想,完成施工任务;在施工过程中,按企业的授权范围处理好施工过程中所涉及的各种外部关系

B. 努力节约各种生产要素,降低工程成本,实现施工的高效、安全、文明

C. 努力做好工程项目核算,做好施工任务、技术能力、进度的优化组合和平衡,最大限度地发挥施工潜力,做好原始记录

D. 做好队伍的精神文明建设和及时向企业管理层提供资料和信息

4. 下列属于工程项目管理规划文件的有(　　)。

A. 工程项目管理规划大纲

B. 工程项目质量计划

C. 工程项目管理实施规划

D. 工程项目施工组织设计

5. 工程项目管理实施规划应符合下列(　　)要求。

A. 工程项目经理签字后报组织管理层审批

B. 与各相关组织的工作协调一致

C. 进行跟踪检查和必要的调整

D. 工程项目结束后,形成总结文件

三、简答题

1. 什么是工程项目管理规划?

2. 工程项目管理规划的内容是什么?

3. 不同层次的工程项目管理规划在内容、角度和要求上有哪些异同?

4. 工程项目管理规划大纲的编制程序、编制依据和内容是什么?

5. 工程项目管理实施规划的编制程序、编制依据和内容是什么?

学习情境3

工程项目的组织与管理团队

知识目标

通过本学习情境的学习，了解项目法人责任制、项目法人的职责及其与项目有关各方的关系，熟悉建设单位的组织机构形式，掌握施工单位的组织机构形式，了解施工单位项目经理与项目经理部的设置，熟悉工程项目实施的各种组织模式的种类及其特点。

技能目标

通过本学习情境的学习，能够根据具体工程情况，组建合适的施工单位组织机构。

任务1 工程项目管理的组织制度

一、项目法人责任制

项目法人责任制是将投资所有权和经营权分离，项目法人对项目规划、设计、筹资、建设实施直至生产经营，以及投资保值增值和投资风险负全部责任，实行自主经营、自负盈亏、自我发展、自我约束的经营机制。

项目法人是指由项目投资者代表组成的对项目全面负责并承担投资风险的项目法人机构，它是一个拥有独立法人财产的经济组织。项目法人责任制是一种项目管理组织制度，它源于业主责任制，业主是西方国家对项目投资人的称谓。项目法人责任制符合现代企业制度的要求，是西方市场经济国家普遍采用的一种项目管理组织制度。1992年原国家计委颁发了《关于建设项目实行业主责任制的暂行规定》，同年党的十四届三中全会改称业主责任制为项目法人责任制。我国政府规定，从1992年起，新开工和进行前期工作的全民所有制单位的基本建设项目，原则上都要实行项目法人责任制。

项目法人责任制与投资项目的传统管理体制在管理上最大的不同之处在于：在传统管理体制下独立建设的项目是先有项目，后有法人，即只有项目建成后，投产之时才到工商局登记，取得法人资格；而项目法人责任制是指项目由法人筹建和管理，因而对任何项目都是先有法人，后有项目。

二、项目法人的职责

项目法人是项目管理责任的主体，作为项目财产的所有者，项目法人应当承担下列职责。

(1) 负责项目的科学规划与决策，以确定合理的建设规模和适应市场需求的产品方案。

(2) 负责项目融资并合理安排投资使用计划。

(3) 制定项目全过程的全面工作计划，并进行监督、检查，组织工程设计、施工，在计划的投资范围内按质、按期完成建设任务。

(4) 建设任务分解，确定每项工作的责任者及其职责范围，并进行协商。

(5) 组织工程设计、施工的发包招标，严格履行合同，对项目的财务、进度、工期、质量进行监督、检查、控制，并进行必要的协调工作。

(6) 做好项目生产准备和竣工验收，按期投入生产经营。

(7) 负责项目建成后的生产经营，实现投资的保值和增值，审定项目利润分配方案。

(8) 按贷款合同规定，负责贷款本息偿还。

三、项目法人与项目有关各方的关系

一个工程项目在其整个运行周期内，将与众多有关部门发生许多的经济关系和行政关系，如政府、银行、设计单位、施工单位、监理单位等。

政府与项目法人的关系是领导与被领导的关系。如果政府是项目的投资人，则政府还是项目财产的最终所有者。政府对工程项目应严格区别两种关系：一是作为政府部门，依法对工程项目有审批权和监督权，这是政府的社会经济管理职能；二是作为投资者，享有重大决策权和收益权，但要把所有权与经营权分离。总之，要按现代企业制度的要求，实行政企分开和政资分开，给企业以自主经营权和发展权，尊重项目的法人财产权。

根据国家的有关法规规定，工程项目的勘察设计、施工应实行工程承发包制、招标投标制、合同管理制和建设监理制，其目的是规范建设市场，降低工程造价，提高工程质量，合理利用社会资源。这样，在项目的实施过程中就与勘察设计单位、施工企业、设备材料供应商、工程监理机构发生了许多经济关系，这些关系大都通过经济合同形式予以处理。

工程承发包制、招标投标制与合同管理制是对项目法人责任制的重要补充。通过引入市场竞争机制，一方面强化了投资风险约束机制，分散了项目法人的风险，减轻了项目法人组织项目建设的工作量，使其可集中精力从事监督、协调、服务工作；另一方面保证了工程项目顺利实施和实现项目建设的目标，这是微观投资管理体制改革的重大措施。项目法人责任制、工程承发包制、招标投标制和合同管理制的密切结合，对提高我国工程项目的管理水平有着重要的意义。

任务2 工程项目的组织机构

工程项目的组织机构是按照一定的活动宗旨（管理目标、活动原则、功效要求等），把项目的有关人员根据工作任务的性质划分为若干层次，明确各层次的管理职能，并使其具有系统性、整体性的组织系统。高效率的组织机构的建立是项目管理取得成功的组织保证。工程项目的组织机构包括项目法人单位（或称建设单位，在合同中称为甲方）的组织机构与承包单位（如施工单位，在合同中称为乙方）的组织机构，双方的组织机构密切配合才能完成项目任务。由于甲、乙双方在项目建设中所处的地位、承担的责任和目标有一定的区别，因此甲、乙双方组织机构的设置是不同的。

一、建设单位的组织机构形式

建设单位的组织机构形式与我国投资管理体制关系极为密切，目前主要有指挥部式、建设单位自组织方式、“交钥匙”管理方式、工程建设监理制等。

1. 指挥部式

目前，我国存在三种形式的指挥部式工程项目组织机构形式。

1）现场指挥部式

工程指挥部是由建设单位、设计单位、施工单位、项目所在地党委及物资部门、银行等有关部门的代表组成，实行党委领导下的首长负责制。工程指挥部统一指挥设计、施工、物资供应、地方支援等工作，它类似于军事组织，是一种临时组织。

这种组织机构形式的优点是工程指挥部权威很大，用行政手段把建设系统与建设的环境系统联系在一起，可在一定程度上改变环境，以适应工程建设的需要。因此，这种组织机构形式有利于工程建设的顺利实施。

这种组织机构形式的缺点是工程指挥部不是靠合理协调有关各方的经济利益和责、权、利关系，而是靠行政手段结合在一起，因此参加工程指挥部的各方失去了独立性，分工协作是低效率的，系统运作也是低效率的。总工程指挥部下设的各分工程指挥部之间的横向联系也很困难，工程实施协调难度大。

2）常设工程指挥部——重点工程指挥部式

常设工程指挥部——重点工程指挥部是 20 世纪 70 年代以及十一届三中全会以后，在一些大型基础设施和基础工业工程项目建设中采用的一种常设的项目管理机构。作为政府的派出机构，它拥有代表政府管理项目的一切权力，负责对大型重点工程项目实施统筹管理、协调控制。

这种指挥部权威大，权力集中，常设工程指挥部职能专一，机构健全，人员稳定，但不是经济实体，在管理体制上采用行政手段，靠政府的权力管理项目。从职责上看，它只对项目的按期竣工和工程质量负责，不承担项目的经济责任。

3）工程联合指挥部式

十一届三中全会之后，随着改革开放，项目建设中实施招投标制度和合同制度，在建筑业引入了竞争机制，但由于合同法和经济司法机构不健全，在履约中出现的矛盾没有强有力的仲裁机构解决。在这种形势下，仍然需要靠行政手段以命令形式或行政协调方式来解决各种矛盾，于是出现了一种经济手段和行政手段相结合的项目管理组织形式——工程联合指挥部式。

工程联合指挥部由项目有关各方的代表组成，它不是一个经济实体，与政府主管部门和建设单位之间实行预算包干办法。

这种组织机构形式的主要缺点是：它不是经济实体，无法独立承担经济责任；组织结构松散，各分系统联系薄弱，政出多门，行政干预多；各方权、责不统一，甲方权小责大。

2. 建设单位自组织方式

建设单位自组织方式是针对中小型项目，工程内容不太复杂时，由企业临时组建项目指挥班子，具体工作由基建处及下设的计划科、预算科、设备科、材料科、工程科等组织开展。这些部门实际上负责组织协调运筹工作，工程勘察设计、施工均采取发包、招标办法，有时还聘请监理机构协助工程监督、监理。这是大多数工业企业对中小型项目实行的项目管理办法。

3. “交钥匙”管理方式

“交钥匙”管理方式是由建设单位提出项目的使用要求，把项目管理工作一揽子包出去，即将勘察设计、设备选购、工程施工、试生产验收等全部工作委托给一家人承包公司去做，工程竣工后接过钥匙即可启用，也叫“全过程承包”管理方式。

承担这种任务的承包商可以是一体化的设计施工公司，也可以是由设计单位、器材供应商、设备制造厂及咨询机构等组成的“联营体”。

4. 工程建设监理制

工程建设监理制是指建设单位分别与承包商和监理机构签订合同，由监理机构全权代表建设单位对项目实施管理，对承包商进行监督。这时建设单位不直接管理项目，而是委托企业外部的专门从事项目管理的经济实体——监理机构，来全权对项目进行管理、监督、协调、控制。在这种方式下，项目的拥有权与管理权分离，业主只需对项目制定目标提出要求，并负责最后的工程验收。

工程建设监理制是国际上通行的工程管理方式，在国际上把监理单位称为工程师单位。监理单位具有工程项目管理的专门知识，拥有经验丰富的人才，属于智力密集型的项目管理经济实体。这种经济实体是独立于业主和承包商的第三方法人，具有工程技术监理和项目管理的双重职能。

二、施工单位的组织机构形式

常见的施工单位工程项目组织机构形式有直线职能式、混合工作队式、部门控制式、矩阵式、事业部式等。

1. 直线职能式

我国很多施工企业一般采用直线职能式的组织机构形式，其特点是公司负责人一方面通过职能部门对公司承揽的工程项目实行横向领导，另一方面又通过职能部门实行纵向（直线）领导，如图 3-1 所示。

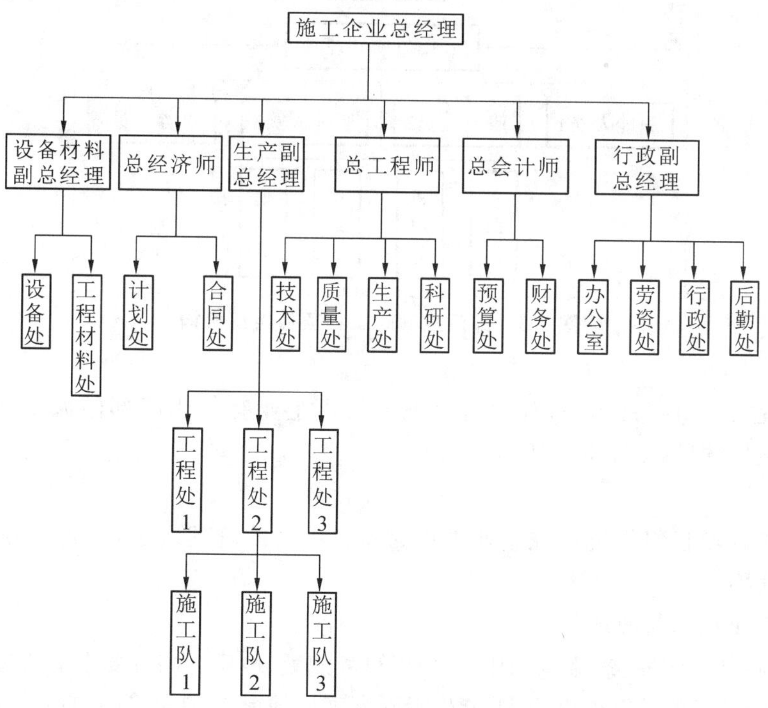

图 3-1　直线职能式工程项目组织机构

2. 混合工作队式

混合工作队式工程项目组织机构形式是指由企业任命工程项目的经理，该项目经理在企业内招聘或抽调职能人员组成项目组织机构（混合工作队）并负责领导，如图3-2所示。

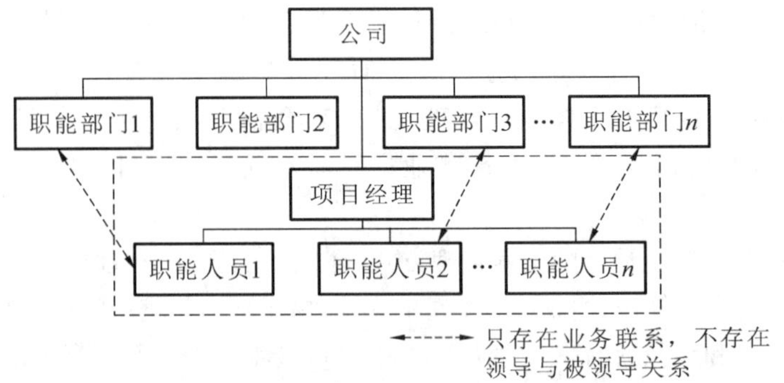

图3-2　混合工作队式工程项目组织机构

工程项目组织机构成员在工程建设期间与原所在部门断绝领导与被领导关系，原所在部门负责人员负责业务指导及考察，但不能随意干预其工作或调回人员。项目组织机构与项目同寿命，项目结束后机构撤销，所有人员仍回原所在部门和岗位。

3. 部门控制式

部门控制式工程项目组织机构是一种按职能原则建立的项目组织，它并不打乱现行的建制，把项目委托给企业某一专业部门或某一施工队，由被委托的专业部门或施工队领导负责工程项目的组织和实施，如图3-3所示。

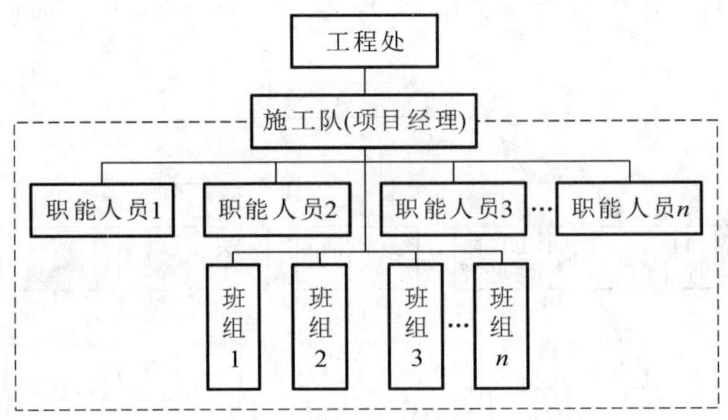

图3-3　部门控制式工程项目组织机构

4. 矩阵式

矩阵式工程项目组织机构呈矩阵状，管理人员由企业有关职能部门派出并进行业务指导，受项目经理的直接领导，如图3-4所示。

5. 事业部式

事业部式工程项目组织机构在企业内作为派往项目的管理班子，对企业外具有独立法人资格，如图3-5所示。

6. 工程项目组织机构的选择

应将企业的素质、任务、条件、基础同工程项目的规模、性质、内容、要求的管理方式结合起来分析，选择最适宜的工程项目组织机构，不能生搬硬套某一种形式，更不能不加分析地盲目做出决策。选择工程项目组织机构形式的参考因素如表3-1所示。

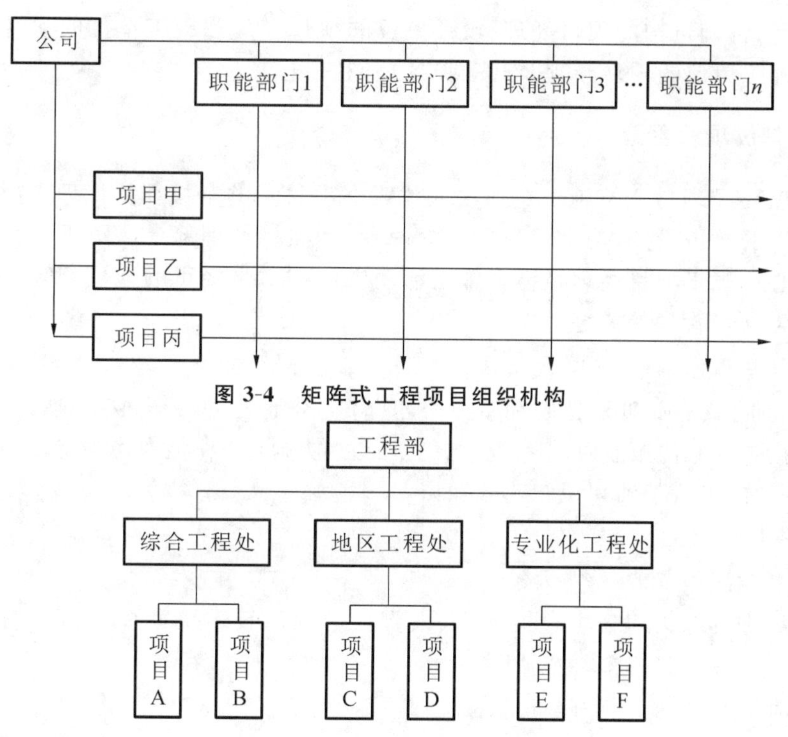

图3-4　矩阵式工程项目组织机构

图3-5　事业部式工程项目组织机构

表3-1　选择工程项目组织机构形式的参考因素

工程项目组织形式	项目性质	施工企业类型	企业人员素质	企业管理水平
混合工作队式	大型项目，复杂项目，工期紧的项目	大型综合建筑企业，有得力项目经理的企业	人员素质较强，专业人才多，职工和技术素质较高	管理水平较高，基础工作较强，管理经验丰富
部门控制式	小型项目，简单项目，只涉及个别少数部门的项目	小型建筑企业，经营业务单一的建筑企业，基本保持直线职能制的大中型建筑企业	素质较差，力量薄弱，人员构成单一	管理水平较低，基础工作较差，项目经理难找
矩阵式	多工种、多部门、多技术配合的项目，管理效率要求很高的项目	大型综合建筑企业，经营范围很宽、实力很强的建筑企业	文化素质、管理素质、技术素质很高，但人才紧缺，管理人才多，人员专一多能	管理水平很高，管理渠道畅通，信息沟通灵敏，管理经验丰富
事业部式	大型项目，远离企业基地的项目，事业部制企业承揽的项目	大型综合建筑企业，经营能力很强的企业，海外承包企业，跨地区承包企业	人员素质高，项目经营强，专业人才多	经营能力强，信息手段强，管理经验丰富，资金实力大

三、施工单位项目经理与项目经理部

项目经理部是一个以工程项目总负责人为首的完备的项目管理工作班子。项目经理包括

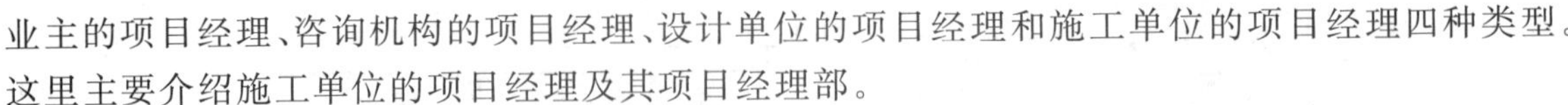

业主的项目经理、咨询机构的项目经理、设计单位的项目经理和施工单位的项目经理四种类型。这里主要介绍施工单位的项目经理及其项目经理部。

(一)施工单位项目经理

施工单位项目经理是建筑施工企业法人代表在项目上的全权委托代理人,是施工单位对一个工程项目施工的总负责人,是全面负责的管理者,是项目经理部最高负责者和组织者,是施工项目的管理中心。施工项目经理在整个施工活动中占有举足轻重的地位,确立施工项目经理的地位是搞好施工项目管理的关键。

1.施工项目经理的素质要求

(1) 政治素质:具有高度责任心和事业心,具有坚忍不拔、勇于进取的精神。

(2) 能力素质:包括决策能力、组织能力、创新能力、协调与控制能力、激励能力和社交能力等。

(3) 知识素质:包括基础知识和业务知识。

(4) 身体素质。

2.施工项目经理的权力

施工项目经理的权力包括生产指挥权,人事权,财权,技术决策权,设备、物资、材料的采购与控制权等。

3.施工项目经理的执业证书

国家规定,只有注册建造师才可以担任项目经理。建造师主要从事项目管理,适于在施工单位工作;项目经理是一个管理岗位,没有国家注册的考试。

1) 建造师制度的法律依据

《中华人民共和国建筑法》第14条规定,从事建筑活动的专业技术人员,应当依法取得相应的执业资格证书,并在执业证书许可的范围内从事建筑活动。2003年2月27日发布的《国务院关于取消第二批行政审批项目和改变一批行政审批项目管理方式的决定》(国发〔2003〕5号)规定,取消建筑施工企业项目经理资质核准,由注册建造师代替,并设立过渡期。人事部、建设部依据国务院上述要求决定对建设工程项目总承包及施工管理的专业技术人员实行建造师执业资格制度,出台了《建造师执业资格制度暂行规定》(人发〔2002〕111号)。

2) 建造师等级划分

建造师分为2个等级,分别为一级建造师与二级建造师。

一级建造师是一种建筑类的执业资格,是担任大型项目经理的前提条件。一级建造师执业资格考试设4个科目,参加全部4个科目考试的人员必须在连续的2个考试年度内通过全部科目方可取得一级建造师执业资格证书。取得一级建造师执业资格证书且符合注册条件的人员,必须经过注册登记后,方可以建造师名义执业。

二级建造师也是一种建筑类的职业资格,是担任项目经理的前提条件。二级建造师执业资格考试合格者,由省、自治区、直辖市人事部门颁发中华人民共和国二级建造师执业资格证书。取得二级建造师执业资格证书经过注册登记后,即获得二级建造师注册证书,注册后的建造师方可受聘执业。

(二)施工单位项目经理部

施工单位项目经理部由工程项目施工负责人、施工现场负责人、施工成本负责人、施工进度控制者、施工技术与质量控制人、合同管理者等人员组成。

1. 施工单位项目经理部的特点

(1) 施工单位项目经理部是一次性组织。

(2) 施工单位项目经理部是施工单位项目管理的领导机构。

(3) 施工单位项目经理部是施工单位项目经理的办事机构。

(4) 施工单位项目经理部是一个组织体。

2. 组建施工单位项目经理部应考虑的因素

(1) 工程项目的组织形式。

(2) 工程项目的技术经济特点。

(3) 工程项目的管理形式和特点。

(4) 在工程项目管理中,具有一定的弹性。

任务 3 工程项目实施的组织模式

工程项目实施的组织模式是指通过研究工程项目的承发包模式,来确定工程项目合同的结构;合同结构的确立解决了工程项目的管理组织,决定了参与工程项目各方项目管理的工作内容和任务。

工程项目主要涉及三个方面的介入,即以业主为主体的发包体系,以设计、施工、供货方为主体的承建体系,以工程咨询、评估、监理方等为主体的咨询体系。工程项目的复杂性决定了市场主体三方的不同组织系统构成不同的工程项目实施的组织模式,主要包括平行承发包模式、设计/施工总承包模式、项目总承包模式、承包联营模式、CM 承包模式、partnering 模式等。

一、平行承发包模式

平行承发包模式也称为分别承包方式,是业主根据实际情况将工程项目在分解后,由业主分别委托几家承包单位来进行建造的方式,其合同结构如图 3-6 所示。采用平行承发包模式,业主将直接面对多家设计单位、多家施工单位和多家材料设备供应单位。这些单位之间的关系是平行的,各自对业主负责。

二、设计/施工总承包模式

设计/施工总承包模式是业主将工程的设计任务委托给一家设计单位,将施工任务委托给一家施工单位进行承建的方式,其合同结构如图 3-7 所示。这一设计单位就成为设计总承包单位,施工单位就成为施工总承包单位。采用设计/施工总承包模式,业主将直接面对两个承建单

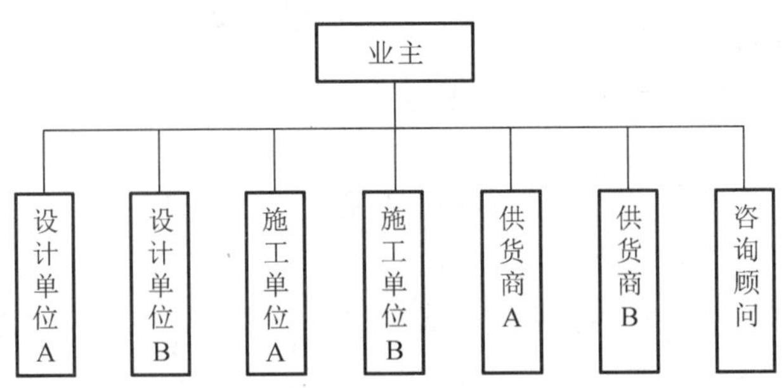

图 3-6　平行承发包模式的合同结构

位，即一家设计总承包单位和一家施工总承包单位。设计总承包单位和施工总承包单位之间的关系是平行的，它们各自对业主负责。

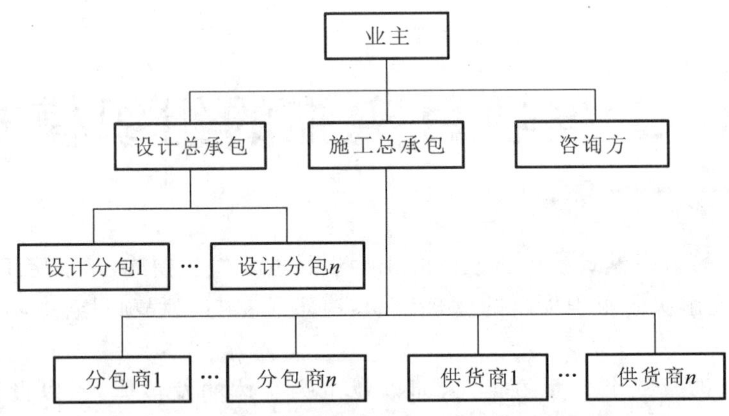

图 3-7　设计/施工总承包模式的合同结构

三、项目总承包模式

项目总承包模式是将工程的设计和施工任务一并委托给一家承建单位实施的方式，其合同结构如图 3-8 所示，这个承建单位就称为项目总承包单位。项目总承包单位负责从工程设计、材料设备定购、工程施工、设备安装调试，直至试车生产、交付使用等一系列实质性工程工作。项目总承包单位应自行完成全部设计和施工任务，必要时也可将部分设计或施工任务分包给其他设计、施工单位，但必须要取得建设单位的认可。

四、承包联营模式

承包联营模式又叫共担风险模式，是目前国际上较流行的一种承包组织方式，它是指若干企业为完成某项建设工程项目的施工任务而临时成立的一个联营体，聚结各企业的人、财、物，重新生成一个经营体，以便与建设单位签订承包合同，待合同实施期满后，联营体解散，各企业按各自的股权大小、分配权大小分配联营所得的一种组织模式。

采用承包联营模式，各施工企业是以联营体的名义与建设单位签订承包合同，在联营体内

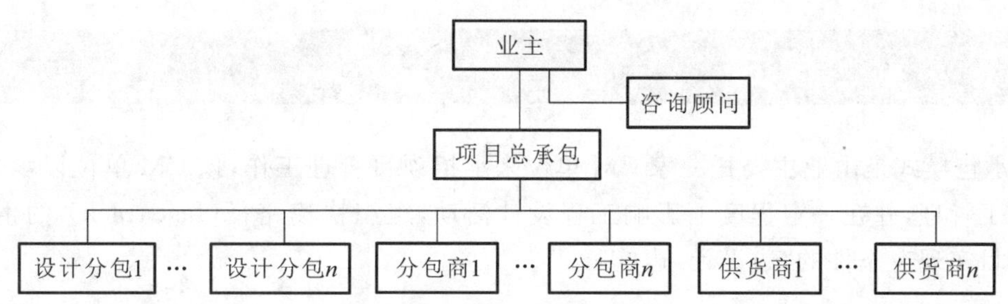

图 3-8 项目总承包模式的合同结构

部，各联营企业之间还要签订联营协议，以明确彼此之间的经济关系和职权等。组成联营体的各成员企业要共同推选出一位项目总负责人，以统一领导、组织和协调工程项目的实施。承包联营模式中，建设单位与承包单位之间的合同结构较简单，在工程施工过程中建设单位的协调工作量也比较少。

承包联营模式包括施工联合体模式和施工合作体模式。

1. 施工联合体模式

施工联合体是由多家施工企业为承建某项工程而成立的组织机构，工程任务完成后即进行内部清算并解体。施工联合体通常由一家或多家施工单位发起，经过协商确定各自投入联合资金份额、机械设备等固定资产数量及人员等，签署施工联合体章程，建立施工联合体的组织机构，产生施工联合体代表，以施工联合体的名义与发包方签订施工承包合同，其合同结构如图 3-9 所示。

2. 施工合作体模式

施工合作体模式是一种为承建工程而采取的合作施工的模式，或因工程类型多、数量大，或出于专业配套需要等，当一家施工单位无力实行施工总承包，而发包方又希望施工方有一个统一的施工协调组织的时候，几家施工单位有可能自愿结成合作伙伴，成立一个施工合作体，产生施工合作体的组织机构及其代表，以施工合作体的名义与发包方签订施工承包意向合同。这种意向合同也称为基本合同，主要是对施工发包方式、发包合同基本条件、施工的总体部署、实施协调的原则和方式等双方做出承诺。达成意向合同后，各承包单位分别与发包方签订施工承包合同，并在施工合作体的统一计划、指挥和协调下展开施工，各尽其责，各得其利。其合同结构如图 3-10 所示。

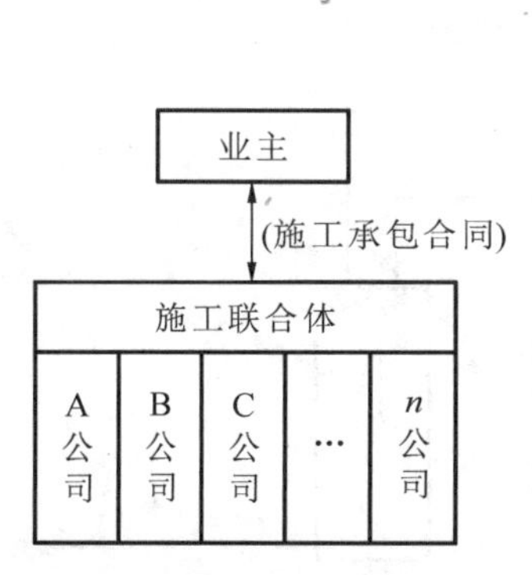

图 3-9 施工联合体模式的合同结构

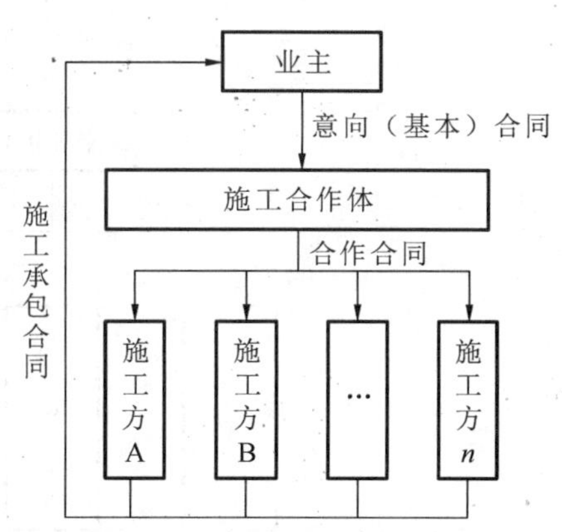

图 3-10 施工合作体模式的合同结构

五、CM 承包模式

CM 承包模式是由业主委托一家 CM 单位来承担项目管理工作，该 CM 单位以承包商的身份进行施工管理，并在一定程度上影响工程设计活动，组织快速路径（fast-track）的生产方式，使工程项目实现有条件的“边设计，边施工。”

六、partnering 模式

partnering 模式即合伙模式，是在充分考虑建设各方利益的基础上确定建设工程项目共同目标的一种管理模式，它一般要求业主与参建各方在相互信任、资源共享的基础上达成一种短期或长期的协议，通过建立工作小组相互合作，及时沟通以避免争议和诉讼的产生，共同解决建设工程项目实施过程中出现的问题，共同分担工程项目风险和有关费用，以保证参与各方目标和利益的实现。

思考与练习

一、简答题

1. 什么项目法人责任制？
2. 什么是项目经理？项目经理部是如何组成的？
3. 工程项目组织机构的选择应考虑哪些因素？
4. 工程项目实施的组织模式及其特点是什么？

二、案例题

【案例 1】某监理公司承担了一个工程项目全过程和全方位的监理工作。在整个工程项目的实施过程中，工程项目的组织结构如图 3-11 所示，工程项目的合同结构如图 3-12 所示。

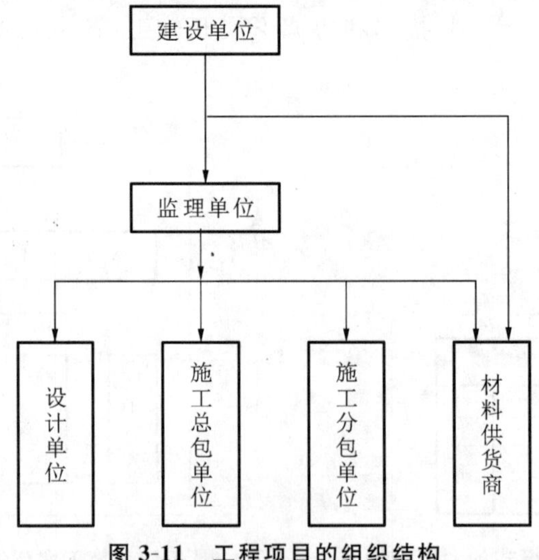

图 3-11　工程项目的组织结构

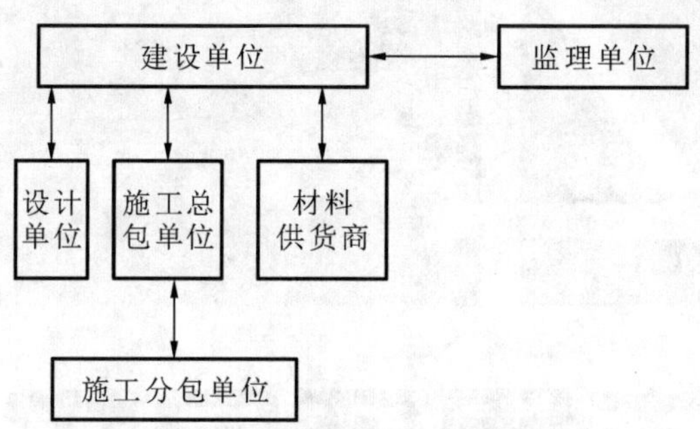

图 3-12　工程项目的合同结构

问题：工程项目的组织结构和合同结构是否正确？如果不正确，请改正。

【案例 2】　某工程项目分为两个相对独立的标段（合同段），业主组织了招标并分别和两家施工单位签订了施工承包合同。根据第二标段施工合同约定，合同内的装饰工程由施工单位分包给专业装饰工程公司施工。工程项目施工前，业主委托了一家监理单位承担施工监理任务。

问题：若要求每位监理工程师的工作职责范围职能分别限定在某一个合同标段范围内，则总监理工程师应当建立什么样的监理组织机构形式？并请绘出组织结构示意图。

学习情境 4

建筑工程项目招标投标

知识目标

通过本学习情境的学习，了解建筑工程项目招标、投标的类型和含义，熟悉公开招标的概念与意义，了解建筑工程项目招标的程序、投标的程序和评标的标准。

技能目标

通过本学习情境的学习，能够根据工程项目招标与投标情况，学会施工项目投标流程和技巧。

任务1 建筑工程项目招标投标概述

一、建筑工程项目招标投标的含义

招标投标，实际上是一种特殊商品交易方式。这种交易方式的成本比较高，但具有很强的竞争性。通过竞争，发包方或承包方在得到质量、期限等保证的同时，享受优惠的价格。当交易数量大到一定规模时，较高的交易成本就可忽略不计，因此招标投标在工程项目承发包和大宗物资的交易中应用十分广泛。特别是建筑工程项目，我国的法律法规明确规定，除不宜招标的建筑工程项目外，都应实行招标发包。

我国从20世纪80年代初开始逐步实行招标投标制度。目前大量的经常性的招标投标业务主要集中在工程建设、机械成套设备、进口机电设备、利用国外贷款等方面，其中又以工程建设为最。建筑工程项目招标投标是在市场经济条件下，在工程承包市场中围绕建筑工程项目这一特殊商品而进行的一系列交易活动，如项目规划、可行性研究、勘察设计、施工、材料设备采购等。

建筑工程项目招标投标是引入竞争机制订立合同(契约)的一种法律形式。它是指招标人对工程建设、货物买卖、劳务承担等多种交易业务，事先公布选择分派的条件和要求，招引他人承接，若干投标人做出愿意参加业务承接竞争的意思表示，招标人按照规定的程序和方法择优选定中标人的活动。按照我国有关规定，招标投标的标的，即招标投标有关各方当事人权利和义务所共同指向的对象，包括工程、货物、劳务等。

建筑工程项目招标投标兼有经济活动与民事法律行为两种性质。建筑工程项目招标投标的目的是在工程建设中引进竞争机制，择优选定勘察、设计、设备安装、施工、装饰装修、材料设备供应、监理和工程总承包等单位，以保证缩短工期、提高工程质量和节约建设投资。建筑工程项目招标投标应该遵循公开、公平、公正和诚实信用的原则。

二、建筑工程项目招标投标的分类

建筑工程项目招标投标的类型很多，按照不同的标准可对建筑工程项目招标投标进行不同形式的分类。

1. 按照行业或专业分类

按照行业或专业的不同，建筑工程项目招标投标可以划分为以下几种类型。

(1) 土木工程招标投标：对建筑工程项目的土木工程任务进行的招标投标。

(2) 勘察设计招标投标：对建筑工程项目的勘察设计任务进行的招标投标。

(3) 货物采购招标投标：对建筑工程项目所需的建筑材料和设备采购任务进行的招标投标。

(4) 安装工程招标投标:对建筑工程项目的设备安装任务进行的招标投标。

(5) 建筑装饰装修招标投标:对建筑工程项目的建筑装饰装修任务进行的招标投标。

(6) 生产工艺技术转让招标投标:对建筑工程项目生产工艺技术转让进行的招标投标。

(7) 工程咨询和建设监理招标投标:对建筑工程项目工程咨询和建设监理任务进行的招标投标。

2. 按照工程建设程序分类

按照工程建设程序的不同,建筑工程项目招标投标可以分为以下几类。

(1) 建筑工程项目可行性研究招标投标:对建筑工程项目的可行性研究任务进行的招标投标。中标的承包方要根据中标的条件和要求,向发包方提供可行性研究报告,并对其负责。承包方提供的可行性研究报告应获得发包方的认可。

(2) 工程勘察设计招标投标:对建筑工程项目的勘察设计任务进行的招标投标。中标的承包方要根据中标的条件和要求,向发包方提供勘察设计成果,并对其负责。

(3) 材料设备采购招标投标:对建筑工程项目所需的建筑材料和设备(如电梯、锅炉、空调等)采购任务进行的招标投标。

(4) 施工招标投标:对建筑工程项目的施工任务进行的招标投标。中标的承包方必须根据中标的条件和要求提供建筑产品。

3. 按照建筑工程项目的构成分类

按照建筑工程项目构成的不同,建筑工程项目招标投标可以分为以下几类。

(1) 全部工程招标投标:对一个建筑工程项目的全部工程进行的招标投标。

(2) 单项工程招标投标:对一个建筑工程项目中所包含的若干单项工程进行的招标投标。

(3) 单位工程招标投标:对一个单项工程所包含的若干单位工程进行的招标投标。

(4) 分部工程招标投标:对一个单位工程(如土建工程)所包含的若干分部工程(如土石方工程、深基坑工程、楼地面工程、装饰工程等)进行的招标投标。

(5) 分项工程招标投标:对一个分部工程(如土石方工程)所包含的若干分项工程(如人工挖地槽、挖地坑、回填土等)进行的招标投标。

4. 按工程承包的范围分类

(1) 项目总承包招标投标:分为两种类型,一种是工程项目实施阶段的全过程招标投标,另一种是工程项目全过程招标投标。前者是在设计任务书审完后,从项目勘察、设计到交付使用进行的一次性招标投标。后者是从项目的可行性研究到交付使用进行的一次性招标投标,业主提供项目投资,提出使用要求及竣工、交付使用期限,其可行性研究、勘察设计、材料和设备采购、施工安装、职工培训、生产准备和试生产、交付使用都由一个总承包人负责承包。

(2) 专项工程承包招标投标:在对工程承包招标投标中,对其中某项比较复杂,或专业性强,施工和制作要求特殊的单项工程单独进行的招标投标。

5. 按照工程是否具有涉外因素分类

(1) 国内工程招标投标:对本国没有涉外因素的建筑工程项目进行的招标投标。

(2) 国际工程招标投标:对有不同国家或国际组织参与的建筑工程项目进行的招标投标。国际工程招标投标,包括本国的国际工程(习惯上称涉外工程)招标投标和国外的国际工程招标投标两个部分。

国内工程招标投标和国际工程招标投标的基本原则是一致的，但在具体做法上有差异。

随着社会经济的发展和国际工程交往的增多，国内工程招标投标和国际工程招标投标在做法上的区别越来越小。

三、工程项目招标的范围

工程项目招标可以是全过程招标，其工作内容可包括可行性研究、勘察设计、物料专供、建筑安装施工乃至使用后的维修；也可以是阶段性建设任务的招标，如勘察设计、项目施工；可以是整个工程项目发包，也可以是单项工程发包。在施工阶段，按照承包内容的不同，工程项目招标的范围可分为包工包料、包工部分包料、包工不包料。进行工程项目招标时，业主必须根据工程项目的特点，结合自身的管理能力，确定工程项目的招标范围。

1. 必须招标的范围

根据《中华人民共和国招标投标法》的规定，在中华人民共和国境内进行的下列工程项目必须进行招标。

(1) 大型基础设施、公用事业等关系社会公共利益、公众安全的项目。

(2) 全部或者部分使用国有资金投资或者国家融资的项目。

(3) 使用国际组织或者外国政府投资贷款、援助资金的项目。

2. 可以不进行招标的范围

按照《中华人民共和国招标投标法》和有关规定，属于下列情形之一的，经县级以上地方人民政府建设行政主管部门批准，可以不进行招标。

(1) 涉及国家安全、国家秘密的工程。

(2) 抢险救灾工程。

(3) 利用扶贫资金实行以工代赈、需要使用农民工等特殊情况的工程。

(4) 建筑造型有特殊要求的工程。

(5) 采用特定专利技术、专有技术进行设计或施工的工程。

(6) 停建或者缓建后恢复建设的且承包人未发生变更的单位工程。

(7) 施工企业自建自用的，且施工企业资质等级符合工程要求的工程。

(8) 在建工程追加的且承包人未发生变更的附属小型工程或者主体加层工程。

(9) 法律、法规、规章规定的其他情形。

四、各类建筑工程项目招标的条件

1. 建筑工程项目监理招标的条件

(1) 初步设计和概算已获批准。

(2) 建筑工程项目的主要技术工艺要求已确定。

(3) 建筑工程项目已纳入国家计划或已备案。

2. 建筑工程项目勘察设计招标的条件

(1) 设计任务书或可行性研究报告已获批准。

(2) 具有设计所必需的可靠基础资料。

3.建筑工程项目施工招标的条件

建筑工程项目具备以下条件才可以进行施工招标。

(1) 招标人已经依法成立。

(2) 初步设计及概算应当履行审批手续，已经批准。

(3) 有相应资金或资金来源已经落实。

(4) 有招标所需的设计图纸及技术资料。

4.建筑工程项目材料、设备供应招标的条件

(1) 建设资金(含自筹资金)已按规定落实。

(2) 具有批准的初步设计或施工图设计所附的设备清单，专用、非标设备应有设计图纸、技术资料等。

五、公开招标

1.公开招标的概念

公开招标是指招标人(业主或开发商)通过报纸、电视及其他新闻渠道公开发布招标通知，邀请所有愿意参加投标的企业参加投标的招标方式。

2.公开招标的基本特点

公开招标的特点是采用招标公告的形式，邀请不特定的法人或者其他组织投标。公开招标是国际上最常见的招标方式，最大限度地体现了招标的公平、公正、合理原则。

3.公开招标的适用范围

公开招标主要适用于各国政府投资或融资的建筑工程项目，使用世界银行、国际性金融机构资金的建筑工程项目，国际上的大型建筑工程项目，我国境内关系到社会公共利益、公共安全的基础设施建筑工程项目，以及公共事业项目等工程项目。

4.公开招标的优点

公开招标是适用范围广、最有发展前景的招标方式。具体来说，公开招标的优点包括以下几个。

(1) 招标人可获得合理的投标报价。由于公开招标是无限竞争性招标，有充分的选择余地，通过投标人之间的竞争，能选出质量好、工期短、价格合理的投标人，获得好的投资效益。

(2) 竞争范围广，可借鉴国外的工程技术及管理经验。

(3) 可提高承包企业的工程质量、生产率及竞标能力。采用公开招标能够保证所有合格投标人都有机会参加投标，以统一的衡量标准，评价自身的生产条件，使竞标企业能按照国际先进水平来促进自我发展。

(4) 能防止招标投标过程中违法违纪情况的发生。公开招标是根据预先制定且众所周知的程序和标准公开进行的，有利于防范操作和监督人员的舞弊现象，为信誉好的承包人创造机会。

5.公开招标的缺点

(1) 公开招标所需费用较大，时间较长。公开招标要遵循一套周密而复杂的程序，按照一套

细致且条目繁多的评价标准，从发布招标消息、投标人投标、评标到签约，通常需几个月甚至一年以上的时间，招标人还需支付较多的费用进行各项工作。

(2) 公开招标需准备的文件较多，工作量较大且各项工作的具体实施难度较大。

6. 公开招标的要求

(1) 在公开招标中，招标方首先应依法发布招标公告。

(2) 凡愿意参加投标的单位，可以按招标公告中指明的地址领取或购买较详细的介绍资料和资格预审表，资格预审表填好后寄送给招标单位进行审查，合格者可向招标单位购买招标文件参加投标。

(3) 在规定开标日期、时间、地点(招标机构的所有决策人员和投标人在场的情况下)当众开标，出席的人员应在各投标人的每份投标书的报价表上签字，所有报价均不得更改。

(4) 按照国际惯例，不允许更改技术要求与财务条件，必须按条件投标报价。

(5) 评标要严格保密，招标机构可以要求投标人回答或澄清其投标书中的问题(投标人答辩会)，但不得调整价格。

六、邀请招标

1. 邀请招标的概念

邀请招标又称为有限竞争性招标，是指招标人以投标邀请书的方式邀请特定的法人或其他组织投标。

2. 邀请招标的基本特点

邀请招标的基本特点是以投标邀请书的方式邀请指定的法人或者其他组织投标。采用这种招标方式不发布招标公告，招标人根据自己的经验和所掌握的各种信息资料，向具备承担该项工程施工能力、资信良好的三个以上承包人发出投标邀请书，收到投标邀请书的单位参加投标，即不公开刊登招标公告而直接邀请某些单位投标。

3. 邀请招标的适用范围

邀请招标在大多数国家适用于私人投资的中小型项目。国内规模较小的项目一般都采用邀请招标方式。目前，该方式在建筑工程项目招标中广泛采用，特别为一些实力雄厚、信誉较好的老牌开发商所垂青。

4. 邀请招标的优点

(1) 招标所需的时间较短，同时节省招标费用。被邀请的投标人是经招标人事先选定、具备投标资格的承包企业，不需要资格预审。

(2) 被邀请的投标人数量有限，可减少评标阶段的工作量及费用支出，因此邀请招标比公开招标时间短、费用少。

(3) 目标集中，招标的组织工作容易，程序比公开招标简单。

(4) 邀请招标的投标人往往为3～5家，比公开招标少，因此评标工作量减少。

5. 邀请招标的缺点

(1) 不利于招标人获得最优报价和取得最佳投资效益。

(2) 由于投标人较少，竞争性较差。

(3) 招标人在选择被邀请人前所掌握的信息不可避免地存在一定的局限性，业主很难了解市场上所有承包人的情况，往往会忽略一些在技术报价上更具竞争力的企业。

6.邀请招标对投标人的要求

(1) 投标人当前和过去的财务状况均良好。

(2) 投标人有较好的信誉。

(3) 投标人的技术装备、劳动力素质、管理水平等均符合招标工程的要求。

(4) 投标人在施工期内有足够的力量承担招标工程的任务。

七、协议招标

1.协议招标的概念

协议招标又称非竞争性招标、指定性招标、议标、谈判招标，是招标人邀请不少于两家的承包人，通过直接协商谈判选择承包人的招标方式。

2.协议招标的基本特点

协议招标不是法定的招标形式，《中华人民共和国招标投标法》也未对其进行规范。这种招标方式不同于直接发包。从形式上看，直接发包没有“标”，而协议招标是有“标”的。协议招标的招标人事先需编制招标文件，有时还要有标底，协议招标的投标人必须有投标文件。

3.协议招标的适用范围

协议招标仅适用于紧急工程、有保密性要求的工程、价格很低的小型工程、零星的维修工程、不宜公开招标或邀请招标的特殊工程，如工程造价较低的工程、工期紧迫的特殊抢险工程、专业性强的工程、军事保密工程等。

4.协议招标的优点

(1) 容易迅速开展工作，达成协议，保密性好。

(2) 能较快速地完成交易。由于承包人不通过竞争过程产生，也无须开标、评标、决标，所以招标人和投标人双方能在短时间内签订合同，进行施工，完成建筑工程项目。

(3) 节约招标费用。协议招标对招标人的要求很高，通常都要求招标人对建筑工程行业和建筑工程企业的情况有充分了解。因此，一般选定的投标人少而精，招标投标费用低廉。

5.协议招标的缺点

(1) 协议招标竞争力差，很难获得有竞争力的报价。

(2) 由于竞争性较弱，发包人比较、选择的余地小，无法获得合理报价。

(3) 招标人同时与几个投标人进行谈判，使投标人之间更容易产生不合理竞争，继而使得招标人难以选择到有竞争力的企业。

6.协议招标的要求

(1) 协议招标必须经过三个基本阶段，即报价阶段、比较阶段和评定阶段。不过有的时候采用单项协议招标的方法也比较多，如小型改造维修工程。

(2) 对不宜公开招标或邀请招标的特殊工程，应报主管机构，经批准后才可以协议招标。

八、综合性招标

1.综合性招标的概念

综合性招标是招标人将公开招标和邀请招标结合(有时将技术标和商务标分成两个阶段评选)的招标方式。

2.综合性招标的适用范围

(1) 规模大、工期长的工程项目。

(2) 公开招标时尚不能决定工程内容的项目,招标人缺乏经验的新项目、大型项目。

(3) 公开招标开标后,投标报价不满足招标人要求的项目。

3.综合性招标的优点

(1) 程序严密规范,有利于防范工程风险。

(2) 评标时间、工作量、费用可控制在合理的范围内。

(3) 招标人选择范围大,可获得合理报价,提高工程质量。

4.综合性招标的缺点

(1) 时间过程比较长。

(2) 费用比较高。

(3) 适用范围小。

5.综合性招标的要求

(1) 首先进行公开招标,开标后(有时先评技术标)按照一定的标准,淘汰其中不合格的投标人,选出若干家合格的投标人(一般选三四家),再进行邀请招标(有时只评选商务标)。

(2) 通过对被邀请投标人投标书的评价,最后决定中标人。

(3) 如果同时投技术标和商务标,须将两者分开密封包装。先评审技术标,再评审技术标合格的投标人的商务标。

九、国际竞争性招标

当公开招标或综合性招标的投标人涉及几个国家时,就称之为国际竞争性招标。凡是利用世界银行和国际开发协会的贷款兴建的工程项目,按照规定,均须采用国际竞争性招标方式进行招标,而参与投标的,一般应是该组织成员国的承包企业。采用国际竞争性招标方式招标时,必须遵循世界银行规定的三 E 原则,即 efficiency(效率)、economy(经济)、equity(公平)原则。在项目实施中,无论是器材采购还是工程施工,都必须经济实惠,讲求效率;所有成员国都有公平的、均等的机会参与竞争;给借款国本国的承包人和制造商一定的优惠。

十、招标投标的一般程序

一般来说,招标投标需经过招标、投标、开标、评标与定标等程序。

1. 招标

具有招标条件的单位填写建筑工程项目招标申请书，报有关部门审批；获准后，组织招标班子和评标委员会；编制招标文件和标底；发布招标公告；审定投标单位；出售招标文件；组织现场勘察和标前会议；接受投标文件。

2. 投标

投标单位根据招标公告或招标单位的邀请，选择符合本单位施工能力的工程，向招标单位提交投标意向，并提供资格证明文件和资料；资格预审通过后，组织投标班子，跟踪投标项目，购买招标文件；参加现场勘察和标前会议；编制投标文件，并在规定时间内将投标文件报送给招标单位。

3. 开标

开标应当按照招标文件规定的时间、地点和程序以公开方式进行。开标由招标人或者招标投标中介机构主持，邀请评标委员会成员、投标人代表和有关单位代表参加。

投标人检查投标文件的密封情况，确认无误后，由有关工作人员当众拆封、验证投标资格，并宣读投标人名称、投标价格以及其他主要内容。

投标人可以对唱标做必要的解释，但所做的解释不得超过投标文件记载的范围或改变投标文件的实质性内容。开标应当做好记录，存档备查。

4. 评标

评标应当按照招标文件的规定进行。招标人或者招标投标中介机构负责组建评标委员会。评标委员会应当按照招标文件的规定对投标文件进行评审和比较，并向招标人推荐一至三家中标候选人。

5. 定标

招标人应当从评标委员会推荐的中标候选人中确定中标人，发中标通知书，并将中标结果书面通知所有投标人。招标人与中标人应当按照招标文件的规定和中标结果签订书面合同。

十一、招标规定

全部使用国有资金投资或者国有资金投资占控股或者主导地位的工程建设项目，应当公开招标，但经国务院发展计划部门或者省、自治区、直辖市人民政府依法批准可以进行邀请招标的重点建设项目除外；其他工程可以实行邀请招标。招标人采用邀请招标方式的，应当向 3 家以上具备承担施工招标项目的能力、资信良好的特定的法人或者其他组织发出投标邀请书。

另外，工程有下列情形之一的，经相关审批部门批准，可以不进行施工招标。

(1) 涉及国家安全、国家秘密或者抢险救灾而不宜招标的。

(2) 属于利用扶贫资金实行以工代赈、需要使用农民工的。

(3) 施工主要技术采用特定的专利或者专有技术的。

(4) 施工企业自建自用的工程，且该施工企业资质等级符合工程要求的。

(5) 在建工程追加的附属小型工程或者主体加层工程，原中标人仍具备承包能力的。

(6) 法律、法规、规章规定的其他情形。

任务 2 建筑工程施工项目招标

一、工程项目招标文件

工程项目招标是指招标人为了选择合适的承包人而设立的一种竞争机制，是对自愿参加某一特定工程项目的投标人进行审查、评比和选定的过程。

(1) 招标文件的作用。

招标文件的编制是招标准备工作中最重要的环节。招标文件的重要性体现在以下两个方面。

① 招标文件是提供给投标人的投标依据。施工招标文件中应准确无误地向投标人介绍实施工程项目的有关内容和要求，包括工程基本情况、预计工期、工程质量要求、支付规定等方面的信息，以便投标人据以编制投标书。

② 招标文件的主要内容是签订合同的基础。招标文件中除"投标须知"外的绝大多数内容将成为合同文件的有效组成部分。尽管在招标过程中招标人可能对招标文件中的某些内容或要求提出补充和修改意见，投标人也会对招标文件提出一些修改要求或建议，但招标文件中对工程施工的基本要求不会有太大变动。由于合同文件是工程实施过程中双方都应该严格遵守的准则，也是发生纠纷时进行判断和裁决的标准，所以招标文件不仅决定发包人在招标期间能否选择一个优秀的承包人，而且关系到工程是否能顺利施工，以及发包人与承包人双方的经济利益。编制一个好的招标文件可以减少合同履行过程中的变更和索赔，意味着工程管理和合同管理成功了一半。

(2) 招标文件的主要内容。

招标文件一般包括以下内容。

① 投标邀请书。

投标邀请书是发给通过资格预审的投标人的投标邀请函，并请其确认是否参与投标。

② 投标须知。

投标须知是对投标人投标时的注意事项的书面阐述和告知。投标须知包括两个部分：第一部分是投标须知前附表，第二部分是投标须知正文，主要内容包括对总则、招标文件、投标文件、开标、评标、授予合同等方面的说明和要求，投标须知前附表是对投标须知正文的概括和提示，放在投标人须知正文前面，有利于引起投标人注意和便于查阅检索。

(3) 施工合同通用条款和专用条款。

合同条款是招标人与中标人签订合同的基础。投标人将合同条款作为招标文件的内容发给投标人，一方面要求投标人充分了解合同义务和应该承担的风险责任，以便在编制投标文件时加以考虑；另一方面允许投标人对投标文件和在合同谈判时提出不同意见，如果招标人同意也可以对部分条款的内容予以修改。

(4) 合同格式。

合同格式是招标人在招标文件中拟定好的具体格式，在定标后由招标人与中标人达成一致协议后签署，投标人投标时不填写。招标文件中的合同格式，主要有合同协议书、房屋建筑工程质量保修书、承包人履约书、承包人预付款银行保函、发包人支付担保书等。

(5) 技术规范。

技术规范也被称作技术规格书，是招标文件中一个非常重要的组成部分，应包括工程的全面描述、对工程所采用材料的要求、施工质量要求、工程计量方法、验收标准和规定及其他不可预见因素的规定等内容。

在拟定技术规范时，既要满足设计要求，保证工程的施工质量，又不能过于苛刻。因为太苛刻的技术要求必然导致投标人提高投标价格。对国际工程而言，过于苛刻的技术要求往往会影响本国的承包人参加投标的兴趣和竞争力。

技术规范是检验工程质量标准和质量管理的依据，招标单位对这部分文件的编写应特别重视。

(6) 投标函及投标函附录。

(7) 工程量清单与报价表。

采用工程量清单招标的，应当提供工程量清单。《建设工程工程量清单计价规范》(GB 50500—2013) 规定，工程量清单是载明建设工程分部分项工程项目、措施项目、其他项目的名称和相应数量以及规费、税金项目等内容的明细清单。

(8) 辅助资料表。

辅助资料表主要包括项目经理简历表、主要施工管理人员表、主要施工机构设备表、项目拟分包情况表、劳动力计划表、近 3 年的资产负债表和损益表、施工方案或施工组织设计、施工进度计划表、临时设施布置及临时用电表等。

(9) 资格审查表。

(10) 图纸。

图纸是招标文件和合同的重要组成部分，是投标人拟订施工方案、确定施工方法以及提出替代方案、计算投标报价时必不可少的资料。

二、工程项目施工招标程序

(一)公开招标

1. 建筑工程项目报建

工程项目报建是建设单位招标活动的前提。

(1) 建筑工程项目的立项批准文件或年度投资计划下达后，按照《工程建设项目报建管理办法》规定，具备条件的，需向建设行政主管部门报建备案。

(2) 工程建设项目报建范围：各类房屋建筑、土木工程、设备安装、管道线路敷设、装饰装修等固定资产投资的新建、扩建、改建以及技改等建设项目。

(3) 工程建设项目报建内容:工程名称、建设地点、投资规模、资金来源、当年投资额、工程规模、结构类型、发包方式、计划开竣工日期、工程筹建情况等。

(4) 办理工程报建时应交验的文件资料:立项批准文件或年度投资计划、固定资产投资许可证、建设工程规划许可证、资金证明。

(5) 工程建设项目报建程序:建设单位填写统一格式的“建设工程项目报建表”,有上级主管部门的,需经其批准同意后,连同应交验的文件资料一并报建设行政主管部门。建设工程项目报建备案后,具备了《中华人民共和国招标投标法》中规定招标条件的建设工程项目,可开始办理建设单位资质审查。工程建设项目立项文件获得批准后,招标人需向建设行政主管部门履行工程建设项目报建手续。只有报建申请批准后,才可以开始工程建设项目的建设。

2. 招标人资质的审查

招标人提出招标申请前,招标投标管理机构要审查招标人是否具备招标条件。不具备有关条件的招标人,需委托具有招标代理资质的中介机构代理招标。招标人应与中介机构签订委托代理招标的协议,并报招标投标管理机构备案。

3. 招标申请

招标人进行招标,要向招标投标管理机构填报招标申请书。招标申请书经批准后,方可以编制招标文件、评标定标办法和标底,并将这些文件报招标投标管理机构批准。招标人或招标代理机构也可在申报招标申请书时,一并将已经编制完成的招标文件、评标定标办法和标底报招标投标管理机构批准。

4. 编制招标文件与报审

招标文件既是投标人编制投标书的依据,也是招标阶段招标人的行为准则。为了避免疏漏,招标人应根据工程的特点和具体情况参照“招标文件范本”编写招标文件。根据招标项目具备情况划分标段的,应当合理划分标段、确定工期,并在招标文件中加以说明。招标文件的主要内容包括:招标工程的技术要求和设计文件;采用工程量清单招标的,应提供工程量清单;投标函的格式及附录;拟签订合同的主要条款;要求投标人提交的其他材料。

招标人编写的招标文件在向投标人发放的同时应向建设行政主管部门备案。建设行政主管部门发现招标文件有违反法律法规内容的,责令其改正。

5. 招标公告

公开招标应通过报刊、广播、电视、网络等新闻媒介发布资格预审(投标报名)通告或招标公告。

招标公告应当至少载明下列内容。

(1) 招标人的名称和地址。

(2) 招标项目的内容、规模、资金来源。

(3) 招标项目的实施地点和工期。

(4) 获取招标文件或者资格预审文件的地点和时间。

(5) 对招标文件或者资格预审文件收取的费用。

(6) 对投标人的资质等级的要求。

6. 资格审查

承包人报名参加投标前,其相关资质应按资格预审条件由招标人或招标代理机构进行审查,审查合格者方可报名。

(1) 资格审查应主要审查潜在投标人或者投标人是否符合下列条件。

① 具有独立订立合同的权力。

② 具有履行合同的能力,包括专业技术资格和能力,资金、设备和其他物质设施状况,管理能力,经验、信誉和相应的从业人员。

③ 没有处于被责令停业,投标资格被取消,财产被接管、冻结,破产状态。

④ 在最近 3 年内没有骗取中标和严重违约及重大工程质量问题。

⑤法律、行政法规规定的其他资格条件。

(2) 公开招标资格预审和资格后审的主要内容是一样的,一般要求投标人向招标人提交以下法定证明文件和相关资料。

①营业执照、资质等级证书和法人代表资格证明书。

②近 3 年完成工程的情况。

③目前正在履行的合同情况。

④履行合同的能力,包括专业技术资格、能力和经验,资金、财务、设备、劳动力和其他资源状况,管理能力,信誉等。

⑤受奖、罚的情况和其他有关资料。

(3) 联营体参加资格预审的,应符合下列要求。

①联营体的每一个成员均需提交与单独参加资格预审的单位一样的全套文件。

②在资格预审文件中必须规定,资格预审合格后,作为投标人将参加投标并递交合格的投标文件。该投标文件连同后来的合同应共同签署,以便对所有联营体成员作为整体和独立体均具有法律约束力。在提交有关资格审查资料时,应附上联合体协议,该协议中应规定所有联合体成员在合同中共同的和各自的责任。

③资格预审文件需包括一份联合体各方计划承担的合同额和责任的说明。联合体的每一位成员需具备执行所承担工程的充足经验和能力。

④资格预审文件中应指定一个联合体成员作为主办人(或牵头人),主办人应被授权代表所有联合体成员接受指令,并负责整个合同的全面实施。

7.发放资格预审合格通知书

合格投标人确定后,招标人向资格预审合格的投标人发出资格预审合格通知书。投标人在收到资格预审合格通知书后,应以书面形式予以确定是否参加投标,并在规定的时间内和地点领取和购买招标文件和有关技术资料。只有通过资格预审的申请招标人才有资格参与下一阶段的投标竞争。

8.招标标底的编制与招标文件的发售

招标人根据项目的招标特点,招标前可以预设标底,也可以不设标底。对设有工程标底的招标项目,所编制的标底在评标时应当作为参考。工程标底是招标人控制投资、掌握招标项目造价的重要手段,工程标底在计算时应科学、合理、准确和全面。工程标底编制人员应严格按照国家的有关政策、规定,科学、公平地编制工程标底。

招标人应向合格投标人发放招标文件。投标人收到招标文件、图纸和有关资料后,应当认真核对,核对无误后应以书面形式予以确认。招标人对于发出的招标文件可以酌收工本费,但不得以此牟利。对于其中的设计文件,招标人可以采取酌收押金的方式,在确定中标人后,对于将设计文件予以退还的,招标人应当同时将其押金退还。

投标人收到招标文件、图纸和有关资料后,若有疑问或不清楚的问题,应在收到招标文件后在规定的时间内以书面形式向招标人提出,招标人应以书面形式或在投标预备会上予以解答。

招标人对招标文件所做的任何澄清或修改,均须报建设行政主管部门备案,并在投标截止日期15日前发给获得招标文件的投标人。投标人收到招标文件的澄清或修改内容后应以书面形式予以确定。

9.组织踏勘现场、投标预备会

(1) 招标人应组织投标人进行现场踏勘,目的是让投标人了解工程场地情况和周围环境情况等,以便投标人编制施工组织设计或施工方案,获取计算措施费用等的必要信息。招标人在投标须知规定的时间内组织投标人自费进行现场考察。设置此程序,一方面是让投标人了解工程项目的现场情况、自然条件、施工条件以及周围环境条件,以便于编制投标书;另一方面是要求投标人通过自己的实地考察确定投标的原则和策略,避免合同履行过程中以不了解现场情况为由推卸应承担的合同责任。

投标人在踏勘现场时如有疑问,应在投标预备会前以书面形式向招标人提出,便于招标人进行解答。对于投标人踏勘现场提出的疑问,招标人可以以书面形式答复,也可以在投标预备会上答复。

(2) 在招标文件中规定的时间内和地点,由招标人主持召开的标前会议(也称投标预备会或答疑会)。召开答疑会的目的在于解答投标人提出的疑问。答疑会解答的疑问包括会议前由投标人书面提出的疑问和在答疑会上口头提出的疑问。答疑会结束后,由招标人整理会议记录和解答内容,以书面形式将所有问题及解答向获得招标文件的投标人发放。会议记录作为招标文件的组成部分,内容与已发放的招标文件有不一致之处时,以会议记录的解答为准。问题及解答纪要应同时向建设行政主管部门备案。为便于投标人在编制投标文件时,将招标人对疑问的解答内容和招标文件的澄清或修改内容考虑进去,招标人可以根据情况酌情延长投标截止时间。

10.开标、评标、定标

1) 开标

开标应在招标文件确定的投标截止时间的同一时间公开进行,开标地点应是招标文件中规定的地点,投标人的法定代表人或授权代理人应参加开标会议。

公开招标和邀请招标必须举行开标会议,体现招标的公开、公平和公正原则。开标会议由招标人组织并主持,可以邀请公证部门对开标过程进行公证。招标人应对开标会议做好签字记录,以证明投标人出席开标会议。

开标会议开始后,应按报送投标文件时间先后的逆顺序进行唱标,当众宣读有效投标的投标人名称、投标报价、工期、质量、主要材料用量,以及招标人认为有必要的内容。对提交合格"撤回通知"的投标文件和逾期送达的招标文件不予启封。

招标人应对唱标内容做好记录,并请投标人的法定代表人或授权代理人签字确认。在开标时,投标文件出现下列情形之一的,应当作为无效投标文件,不得进入评标。

(1) 投标文件未按照招标文件的要求予以密封的。

(2) 投标文件中的投标函未加盖投标人的企业及企业法定代表人印章的。

(3) 招标文件的关键内容字迹模糊、无法辨认的。

(4) 投标人未按照招标文件的要求提供投标保证金或者投标保函的。

(5) 组成联合体投标的，投标文件未附联合体各方共同投标协议的。

开标会议程序如下。

(1) 主持人宣布开标会议开始。

(2) 宣读招标单位法定代表人资格证明书及授权委托书。

(3) 介绍参加开标会议的单位和人员。

(4) 宣布公证、唱标、记录人员名单。

(5) 宣布评标原则、评标办法。

(6) 由招标单位检验投标单位提交的投标文件和资料，并宣读核查结果。

(7) 宣读投标单位的投标报价、工期、质量、主要材料用量、投标保证金、优惠条件等。

(8) 宣读评标期间的有关事项。

(9) 宣布休会，进入评标阶段。

2) 评标

由招标人组建的评标委员会按照招标文件中明确的评标定标方法进行评标。

(1)评标委员会的建立。

评标委员会由招标人或其委托的招标代理机构熟悉相关业务的代表，以及有关技术、经济等方面的专家组成，成员人数为 5 人以上单数，其中技术、经济等方面的专家不得少于成员总数的 2/3。

评标委员会是负责评标的临时组织。有关经济、技术专家应从建设行政主管部门及其他有关政府部门确定的专家名册或者招标代理机构的专家库内相关专业的专家名单中随机抽取，随机抽取的评委人员如与招标人或投标人有利害关系，应重新抽取。

(2)评标标准和方法。

① 进行投标文件的符合性鉴定。评标委员会应对投标文件进行符合性鉴定，核查投标文件是否按照招标文件的规定和要求编制、签署；投标文件是否实质上响应招标文件的要求。

所谓实质上响应招标文件的要求，就是指投标文件应该与招标文件的所有条款、条件和规定相符，无显著差异或保留。显著差异或保留是指对工程的发包范围、质量标准、工期、计价标准、合同条件及权利和义务产生实质性影响；投标文件如果实质上不响应招标文件的要求或不符合招标文件的要求，将被确定为无效投标文件。

②进行商务标评审。评标委员会将对确定为实质上响应招标文件要求的投标文件进行投标报价评审，审查其投标报价是否按招标文件要求的计价依据进行报价、是否合理、是否低于工程成本，并对具有投标报价的工程清单表中的单价和合价进行校核，看其是否有计算或累计上的算术错误。

如果有计算或累计上的算术错误，则按修正错误的方法调整投标报价；经投标人代表确认同意后，调整后的投标报价对投标人起约束作用。如果投标人不接受修正后的投标报价，则其投标将被拒绝。

③进行技术标评审。对投标人的技术评估应从以下方面进行：投标人的施工方案、施工进度计划安排的合理性及投标人的施工能力和主要人员的施工经验、设备状况等情况。其内容应

包括:施工方案或施工组织设计、施工进度计划的合理性,施工技术管理人员和施工机械设备的配备,劳动力、材料计划、材料来源、临时用地、临时设施布置是否合理可行,投标人的综合施工技术能力,投标人以往履约、业绩和分包情况等。

④进行综合评审。评标委员会将对确定为实质上响应招标文件要求的投标文件进行综合评审。如果投标文件实质上不响应招标文件的要求,招标人将予以拒绝,并不允许投标人通过修正或撤销其不符合要求的差异,使投标文件成为具有响应性的投标文件。

评标应按招标文件规定的评标定标方法,对投标人的报价、工期、质量、主要材料用量、施工方案或组织设计、以往业绩、社会信誉、优惠条件等方面进行评审。

⑤投标文件的澄清、答疑。必要时,为有助于投标文件的审查、评价和比较,评标委员会将要求投标人澄清其投标文件或答疑。对于投标文件的答辩,招标人一般召开答辩会,分别对投标人进行答辩,先以口头形式询问并解答,随后投标人在规定的时间内以书面形式予以确认,澄清或答辩问题的答复作为投标文件的组成部分。澄清的问题不应寻求、提出或允许更改投标价格或投标的实质性内容。

⑥形成评标报告。评标委员会按照招标文件中规定的评标定标方法完成评标后,编写评标报告,向招标人推选中标候选人或确定中标人。评标报告中应阐明评标委员会对各投标人的投标文件的评审和比较意见。评标报告应包括以下内容:评标定标方法,对投标人的资格审查情况,投标文件的符合性鉴定情况,投标报价审核情况,对商务标和技术标的评审、分析、论证及评估情况,投标文件问题的澄清(如果有),中标候选人推荐情况等。较为规范的评标报告通常由五个部分组成。推荐的评标报告提要为以下形式:招标过程、开标过程、评标过程、具体评审和推荐意见、附件。

3)定标

符合下列条件之一的投标人应被确定为中标人。

(1)能够最大限度地满足招标文件中规定的各项综合评价标准。

(2)能够满足招标文件的实质性要求,并且经评审的投标价格最低,但是投标价格低于成本的除外。

11.发中标通知书

若建设行政主管部门接到招标投标情况书面报告和招标备案资料之日起5个工作日内未提出异议,招标人向中标人发放中标通知书;招标人向中标人发出的中标通知书中应包括招标人名称、建设地点、工程名称、中标人名称、中标标价、中标日期、质量标准等主要内容。招标人在向中标人发出中标通知书的同时将中标结果通知所有未中标的投标人。

12.签订合同

(1)中标通知书对招标人和中标人均具有法律效力。中标通知书发出后,招标人改变中标结果,或者中标人放弃中标项目,应依法承担法律责任。

(2)招标人和中标人应当自中标通知书发出之日起30日内,按照招标文件和中标人的投标文件订立书面合同。招标人和中标人不得再订立背离合同实质性内容的其他协议。若招标文件要求中标人提交履约保证金,中标人应当提交。

(3)中标人拒绝在规定的时间内提交履约保证金和签订合同的,招标人报请招标投标管理机构批准后取消其中标资格，并按规定没收其投标保证金，并考虑与另一家参加投标的投标人签订合同。

(4) 招标人拒绝与中标人签订合同的，除双倍返还投标保证金外，还需赔偿有关损失。

(5) 招标人与中标人签订合同后，招标人应及时通知其他投标人其投标未被接受，按要求退回招标文件、图纸和有关技术资料；招标人收取投标定金的，应当将投标定金退还给中标人和未中标人。因违反规定被没收的投标保证金不予退回。

(6) 招标人与中标人签订合同后，到建设行政主管部门或其授权单位进行合同审查。招标工作结束后，招标人应将开标及评标过程中的有关纪要、资料、评估报告、中标人的投标文件的一份副本报招标投标管理机构备案。

（二）邀请招标

在国际上，邀请招标被称为选择性招标，是一种有限竞争性招标方式。招标单位一般不是通过公开的方式，而是根据自己了解和掌握的信息、过去与承包人合作的经验或由咨询机构提供的情况等有选择地邀请数目有限的承包人参加投标。邀请招标的优点在于，经过选择的投标单位在施工经验、技术力量、经济和信誉上都比较可靠，因而一般都能保证进度和质量要求。此外，参加投标的承包人数量少，因而招标时间相对缩短，招标费用也较少。由于邀请招标在价格、竞争的公平方面存在一些不足之处，因此《中华人民共和国招标投标法》规定，国家重点项目和省、自治区、直辖市人民政府确定的地方重点项目不宜进行公开招标的，经过批准后可以进行邀请招标。

招标人采取邀请招标方式的，应当向 3 个以上具备承担招标项目能力、资信良好的法人或其他组织发出投标邀请书，一般以有 3～10 个参加者较为适宜。邀请招标虽然能保证投标人具有可靠的资信和完成任务的能力，能保证合同的履行，但由于受招标人自身的条件所限，可能对其他的潜在投标人不了解，可能会失去技术上、报价上有竞争力的投标人。

（三）公开招标与邀请招标在招标程序上的主要区别

1. 招标信息的发布方式不同

公开招标是利用招标公告发布招标信息，而邀请招标则是向三家以上具备实施能力的投标人发出投标邀请书，请它们参与投标竞争。

2. 对投标人的资格审查时间不同

进行公开招标时，由于投标响应者较多，为了保证投标人具备相应的实施能力，缩短评标时间，突出投标的竞争性，通常设置资格预审程序；而邀请招标由于竞争范围较小，且招标人对邀请对象的能力有所了解，不需要再进行资格预审，但评标阶段还要对各投标人的资格和能力进行审查和比较(通常称为“资格后审”)。

3. 适用条件不同

公开招标方式广泛使用。当公开招标响应者少，达不到预期目的时，可以采用邀请招标方式委托建设任务。

任务3 建筑工程施工项目投标

一、建筑工程施工项目投标的概念

建筑工程施工项目投标是指投标人(承包人、施工单位等)为了获得工程任务而参与竞争的一种手段,也是投标人同意招标人在招标文件中所提出的条件和要求的前提下,对招标项目估算自己的报价,在规定的日期内填写投标书并递交给招标人,参加竞争及争取中标的过程。

投标有时也叫报价,即承包人作为卖方,根据建设单位的招标条件,提出完成发包业务的方法、措施和报价,争取得到项目承包权的活动。

招标与投标是一个有机整体,招标是建设单位在招标投标活动中的工作内容,投标则是承包人在招标投标活动中的工作内容。

二、建筑工程施工项目投标组织

为了在投标竞争中获胜,建筑施工企业应设置投标工作机构,平时掌握市场动态信息,积累有关资料,遇到有招标的工程项目,则办理参加投标手续,研究投标报价策略,编制并递送投标文件,参加定标前后的谈判,直至定标后签订合同。

参加投标就是参与竞争,不仅比报价的高低,而且比技术、经验和信誉。特别是在当前国际承包市场上,技术密集型工程项目越来越多,对技术和管理水平的要求越来越高。为了在投标竞争中获胜,承包人应组建投标工作机构。在该机构中,至少应包括以下三种类型人才。

(1) 经营管理类人才:制定和贯彻经营方针与规划,负责工作的全面筹划和安排,包括经理、副经理和总工程师、总经济师等具有决策权的人,以及其他经营管理人才。

(2) 专业技术类人才:建筑师、结构工程师、设备工程师等各类专业技术人员,应具备熟练的专业技能、丰富的专业知识,能从本公司的实际技术水平出发,制定投标用的专业实施方案。

(3) 商务金融类人才:概预算、财务、合同、金融、保函、保险等方面的人才,在国际工程投标竞争中这类人才的作用尤为重要。

在参加投标的活动中,以上各类人才相互补充,形成人才整体优势。另外,由于项目经理是未来项目施工的执行者,为使其更深入地了解该项目的内在规律,把握工作要点,提高项目管理的水平,在可能的情况下,应吸收项目经理人选进入投标班子。在国际工程(含境内涉外工程)投标时,还应配备懂得专业和合同管理的翻译人员。

投标工作机构不但要做到个体素质良好,更重要的是做到共同参与、协同作战,发挥群体力量。一般来说,承包人的投标工作机构应保持相对稳定,这样有利于不断提高工作班子中各成员及整体的素质和水平,提高投标的竞争力。

三、建筑工程施工项目投标的程序

(1) 获取招标信息,进行投标决策。

(2) 申报资格预审(若资格预审未通过,到此结束),购买招标文件。

(3) 组织投标工作机构,选择咨询单位,现场踏勘。

(4) 计算和复核工程量,对业主答复问题。

(5) 询价及市场调查,制定施工规划。

(6) 制定资金计划,研究投标技巧。

(7) 选择定额,确定费率,计算单价,汇总投标价。

(8) 评估及调整投标价,编制投标文件。

(9) 封送投标书,保函(后期)开标。

(10) 评标(若未中标,到此结束),定标。

(11) 办理履约保函,签订合同。

四、建筑工程施工项目投标决策

1.投标决策分析

投标人通过投标取得项目,是市场经济条件下的必然,但是,对于施工单位来说,并不是每标必投,因为施工单位要想在投标中盈利,就需要研究投标决策并注意投标技巧。

投标决策主要包括以下三个方面。

(1) 结合项目的招标文件决定投标或不投标。

(2) 确定投标后,决定投什么性质的标。

(3) 研究优胜劣汰的策略和技巧,力争中标。

投标决策的正确与否,关系到能否中标和中标后效益的高低,关系到施工企业能否生存和发展的快慢。

2.投标决策的影响因素

影响投标决策的主观因素如下。

(1) 经济方面的实力。投标单位应具有一定的经济实力,如垫付资金的能力、支付各种担保的能力、支付各种税金和保险费用的能力等,并能够承担不可抗力带来的风险。另外,承担国际工程的投标单位尚需筹集承包工程所需外汇和聘请有丰富经验或有较高地位代理人的佣金等。

(2) 管理方面的实力。投标单位必须在成本控制上下功夫,向管理要效益,采用先进的施工方法不断提高技术水平,特别是要有“重质量”“重合同”的意识,并有相应的切实可行的措施。

(3) 技术方面的实力。投标单位应有由精通本行业的估算师、建筑师、工程师、会计师和管理专家组成的组织机构;应有工程项目设计、施工专业特长,以及能解决技术难度大和各类工程施工中的技术难题的能力;应有国内外与招标项目同类型工程的施工经验;应有一定技术实力的合作伙伴,如实力强的分包商、合作伙伴和代理人。

(4) 信誉方面的实力。投标单位良好的信誉是投标中标的一条重要标准。投标单位要建立良好的信誉，就必须遵守法律和行政法规，或按国际惯例办事，认真履约，保证工程的施工安全、工期和质量。

影响投标决策的客观因素如表4-1所示。

表4-1 影响投标决策的客观因素

客观因素	内容
法律、法规情况	对于国内工程承包，自然适用本国的法律和法规，而且法律环境基本相同。我国的法律、法规具有统一或基本统一的特点。如果是国际工程承包，则有法律适用问题，法律适用的原则如下。 ① 适用国际惯例原则。 ② 国际法效力优于国内法效力的原则。 ③ 强制适用工程所在地法的原则。 ④ 最密切联系原则。 ⑤ 意思自治原则
业主和监理工程师情况	业主合法地位、支付能力、履约能力以及监理工程师处理问题的公正性、合理性等也是影响投标决策的客观因素
风险情况	承包国内工程风险相对要小一些，承包国际工程风险则要大得多。 投标与否，要考虑的因素很多，需要投标人广泛、深入地调查研究，系统地积累资料进行全面的分析，做出正确的投标决策
竞争对手和竞争形势情况	① 是否投标，应考虑竞争对手的实力、优势及投标环境的优劣。另外，竞争对手的在建工程情况也十分重要。 若竞争对手的在建工程规模大、时间长，如果仍参加投标，则投标报价可能很高； 若竞争对手的在建工程即将完工，急于获得新承包项目，则投标报价不会很高。 ② 从总的竞争形势来看，大型工程公司技术水平高，善于管理大型工程，适用性强，可以承包大型工程；中小型工程由中小型工程公司或当地的工程公司承包的可能性大

3.投标决策的阶段划分

投标决策可以分两个阶段进行，即投标决策的前期阶段和投标决策的后期阶段。

(1) 投标决策的前期阶段必须在购买投标人资格预审资料前后完成。决策的主要依据是招标广告，以及公司对招标工程、业主情况的调研和了解。如果是国际工程，还包括对工程所在国和工程所在地的调研和了解。在投标决策的前期阶段必须对投标与否做出论证。

在投标决策的前期阶段，施工企业通常应放弃投标的项目如下。

① 本施工企业技术等级、信誉、施工水平明显不如竞争对手的项目。

② 本施工企业生产任务饱满，且招标工程的盈利水平较低或风险较大的项目。

③ 工程规模、技术要求超过本施工企业技术等级的项目。

④ 本施工企业主营和兼营能力之外的项目。

(2) 如果决定投标，即进入投标决策的后期阶段，即进入从申报资格预审至投标报价(封送投标书)前完成的决策研究阶段。投标人主要研究若去投标，应投什么性质的标，以及在投标中采取的策略问题。

4.投标技巧

研究投标技巧的目的是在保证工程质量与工期的条件下，寻求一个好的报价以求中标，中标后又能获得期望的效益，因而投标的全过程几乎都要研究报价的技巧问题。

1）开标前的投标技巧

开标前的投标技巧主要有不平衡报价、多方案报价和零星用工（计日工）报价。

（1）不平衡报价。

不平衡报价是指在总价基本确定的前提下，调整内部各个子项的报价，以期既不影响总报价，又能在中标后尽早收回垫支于工程中的资金和获取较好经济效益的一种报价方法。采用不平衡报价的情况有以下几种。

① 今后工程量可能增加的项目，其单价可提高；而工程量可能减少的项目，其单价可降低。

② 对能早期结账收回工程款的项目（如土方、基础等）的单价可报以较高价，以利于资金周转；后期项目（如装饰、电气设备安装等）的单价可适当降低。

③ 图纸内容不明确或有错误，估计修改后工程量增加的，其单价可提高；而工程内容不明确的，其单价可降低。

④ 对于暂定项目，其实施可能性大，单价可定高些；实施可能性小，单价可定低些。

⑤ 没有工程量只填报单价的项目（如工程中的开挖淤泥工作等），其单价宜高些，这样既不影响总的投标报价，又可多获利。

（2）多方案报价。

多方案报价是利用工程说明书或合同条款不够明确之处，以争取达到修改工程说明书和合同为目的的一种报价方法。多方案报价的具体做法是在标书上报两个价目单价，一个是按原工程说明书或合同条款报的价；另一个是加以注解，如工程说明书或合同条款可做某些改变，则可降低多少的费用，使报价成为最低，以吸引业主修改工程说明书和合同条款。此外，对工程中一部分没有把握的工作，可注明按成本加若干酬金结算。

（3）零星用工（计日工）报价。

对于零星用工的报价一般可稍高于工程单价表中的工资单价，因为零星用工不属于承包有效合同总价的范围，发生时实报实销，也可多获利。

2）开标后的投标技巧

开标后的投标技巧主要是降低投标价格、补充投标优惠条件。

（1）降低投标价格。

① 降低投标利润：既要围绕争取最大未来收益这个目标，又要考虑中标率和竞争人数因素的影响。通常投标人准备两个价格，即既准备应付一般情况的适中价格，同时又准备应付竞争特殊环境需要的替代价格。两个价格中，后者可以低于前者，也可以高于前者。如果需要降低投标报价，则可使报价低于适中价格，使利润减少。

② 降低经营管理费：出于竞争的需要，也可以降低这部分费用。

③ 降低系数：投标人在投标报价时，预先考虑一个未来可能降价的系数，如果开标后需要降价竞争，就可以参照这个系数进行降价；如果竞争局面对投标人有利，则不必降价。

（2）补充投标优惠条件。

除中标的关键因素——价格外，在谈判中，还可以考虑其他许多重要因素，如缩短工期、提高工程质量、降低支付条件要求、提出新技术和新设计方案、培训技术人才、提供补充物资和设备等，用这些优惠条件争取中标。

五、建筑工程施工项目投标文件的编制与送达

建筑工程施工项目投标文件，是建筑工程施工项目投标人单方面阐述自己响应招标文件要求，旨在向招标人提出愿意订立合同的意思，是投标人确定和解释有关投标事项的各种书面表达形式的统称。建筑工程施工项目投标文件是由一系列有关投标方面的书面资料组成的。一般来说，投标文件由投标函、投标函附录、投标保证金、法定代表人资格证明书、授权委托书、具有标价的工程量清单与报价表、辅助资料表、资格审查表（资格预审的不采用）组成。

1.建筑工程施工项目投标文件的编制要求

（1）必须根据招标人的具体要求编制投标文件。

① 务必按照招标人要求的条件编制投标文件。

② 投标文件的内容必须完整。

③ 投标文件使用的语言必须符合招标人的规定。

（2）必须正确确定投标文件中的投标报价水平。

投标文件是以投标报价为核心的，编制、报送投标文件又是以在投标竞争中获胜中标人取得最大盈利为目标的，所以投标竞争通常是围绕“报价”进行的。投标人要达到中标的目的，必须正确确定投标报价的水平。

（3）必须力争列入对投标人有利的施工索赔条款。

投标人在编制投标文件的过程中必须力争列入与索赔有关的合同条款，保证日后的施工索赔有据可依，自身的经济利益不受或少受影响。

2.建筑工程施工项目投标文件的送达

投标文件编制完成后，经核对无误，由投标人的法定代表人签字密封，派专人在投标截止日前送到招标人指定地点，并取得收讫证明。

投标人在规定的投标截止日前，在递送投标文件后，可以书面形式向招标人递交补充、修改或撤回其投标文件的通知。在投标截止日后撤回投标文件，投标保证金不能退还。

递送投标文件不宜太早，因市场情况不断变化，投标人需要根据市场行情及自身情况对投标文件进行修改。递送投标文件的时间以招标人接受投标文件截止日前两天为宜。

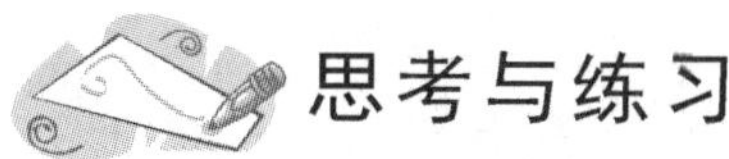

思考与练习

1.建筑工程项目招标投标如何分类？

2.招标投标的一般程序是什么？

3.公开招标的优点和缺点分别是什么？

4.简述建筑工程项目招标的程序。

5.简述建筑工程项目投标的程序。

学习情境5

工程项目合同管理

知识目标

通过本学习情境的学习，了解工程项目合同的概念、主要内容、文件组成及其解释顺序，了解工程项目合同的订立过程和履行，熟悉工程项目合同变更、解除的条件和程序，熟悉工程项目合同终止的不同情况，掌握工程项目合同纠纷的解决方式，熟悉工程项目索赔的概念、索赔程序、索赔证据及要求，了解索赔报告的要求、格式和内容，了解索赔应注意的问题，熟悉反索赔的概念和工作内容。

技能目标

通过本学习情境的学习，能够正确处理工程项目合同纠纷，能够正确处理工程项目合同的索赔事宜。

任务1 工程项目合同

一、工程项目合同的概念

工程项目合同即建设工程合同,《中华人民共和国合同法》规定,建设工程合同是承包人进行工程建设,发包人支付相应价款的合同。工程项目合同包括三种,即工程项目勘察合同、工程项目设计合同、工程项目施工合同。

(1) 工程项目勘察合同。

工程项目勘察合同是承包方进行工程勘察,发包方支付价款的合同。工程项目勘察单位为承包方,建设单位或者有关单位为发包方(也称为委托方)。

(2) 工程项目设计合同。

工程项目设计合同是承包方进行工程设计,委托方支付价款的合同。建设单位或有关单位为委托方,建设工程设计单位为承包方。

(3) 工程项目施工合同。

工程项目施工合同是工程建设单位与施工单位,也就是发包方与承包方以完成商定的建设工程为目的,明确双方权利与义务的协议。工程项目施工合同的发包方可以是法人,也可以是依法成立的其他组织或公民,而承包方必须是法人。

二、工程项目合同的主要内容

工程项目合同具有一般合同的条款,同时由于工程项目合同标的的特殊性,法律对工程项目合同中某些条款做出了明确或特殊的规定,成为工程项目合同中不可缺少的条款。

1. 工程项目勘察合同、工程项目设计合同的基本条款

工程项目勘察合同、工程项目设计合同的内容包括以下几项。

(1) 提交有关基础资料和文件(包括概预算)的期限。

(2) 勘察、设计的质量要求。

(3) 勘察、设计费用。

(4) 其他协作条件。

2. 工程项目施工合同的基本条款

工程项目施工合同的内容包括以下几项。

(1) 工程范围。

(2) 建设工期。

(3) 中间交工工程的开工和竣工日期。

(4) 工程质量。

(5) 工程造价。

(6) 技术资料交付时间。

(7) 材料和设备供应责任。

(8) 拨款和结算。

(9) 竣工验收。

(10) 质量保修范围和质量保证期。

除了上述十项基本合同条款以外，当事人还可以约定其他协作条款，如施工准备工作的分工、工程变更时的处理办法等。

三、工程项目合同文件的组成和解释顺序

1. 工程项目合同文件的组成

工程项目合同文件，一般包括以下几个组成部分。

(1) 合同协议书。

(2) 中标通知书。

(3) 投标书及其附件。

(4) 合同通用条款。

(5) 合同专用条款。

(6) 洽商、变更等明确双方权利与义务的纪要、协议。

(7) 工程量清单、工程报价单或工程预算书、图纸。

(8) 标准、规范和其他有关技术资料、技术要求。

2. 工程项目合同文件的解释顺序

工程项目合同的所有文件应能互相解释，互为说明并保持一致。当事人对合同条款的理解有争议的，应按照合同所使用的词句、合同的有关条款、合同的目的、交易习惯及诚实信用原则，确定该条款的真实意思。

在工程实践中，当发现合同文件出现含糊不清或不一致时，通常按照合同文件的优先顺序进行解释。除双方另有约定外，合同文件的优先顺序应按合同文件中的规定确定，即排在前面的合同文件比排在后面的更具有权威性。因此，在订立工程项目合同时，对合同文件最好按其优先顺序排序。

任务 2 工程项目合同的订立

民事合同订立的基本程序是要约—承诺，有些合同的订立程序还包括要约邀请。工程项目合同的订立也遵循要约邀请—要约—承诺的程序。招标是要约邀请，投标是要约，定标是承诺。

工程招标投标也是工程项目合同订立程序的一部分，但这里重点讲述中标之后的合同审查、谈判和签订流程。

一、工程项目合同的审查

中标后，招标人和中标人还必须在不背离中标通知书中确定的未来工程项目合同实质性内容的前提下，对在工程招标、投标过程中形成的工程项目合同文件进行审查，审查的内容包括合同的合法性、合同的完备性及合同条款。对审查出来的问题，通过合同谈判来协商解决，并在此基础之上最终签订一份对双方均有利的、合法的工程项目合同。

二、工程项目合同的谈判

工程项目合同的谈判包括一般讨论、技术谈判、商务谈判和拟定合同草案几个阶段。

1. 一般讨论

在谈判开始阶段先广泛地交换意见，各方提出自己的预想方案，经过研究和协商逐步形成统一的意见，形成共同的问题和谈判目标，为下一步详细谈判做准备。

2. 技术谈判

一般讨论结束后，便进入技术谈判阶段。技术谈判主要是对工程项目合同技术方面的条款和内容进行研究、讨论和谈判，包括工程项目范围、技术规范、标准、方案、技术资料、工程项目施工条件、工程项目施工方案、工程项目施工进度、工程项目质量保证与检查、工程项目竣工验收等方面的内容。

3. 商务谈判

技术谈判结束后，合同当事人双方应对工程项目合同商务方面的条款和内容进行谈判，包括工程项目合同价款、支付条件、支付方式、预付款、履约保证、保留金、货币汇率风险的防范、合同价格的调整等方面的内容。但由于技术条款和商务条款往往是联系在一起的，所以不能把技术谈判和商务谈判完全割裂开来进行。

4. 拟定合同草案

工程项目合同谈判进行到一定阶段后，在合同当事人双方都已表明了观点，对原则性问题基本达成共识的情况下，相互之间可以交换书面意见，然后逐条逐项地审查合同条款。在合同当事人双方对工程项目合同的具体条款和内容都达成一致意见后，双方应共同拟定合同草案。合同草案经双方研究、讨论并通过后，即可签署合同协议书，形成正式的工程项目合同。

三、工程项目合同的签订

签订工程项目合同必须尽可能明确、具体、条款完备，避免使用含糊不清的词句。一般应严格控制合同中的限制性条款，明确规定合同生效条件、合同有效期以及延长的条件和程序，对仲裁和法律适用条款做出明确的规定，对选择仲裁或诉讼做出明确的约定。另外，在合同文件正式签订前，应组织有关专业和会计人员、律师对合同条款进行仔细推敲，在双方对合同内容达成一致意见后，再进行签订。重大工程项目合同的签订应有律师、公证人员参加，由律师见证或公证人员公正。只有高度重视合同签订的规范化，才能使合同真正起到确认和保护当事人双方合法权益的作用。

任务 3 工程项目合同的履行

工程项目合同的履行是指工程项目合同的双方当事人，根据工程项目合同的规定在适当的时间、地点，以适当的方式全面完成自己所承担的义务。工程项目合同的履行分为实际履行和适当履行两种形式。

1. 工程项目合同的实际履行

工程项目合同的实际履行，就是要求合同的当事人按照合同规定的目标来履行合同。由于工程项目合同的标的物大都为指定物，因此不得以支付违约金或赔偿经济损失来免除工程项目合同一方当事人继续履行合同规定的义务。当然，在某些情况下过于强调实际履行，不仅在客观上不可能，还会给工程项目合同的另一方当事人和社会利益造成更大的损失。这时，应从实际出发，允许用支付违约金和赔偿经济损失的方法来代替合同的实际履行。

2. 工程项目合同的适当履行

工程项目合同的适当履行，是指工程项目合同的当事人按照法律和合同条款规定的标的，按质、按量、按时地履行合同，合同当事人不得以次充好、以假乱真，否则，另一方当事人有权拒绝接受。所以，在签订工程项目合同时，必须对标的物的规格、数量、质量等要求做出具体规定，以便当事人按规定履行，另一方当事人在工程项目结束时也能按规定验收。

任务 4 工程项目合同的变更、解除和终止

一、工程项目合同的变更、解除

1. 工程项目合同变更或解除的条件

根据我国现行的法律，一般须具备下列条件才能变更或解除工程项目合同。

(1) 双方当事人确实自愿协商同意，并不因此损害国家利益和社会公共利益。

(2) 由于不可抵抗力致使工程项目合同的全部义务不能履行。

(3) 在合同约定的期限内没有履行合同,且在被允许的推迟履行的合理期限内仍未履行。

(4) 工程项目合同当事人的一方违反合同,以致严重影响订立合同时所期望实现的目的或致使合同的履行成为不必要。

(5) 合同约定的解除合同的条件已经出现。

当工程项目合同的一方当事人要求变更、解除合同时,应当及时通知另一方当事人。因变更或解除工程项目合同使一方当事人遭受损失的,除依法可以免除责任的情况外,应由责任方负责赔偿。当事人一方发生合并、分立时,由变更后的当事人承担或者分别承担工程项目合同的义务,并享受相应的权利。

2. 工程项目合同变更或解除的程序

根据我国目前的有关法规和司法实践,工程项目合同变更或解除的程序如下。

(1) 当事人一方要求变更或解除工程项目合同时,应当事先以书面的形式向另一方提出。

(2) 另一方当事人在接到有关变更或解除工程项目合同的建议后,应即时做出书面答复,如果同意,则工程项目合同的变更或解除产生法律效力。

(3) 变更和解除工程项目合同的建议与答复,必须在双方协议的期限之内或者在法律、法令规定的期限之内。

(4) 工程项目合同的变更和解除涉及国家指令性产品或工程项目时,必须在变更或解除项目合同之前报请下达该计划的有关主管部门批准。

(5) 因变更和解除工程项目合同发生的纠纷,依双方约定的解决方式或法定的解决方式处理。

除由于不可抗力致使工程项目合同的全部义务不能履行,或由于工程项目合同的另一方当事人违反合同,以致严重影响订立合同所期望实现的目的的情况外,在协议尚未达成之前,原合同仍然有效。任何一方不得以变更和解除合同为借口而逃避责任和义务,否则仍要承担法律上的后果。

二、工程项目合同的终止

工程项目合同签订以后不允许随意终止,但根据我国的现行法律和有关司法实践,工程项目合同的法律关系在下列情况下可终止。

1. 工程项目合同因履行而终止

工程项目合同因履行而终止,意味着合同规定的义务已完成,权利已实现,合同的法律关系自行解除。履行合同是实现合同、终止合同的法律关系的最基本方法,也是工程项目合同终止最通常的原因。

2. 工程项目合同因行政关系而终止

工程项目合同的双方当事人是根据国家计划或行政指令建立合同关系,可因国家计划的变更或行政指令的取消而终止合同。

3. 工程项目合同因不可抗力原因而终止

不是由于当事人的过错,而是由于某种不可抗力的原因而导致合同义务不能履行的,应当终止工程项目合同。

4. 工程项目合同因当事人双方混同一人而终止

法律上对权利人和义务人合为同一人的现象，称为混同。发生混同，那么原来的工程项目合同已无履行的必要或已不需要依靠这种契约关系来维系工程项目的实施，因而工程项目合同自行终止。

5. 工程项目合同双方当事人协商同意而终止

工程项目合同的当事人双方可以通过协议来变更和终止合同关系，这也是终止工程项目合同的一种形式。

6. 仲裁机构或者法院判决终止工程项目合同

当工程项目合同的一方当事人不履行或不适当履行合同时，另一方当事人可以通过仲裁机构或法院裁决来终止合同关系。

任务 5 工程项目合同纠纷的解决

一、工程项目合同双方的违约责任

违反合同必须负赔偿责任，这是我国合同法中规定的一项重要的法律制度。追究不履行合同行为，须具备下列条件。

(1) 要有不履行合同的行为。当事人一方不履行或不适当履行既定的义务，都是不履行合同的行为。

(2) 要有不履行合同的过错。过错是指不履行合同一方的主观心理状态，包括故意和过失。故意和过失是承担法律责任的一个必要条件，法律只对故意和过失给予制裁。因此，故意和过失是行为人，即不履行或不适当履行工程项目合同的当事人，承担法律责任的主观条件。根据过错原则，违反合同的不管是谁，合同的一方当事人也好，合同双方当事人也好，或者合同以外的第三方也好，都必须承担赔偿责任。

(3) 要有不履行合同造成损失的事实。不履行或不适当履行合同必然会给合同的另一方当事人造成一定的经济损失。经济损失包括直接的经济损失和间接的经济损失两个部分。在通常情况下，通过支付违约金来赔偿直接的经济损失；而间接的经济损失在实际的经济生活中很难计算，多不采信，但法律、法令另有规定或项目双方当事人另有约定的例外。

法律只要求行为人对其故意或过失行为造成不履行合同负赔偿责任，而对于无法预知或防止的事故致使合同不能履行，不能要求合同当事人承担责任。

(1) 合同当事人不履行或不适当履行，是由于当事人无法预知或防止的事故所致时，可免除赔偿责任，这种事由在法律上称为不可抗力，即个人或法人无法抗拒的力量。

(2) 法律规定和合同约定有免责条件，当发生这些条件时，可不承担责任。

(3) 由于一方的故意和过失造成不能履行合同，另一方不仅可以免除责任，而且有权要求赔偿损失。

二、工程项目合同纠纷的解决方式

通常，解决工程项目合同纠纷的主要方式有四种，即协商解决、调解解决、仲裁解决和诉讼解决。

1. 协商解决

协商解决也称为友好解决，是指双方当事人进行磋商，在相互谅解的基础上，为了促进双方的关系，为了今后双方之间的业务继续往来和发展，相互都怀有诚意地做出一些有利于纠纷实际解决的让步，并在彼此都认可可以接受继续合作的基础上达成和解协议。

协商解决的优点在于不必经过仲裁机构或司法程序，节约时间和金钱，而且双方协商的灵活性较大，气氛较好，给双方留下的余地较大。

2. 调解解决

调解是由第三者从中调停，促进双方当事人和解。调解可以在交付仲裁和诉讼前进行，也可以在仲裁和诉讼过程中进行。调解必须双方自愿，不得强迫。达成协议的内容不得违背国家的法律、法令和方针政策。调解达成协议的，仲裁机关和人民法院应及时制作调解书。调解书应写明当事人争议的内容与事实、当事人达成协议的内容。调解书一经送达，即产生法律效力，不可再求助于仲裁和诉讼。

合同当事人的合同管理机关申请调解的，应从其知道或应当知道权利被侵害之日起一年内提出，超过期限的，一般不予受理，但当事人自愿履行的除外。

调解不能达成协议的，或者达成协议后又反悔的，仲裁机关和人民法院应当尽快做出裁决或判决。

3. 仲裁解决

仲裁也称为公断，是指双方当事人自愿把争议提交给第三者审理，由其按照一定的程序做出裁决或判决。这个第三者或为双方选定的仲裁人，或为仲裁机构。

仲裁是一种行政措施，是维护合同法律效力的必要手段。申诉人必须在其权利受到侵害之日起一年内，以书面形式向仲裁机构提出申请书，具体写明合同纠纷及其主要问题，提出自己的要求，同时附上原合同和有关材料的正本或者复印本。裁决书经主管机关盖章后，即具有法律效力。一方或双方事后反悔，必须在收到裁决书之日起十五天内，向人民法院起诉。

4. 诉讼解决

诉讼是指司法机关和案件当事人在其他诉讼参与人的配合下，为解决案件依法定诉讼程序进行的全部活动。工程项目合同当事人因合同纠纷而提起的诉讼一般属于经济合同纠纷的范畴，一般由各级人民法院的经济审判庭(现称民事审判第二庭)受理并审判。

当事人一方在提起诉讼前必须充分做好诉讼准备，搜集各类证据，进行必要的取证工作。在向法院提交起诉状时，应准备下列文件或证词以及有关凭证：起诉状、合同文本及附件、营业执照、法定代表人、委托人员授权证书、合同双方当事人往来的财务凭证、合同双方当事人往来的信函和电报等。同时，合同纠纷一方当事人在提起诉讼之前，还应注意管辖问题和实效问题。

管辖问题是指向哪一级法院、哪一个地方法院提起诉讼；实效问题是指法律规定的时间节点到提起诉讼的最长时限要求，故合同纠纷一方当事人应采取各种有效手段延长诉讼时效，争取主动。

任务6 工程项目合同的索赔

一、工程项目合同索赔概述

1. 工程项目合同索赔的概念

索赔一般是指对某事、某物权利的一种主张、要求和坚持等。工程项目合同索赔通常是指在工程项目合同履行过程中，合同当事人一方因非自身因素或对方不履行或未能正确履行合同而受到经济损失或权利损害时，通过一定的程序向对方提出经济或时间补偿的要求。工程项目合同索赔是一种正当的权利要求，是业主方、监理工程师和承包方之间一项正常的、大量发生而且普遍存在的合同管理业务，是一种以法律和合同为依据的、合情合理的行为。

2. 工程项目合同索赔的特征

从工程项目合同索赔的含义中可以看出，工程项目合同索赔具有以下基本特征。

(1) 工程项目合同索赔是要求给予补偿的一种权利、主张。

(2) 工程项目合同索赔的依据是法律法规、合同文件及工程建设惯例，但主要是合同文件。

(3) 工程项目合同索赔是因非自身原因导致的，要求索赔一方应没有过错。

(4) 与工程项目合同相比较，已经发生了额外的经济损失或工期损害。

(5) 工程项目合同索赔必须有切实有效的证据。

(6) 工程项目合同索赔是单方行为，双方没有达成协议。

3. 工程项目合同索赔的分类

1) 按涉及当事双方分类

(1) 承包商与建设单位之间的索赔。

(2) 承包商与分包商之间的索赔。

(3) 承包商与供应商之间的索赔。

2) 按索赔原因分类

(1) 地质条件变化引起的索赔。

(2) 施工中人为障碍引起的索赔。

(3) 工程变更命令引起的索赔。

(4) 合同条款的模糊和错误引起的索赔。

(5) 工期延长引起的索赔。

(6) 设计图纸错误引起的索赔。

(7) 工期提前引起的索赔。

(8) 施工图纸拖延引起的索赔。

(9) 增减工程量引起的索赔。

(10) 建设单位拖延付款引起的索赔。

(11) 货币贬值引起的索赔。

(12) 价格调整引起的索赔。

(13) 建设单位的风险引起的索赔。

(14) 不可抗拒的自然灾害引起的索赔。

(15) 暂停施工引起的索赔。

(16) 终止合同引起的索赔。

3) 按索赔的依据分类

(1) 合同规定的索赔:索赔的内容可以在合同条款中找到依据,如设计图纸错误、变更工程的计量和计价等。

(2) 非合同规定的索赔:索赔的内容及权利在合同条款中难以找到依据。通常非合同规定的索赔表现属于违约造成的损害或可能违反担保造成的损害。

(3) 道义索赔:也称额外索赔,是指承包商对标价估计不足或遇到了巨大的困难而蒙受重大损失时,建设单位会超越合同条款,给承包商以相应的经济补偿。

4) 按索赔的目的分类

(1) 工期索赔:承包商要求建设单位延长施工时间,拖后竣工日期。

(2) 费用索赔:承包商要求业主给付增加的开支或亏损,弥补自身的经济损失。

4.工程项目合同索赔的内容

1) 承包商索赔的内容

承包商索赔的内容一般包括工程地质条件变化索赔,工程变更索赔,因业主原因引起的工期延长和延误索赔,施工费用索赔,业主终止施工索赔,物价上涨引起的索赔,法规、货币及汇率变化引起的索赔,拖延支付工程款的索赔和特殊风险索赔等。

2) 建设单位索赔的内容

建设单位索赔的内容一般包括工程建设失误索赔、因承包商拖延施工工期引起的索赔、承包商未履行的保险费用索赔、对超额利润的索赔、对指定分包商的付款索赔、建设单位合理终止合同或承包商无正当理由放弃工程的索赔。

二、工程项目合同索赔的工作程序

索赔工作程序是指从索赔事件发生到最终处理全过程所包括的工作内容和工作步骤。具体工程项目的索赔工作程序,应根据双方签订的施工合同确定。在工程实践中,比较详细的索赔工作程序一般包括提出索赔意向、准备索赔资料、提交索赔文件、工程师(业主)审核索赔文件、索赔的处理与解决。

1.提出索赔意向

在工程实施过程中,一旦出现索赔事件,承包商应在合同规定的时间内,及时向业主或工程师书面提出索赔意向通知，即向业主或工程师就某一个或若干个索赔事件表示索赔愿望、要求或声明保留索赔的权利。索赔意向的提出是索赔工作程序中的第一步，其关键是抓住索赔机会，及时提出索赔意向。

FIDIC合同条件及我国建设工程施工合同条件都规定，承包商应在索赔事件发生后的28天内，将其索赔意向通知工程师，否则将会丧失在索赔中的主动和有利地位。业主和工程师也有权拒绝承包商的索赔要求，这是索赔成立的有效和必备条件之一。因此在实际工作中，承包商应避免合理的索赔要求由于未能遵守索赔时限的规定而无效。

2. 准备索赔资料

从提出索赔意向到提交索赔文件，是属于承包商索赔的内部处理阶段和资料准备阶段。此阶段的主要工作如下。

(1) 跟踪和调查干扰事件，掌握事件产生的详细经过和前因后果。

(2) 分析干扰事件产生原因，划清各方责任，确定由谁承担，并分析干扰事件是否违反了合同规定，是否在合同规定的赔偿或补偿范围内。

(3) 损失或损害调查或计算，通过对比实际和计划的施工进度和工程成本，分析经济损失或权利损害的范围和大小，并由此计算出工期索赔额和费用索赔额。

(4) 搜集证据，从干扰事件产生、持续直至结束的全过程，都必须保留完整的当时记录，这是索赔能否成功的重要条件。

在实际工作中，许多承包商的索赔要求都因没有或缺少书面证据而得不到合理解决，这个问题应引起承包商的高度重视。

3. 提交索赔文件

承包商必须在合同规定的索赔时限内向业主或工程师提交正式的书面索赔文件。FIDIC合同条件和我国建设工程施工合同条件都规定，承包商必须在发出索赔意向通知后的28天内或经工程师同意的其他合理时间内，向工程师提交一份详细的索赔文件，如果干扰事件对工程的影响持续时间长，承包商则应按工程师要求的合理间隔，提交中间索赔报告，并在干扰事件影响结束后的28天内提交一份最终索赔报告。

4. 工程师(业主)审核索赔文件

工程师受业主的委托和聘请，对工程项目的实施进行组织、监督和控制。工程师根据业主的委托或授权，对承包商索赔的审核工作主要分为判定索赔事件是否成立和核查承包商的索赔计算是否正确、合理两个方面，并可在业主授权的范围内做出自己独立的判断。承包商索赔要求的成立必须同时具备以下四个条件。

(1) 与合同相比较已经造成了实际的额外费用增加或工期损失。

(2) 造成费用增加或工期损失的原因不是承包商自身的过失。

(3) 这种经济损失或权利损害也不是由承包商应承担的风险所造成的。

(4) 承包商在合同规定的期限内提交了书面的索赔意向通知和索赔文件。

上述四个条件没有先后主次之分，并且必须同时具备，承包商的索赔才能成立。监理工程师对索赔文件的审查重点主要有以下两步。

第一步，重点审查承包商的申请是否有理有据，即承包商的索赔要求是否有合同依据，所受损失是否确属不应由承包商负责的原因造成，提供的证据是否足以证明索赔要求成立，是否需要提交其他补充材料等。

第二步,监理工程师以公正的立场、科学的态度,审查并核算承包商的索赔值计算,分清责任,剔除承包商索赔值计算中的不合理部分,确定索赔金额和工期延长天数。

我国建设工程施工合同条件规定,工程师在收到承包商送交的索赔报告和有关资料后应于28天内给予答复,或要求承包商进一步补充索赔理由和证据。如果在规定期限内未予答复或未对承包人做进一步要求,视为该项索赔已经认可。

5. 索赔的处理与解决

从递交索赔文件到索赔结束是索赔的处理与解决过程。经过对索赔文件的评审,与承包商进行了较充分的了解后,工程师应提出对索赔处理决定的初步意见,并参加业主和承包商之间的索赔谈判,业主和承包商通过谈判达成索赔最后处理的一致意见。如果业主和承包商通过谈判达不成一致意见,则可根据合同规定,将索赔争议提交仲裁或诉讼,使索赔问题得到最终解决。

工程项目实施中会发生各种各样、大大小小的索赔、争议等问题,应该强调,合同各方应该争取尽量在最早的时间、最低的层次,尽最大可能以友好协商的方式解决索赔问题,不要轻易提交仲裁机构。因为对工程争议的仲裁往往是非常复杂的,要花费大量的人力、物力、财力和精力,对工程建设也会带来不利,有时甚至产生严重的影响。

在工程项目的实施过程中,会产生大量的工程信息和资料,这些信息和资料是开展索赔的重要依据。如果项目资料不完整,索赔就难以顺利进行。因此在施工过程中应始终做好资料积累工作,建立完善的资料记录和科学管理制度,认真系统地积累和管理施工合同文件、质量、进度及财务收支等方面的资料。对于可能会发生索赔的工程项目,从开始施工时就要有目的地搜集证据资料,系统地拍摄施工现场,妥善保管开支收据,有意识地为索赔文件积累所必要的证据材料。

三、工程项目合同索赔的证据

1. 索赔证据的定义和重要性

索赔证据是当事人用来支持其索赔成立或和索赔有关的证明文件和资料。索赔证据作为索赔文件的组成部分,在很大程度上关系到索赔的成功与否。证据不全、不足或没有证据,索赔是不可能获得成功的。

证据在合同签订和合同实施过程中产生,主要为合同资料、日常的工程资料和合同双方信息沟通资料等。在正常的项目管理系统中,应有完整的工程实施记录。一旦索赔事件发生,自然会搜集到许多证据。而如果项目信息流通不畅,文档散杂零乱、不成系统或对事件的发生未记文档,待提出索赔意向时再搜集证据,就要浪费许多时间,可能丧失索赔机会(超过索赔有效期限),甚至为他人索赔和反索赔提供可能,因为人们对过迟提交的索赔文件和证据容易产生怀疑。

2. 对索赔证据的基本要求

对索赔证据的基本要求如下。

(1) 真实性。

索赔证据必须是在实际工程过程中产生的,完全反映实际情况,能经得住对方的推敲。由于在工程实施过程中合同双方都在进行合同管理、搜集工程资料,所以双方应有相同的证据。

使用不实的或虚假的证据是违反商业道德甚至法律的。

(2) 全面性。

所提供的索赔证据应能说明事件的全过程。索赔报告中所提到的干扰事件、索赔理由、影响、索赔值等都须有相应的证据，否则对方有权退回索赔报告，要求重新补充证据，这样就会拖延索赔的解决。

(3) 及时性。

这包括两个方面的要求。一方面，要求索赔证据是工程活动或其他活动发生时记录或产生的文件，除了专门规定外，后补的索赔证据通常不容易被认可。干扰事件发生时，承包商应有同期记录，这对以后提出索赔要求、支持其索赔理由是必要的。而工程师在收到承包商的索赔意向通知后，应进行审查，并可指令承包商保持合理的同期记录，在这里承包商应邀请工程师检查并请其说明是否须做其他记录。按工程师要求做记录，对承包商来说是有利的。另一方面，索赔证据作为索赔报告的一部分，一般和索赔报告一起交付工程师和业主。FIDIC 规定，承包商应向工程师递交一份说明索赔款项及提出索赔依据的详细材料。

(4) 法律证明效力。

索赔证据必须有法律证明效力，特别对准备递交仲裁的索赔报告更要注意这一点。这就要求：索赔证据必须是当时的书面文件，一切口头承诺、口头协议都不算；合同变更协议必须由双方签署，或以会谈纪要的形式确定，而且为决定性决议，一切商讨性、意向性的意见或建议都不算；工程中的重大事件、特殊情况的记录应由工程师签署认可。

3. 工程项目实施过程中常见的索赔证据

在工程项目实施过程中，常见的索赔证据如下。

(1) 各种工程合同文件。

(2) 施工日志。

(3) 会谈纪要。

(4) 气象报告和资料。

(5) 工程进度计划。

(6) 来往信件、电话记录。

(7) 工程照片及声像资料。

(8) 投标前业主提供的参考资料和现场资料。

(9) 工程备忘录及各种签证。

(10) 工程计算资料和有关财务报告。

(11) 各种检查验收报告和技术鉴定报告。

(12) 其他：分包合同、订货单、采购单、工资单、物价指数、国家法律和法规等。

四、工程项目合同索赔报告

1. 对工程项目合同索赔报告的基本要求

索赔报告是向对方提出索赔要求的书面文件。业主及调解人和仲裁人通过工程项目合同索赔报告了解和分析合同实施情况和承包商的索赔要求，并据此做出判断和决定，所以索赔报告的表达方式对索赔的解决有重大影响。工程项目合同索赔报告应充满说服力、合情合理、有根有据、逻辑性强，能说服工程师、业主、调解人和仲裁人，同时它又应是有法律效力的正规的书面文件。

起草工程项目合同索赔报告需要实际工作经验，重大的索赔或一揽子索赔最好在有经验的律师或索赔专家的指导下起草。对工程项目合同索赔报告的一般要求如下。

(1) 索赔事件应真实无误。

(2) 责任分析应清楚、准确。

(3) 在索赔报告中应特别强调于己有利的关键点。于己有利的关键点如下。

① 干扰事件的不可预见性和突然性。对干扰事件的发生，承包商不可能预见或有所准备，亦无法制止或避免遭受影响。

② 在干扰事件发生后已立即将情况通知工程师，听取并执行了工程师的处理指令；为减轻干扰事件的影响尽了最大努力，采取了能够采取的措施。在索赔报告中可叙述所采取的措施以及产生的效果。

③ 由于干扰事件的影响，承包商的工作受到严重干扰。应在索赔报告中强调干扰事件、对方责任、工程受到的影响和索赔之间有直接的因果关系。这个逻辑性对索赔的成败至关重要。业主反索赔常常也通过否定这个逻辑关系来否定承包商的索赔要求。

④ 索赔要求应有合同文件的支持，要非常准确地选择作为索赔理由的相应的合同条款。

(4) 索赔报告应简明扼要、条理清楚、定义准确、逻辑性强，但索赔证据和索赔值计算应详细精确。

(5) 用词、语气要婉转。

2.工程项目合同索赔报告的格式和内容

在实际工作中，工程项目合同索赔报告通常包括以下三个部分。

1) 承包商或其授权人致业主或工程师的信

在信中简要介绍索赔要求、干扰事件经过和索赔理由等。

2) 索赔报告正文

在工程中，对单项索赔，应设计统一格式的索赔报告，以使得索赔处理比较方便。

一揽子索赔报告的格式可以比较灵活，但实质性的内容一般应包括以下几个方面。

(1) 题目：简洁地说明针对什么提出索赔。

(2) 索赔事件：叙述事件的起因（如业主的变更指令、通知等）、事件经过、事件过程中双方的活动，重点叙述我方按合同所采取的行为、对方不符合合同的行为或没履行合同责任的情况，要提出事件的时间、地点和事件的结果，并引用报告后面的证据作为证明。

(3) 理由：总结上述事件，同时引用相应合同条文，证明对方行为违反合同或对方的要求超出合同规定，造成了该干扰事件，有责任对由此造成的损失做出赔偿。

(4) 影响：说明上述事件对承包商的影响，而二者之间有直接的因果关系，重点说明上述事件造成成本增加和工期延长，与后面的费用分项的计算又应有对应关系。

(5) 结论：上述事件造成承包商的工期延长和费用增加，通过详细的索赔值的计算，提出具体的费用索赔值和工期索赔值。

3) 附件

附件包括报告所列举事实、理由、影响的证明文件和各种计算基础、计算依据的证明。

五、工程项目合同索赔应注意的问题

工程项目合同索赔实际上是一个经营战略性问题，是承包商对利益、关系、信誉等方面的综合权衡，既不能只讲关系、义气和情意，忽视应有的合理索赔，致使企业遭受不应有的经济损失；也不能不顾关系，过分注重索赔，斤斤计较，缺乏长远和战略目光，以致影响合同关系、企业信誉和长远利益。此外，合同双方在开展索赔工作时，还应注意以下问题。

1. 正确把握提出索赔的时机

过早提出，往往容易遭到对方反驳或在其他方面施加挑剔、报复等；过迟提出，容易留给对方借口，索赔要求遭到拒绝。因此，索赔方必须在索赔时效范围内适时提出。如果老是担心或害怕影响双方合作关系，有意将索赔要求拖到工程结束时才正式提出，可能会事与愿违，适得其反。

2. 索赔谈判中注意方式方法

合同一方向对方提出索赔要求，进行索赔谈判时，措辞应婉转，说理应透彻，以理服人，而不是得理不让人，尽量避免使用抗议式提法，既要正确表达自己的索赔要求，又不伤害双方的和气感情，以达到索赔的良好效果。

如果对于索赔方一次次合理的索赔要求，对方拒不合作或置之不理，并严重影响工程的正常进行，索赔方可以采取较为严厉的措辞和切实可行的手段，以实现自己的索赔目标。

3. 索赔处理时做适当必要的让步

在索赔谈判和处理时，索赔方应根据情况做出必要的让步，有所失才有所得。索赔方可以放弃小项索赔，坚持大项索赔。这样容易使对方也做出让步，达到索赔的最终目的。

4. 发挥公关能力

除了进行书信往来和谈判桌上的交涉外，有时还要发挥索赔人员的公关能力，采用合法的手段和方式，营造适合索赔争议解决的良好环境和氛围，促使索赔问题尽早圆满解决。

六、工程项目合同反索赔

1. 工程项目合同反索赔的概念

工程项目合同反索赔，顾名思义，就是反驳、反击或防止对方提出的索赔，不让对方索赔成功或全部成功。对于工程项目合同反索赔的含义一般有两种理解：第一，承包商向业主提出索赔要求为索赔，而业主向承包商提出索赔要求为反索赔；第二，索赔是双向的，业主和承包商都可以向对方提出索赔要求，任何一方对对方提出索赔要求的反驳、反击则认为是反索赔。我们这里采用后者的理解，即如果索赔方提出的索赔依据充分，证据确凿，计算合理，另一方应实事求是地认可对方的索赔要求，赔偿或补偿对方的经济损失或损害，反之则应以事实为根据，以法律为准绳，反驳、拒绝对方不合理的索赔要求或索赔要求中的不合理部分。

2. 工程项目合同反索赔的工作内容

工程项目合同反索赔的工作内容包括两个方面，即防止对方提出索赔和反击或反驳对方的索赔要求。

1）防止对方提出索赔

要成功地防止对方提出索赔，应采取积极防御的策略。首先，自己应严格履行合同中规定的各项义务，防止违约，并通过加强合同管理，使对方找不到索赔的理由和依据，使自己处于不能被索赔的地位。如果合同双方都能很好地履行合同义务，没有损失发生，也没有合同争议，索赔与反索赔从根本上也就不会产生。其次，如果在工程实施过程中发生了干扰事件，则应立即着手研究和分析合同依据，搜集证据，为提出索赔或反击对手的索赔做好两手准备。最后，体现积极防御策略的常用手段是先发制人，先向对方提出索赔。因为在实际工作中干扰事件的产生常常双方均负有责任，原因错综复杂且互相交叉，一时很难分清谁是谁非，先提出索赔，既可防止自己因超过索赔时限而失去索赔机会，又可争取索赔中的有利地位，打乱对方的工作步骤，争取主动权，并为索赔问题的最终处理留下一定的余地。

2）反击或反驳对方的索赔要求

如果对方提出了索赔要求或索赔报告，则自己一方应采取种种措施来反击或反驳对方的索赔要求。反击或反驳对方的索赔要求常用的措施如下。

(1) 抓住对方的失误，直接向对方提出索赔，以对抗或平衡对方的索赔要求，达到最终解决索赔时互相让步或互不支付的目的。例如，业主常常通过找出工程中的质量问题、工程延期等问题，对承包商处以罚款，以对抗承包商的索赔要求，达到少支付或不支付的目的。

(2) 认真地研究和分析对方的索赔报告，找出理由和证据，证明对方索赔要求或索赔报告不符合实际情况和合同规定，没有合同依据或事实证据，索赔值计算不合理或不准确等，反击对方不合理的索赔要求或索赔要求中的不合理部分，推卸或减轻自己的赔偿责任，使自己不受或少受损失。

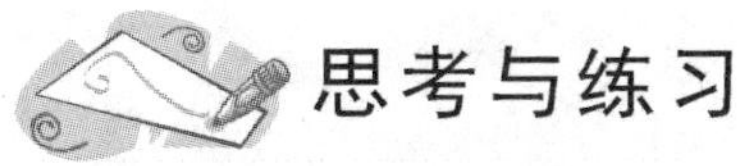

思考与练习

一、简答题

1. 工程项目合同的主要内容是什么？

2. 工程项目合同谈判一般分哪几个阶段？各阶段的工作内容是什么？

3. 工程项目合同的签订应注意哪些问题？

4. 工程项目合同的实际履行和适当履行的含义是什么？

5. 根据我国的现行法律和有关司法实践，合同的法律关系在哪些情况下可终止？

6. 工程项目合同索赔的程序是什么？

7. 承包商索赔要求的成立必须同时具备哪四个条件？

8. 工程项目合同索赔应注意哪些问题？

9. 什么是工程项目合同反索赔？工程项目合同反索赔的工作内容有哪些？

二、案例题

【案例1】 某工程合同规定，进口材料由承包商负责采购，但材料的关税不包括在承包商的材料报价中，由业主支付。合同未规定业主支付海关税的日期，仅规定业主应在接到承包商提交的到货通知单后30天内完成海关放行的一切手续。现在，由于承包商采购的材料到货太迟，到港后工程施工中急需这批材料，承包商先垫支了关税，并完成入关手续，以便能够及早取得材料，避免现场停工待料。

问题：承包商是否可向业主提出补偿海关税的要求？这项索赔是否也要受合同规定的索赔有效期的限制？

【案例 2】 某公司中标承建城市南外环道路工程，在施工过程中发生以下事件。

① 挖方段遇到了工程地质勘察报告没有揭示的岩石层，破碎、移除岩石层拖延了 23 天时间。

② 工程拖延致使路基施工进入雨期，连续降雨致使土壤含水量过大，无法进行压实作业，耽误了 15 天工期。

问题：承包商对事件①和事件②造成的工期拖延和增加费用向业主提出了索赔，那么业主是否应该受理，为什么？

【案例 3】 某厂房建设场地原为农田，按设计要求在厂房建造时，厂房地坪范围内的耕植土应清除，基础必须埋在老土层下 2.00 m 处。为此，业主在三通一平施工阶段就委托土方施工公司清除了耕植土并用好土回填压实至一定设计标高，故在施工招标文件中指出，施工单位无须再考虑清除耕植土问题。然而开工后，施工单位在开挖基坑(槽)时发现，相当一部分基础开挖深度虽已达到设计标高，但仍未见老土，且在基础和场地范围内仍有一部分深层的耕植土和池塘淤泥等必须清除。

问题：(1) 根据修改的设计图纸，基础开挖要加深加大，承包商就此提出了变更工程价款和延长工期的要求。试问承包商的要求是否合理？为什么？

(2) 对于工程施工中出现变更工程价款和工期的事件，甲、乙双方需要注意哪些时效性问题？

学习情境6

建筑工程项目成本管理

知识目标

通过本学习情境的学习，了解建筑工程项目成本管理的概念，了解建筑工程项目的成本计划，熟悉建筑工程项目成本控制的方法，理解建筑工程项目成本核算、分析和考核的内容。

技能目标

通过本学习情境的学习，了解建筑工程项目成本控制的手段和方法，完成建筑工程项目成本核算、分析和考核内容。

任务1 建筑工程项目成本管理概述

一、项目成本的概念

项目成本是施工项目在施工过程中所耗费的生产资料转移价值和劳动者必要劳动所创造的价值的货币形式。项目成本包括所耗费的主、辅材料，构配件和周转材料的摊销费或租赁费，施工机械的台班费或租赁费，支付给生产工人的工资、奖金，以及在施工现场进行施工组织与管理所发生的全部费用支出。

施工项目成本不包括工程造价组成中的利润和税金，也不应包括构成施工项目价值的一切非生产性支出。

施工项目成本是施工企业的主要产品成本，也称工程成本，一般以项目的单位工程作为成本核算对象，通过对各单位工程成本核算的综合来反映总成本。

二、建筑工程项目成本的构成

1. 直接成本

直接成本指施工过程中耗费的构成工程实体和有助于工程形成的各项费用支出，包括人工费、材料(包含工程设备)费、施工机具使用费和措施费。当直接费用发生时，就能够确定其用于哪些工程，可以直接记入该工程成本。

(1) 人工费是指按工资总额构成规定，支付给从事建筑工程项目施工或生产的工人和附属生产单位工人的各项费用，内容包括计时工资、资金、津贴补贴、加班加点工资、特殊情况下支付的工资。

(2) 材料费指施工过程中耗用的原材料、辅助材料、构配件、零件、半成品或成品、工程设备的费用，内容包括材料原价、运杂费、运输损耗费、采购费和保管费。

(3) 施工机具使用费是指施工作业所发生的施工机械、仪器仪表使用费或者租赁费。其中，施工机械使用费以施工机械台班耗用量乘以施工机械台班单价表示，施工机械台班单价由折旧费、大修理费、经常修理费、安拆费及场外运输费、燃料动力费、人工费、税费组成；仪器仪表使用费是指工程施工所需使用的仪器仪表的摊销费和维修费。

(4) 措施费是指施工过程中所发生的直接用于工程的直接工程费以外的费用，是进行工程施工所采取各种措施的费用。措施费包括环境保护费、安全施工费、临时设施(临时宿舍、文化福利及公用事业房屋与构筑物、仓库、办公室、加工厂以及规定范围内道路、水电管线)费、夜间施工增加费、大型机械安拆及场外运输费、模板及支架费、脚手架费、已完工程及设备保护费、施工过程排水及降水费。

2. 间接成本

间接成本指项目经理部为准备施工、组织施工生产和管理所支出的全部费用。当间接费用发生时，不能明确其用于哪些工程，只能采用分摊费用方法计入。

(1) 规费：包含社会保险费、住房公积金、工程排污费。

(2) 企业管理费：包含管理人员工资、办公费、差旅交通费、固定资产使用费、工具用具使用费、劳动保险和职工福利费、劳动保护费、检验试验费、工会经费、职工教育经费、财产保险费、财务费、税金及其他。

三、建筑工程项目成本管理的特点

1. 前计划性

从工程项目投标报价开始到工程竣工结算前，对于工程项目的承包人而言，各阶段的成本数据都是事前的计划成本，包括投标书的预算成本、合同预算成本、设计预算成本、组织对项目经理的责任目标成本、项目经理部的施工预算及计划成本等。基于这样的认识，人们把动态控制原理应用于工程项目的成本控制过程。其中。项目总成本的控制，是对不同阶段的计划成本进行相互比较，以反映总成本的变动情况。只有在工程项目的跟踪核算过程中，才能对已完的工作任务或分部、分项工程进行实际成本偏差的分析。

2. 投入复杂性

(1) 从投入情况看工程项目成本的形成，在承包组织内部有组织层面的投入和项目层面的投入，在承包组织外部有分包商的投入，甚至业主以甲供材料设备的方式投入等。

(2) 对于工程项目最终作为建筑产品的完全成本和承包人在实施工程项目期间投入的完全成本，其内涵是不一样的。作为工程项目管理范围的项目成本，显然要根据工程项目管理的具体要求来界定。

3. 核算困难大

工程项目成本核算的关键问题在于动态地对已完的工作任务或分部、分项工程的实际成本进行正确的统计，以便与相同范围的计划成本进行比较分析，把握成本的执行情况，为后续的成本控制提供指导。但是，成本的发生或费用的支出与已完成的工程任务量在时间和范围上不一定一致，这就给实际成本的统计归集造成很大的困难，影响核算结果的数据可比性和真实性，以致失去对成本管理的指导作用。

4. 信息不对称

建筑工程项目的实施通常采用总分包的模式，出于保护商业机密的目的，分包方往往对总包方隐瞒实际成本，这给总包方的事前成本计划带来一定的困难。

四、建筑工程项目成本管理的基本原则

1. 全面成本管理原则

长期以来，在建筑工程项目成本管理中，存在“三重三轻”问题，即重实际成本的计算和分

析，轻全过程的成本管理和对其影响因素的控制；重施工成本的计算分析，轻采购成本、工艺成本和质量成本的计算分析；重财会人员的管理，轻群众性的日常管理。因此，为了确保不断降低建筑工程项目成本，达到成本最低化的目的，必须实行全面成本管理。

全面成本管理是全企业、全员和全过程的管理，亦称“三全”管理。工程项目成本的全过程管理是指在工程项目确定以后，自施工准备开始，到工程施工，再到竣工交付使用乃至保修期结束都在发生费用，其中每一项经济业务都要进行计划与控制。

建设工程项目成本的全员管理是指成本是一项综合性很强的指标，项目成本的高低取决于项目组织中各个部门、单位和班组的工作业绩，也与每个职工的切身利益密切相关，需要大家都来关心成本、控制成本，人人都有权利和义务对成本实施控制，仅靠项目经理和专业成本管理人员及少数人的努力，是无法收到预期效果的。全员管理应该有一个系统的实质性内容，包括各部门、各单位的责任网络和班组的经济核算等。

2. 成本最低化原则

建筑工程项目成本管理的根本目的，在于通过成本管理的各种手段，不断降低建筑工程项目成本，以达到可能实现最低目标成本的要求。但是，在实行成本最低化原则时，应注意研究降低成本的可能性和合理的成本最低化。一方面挖掘各种降低成本的潜力，使可能性变成现实；另一方面从实际出发，制定通过主观努力可能达到合理的最低成本水平，并据此进行分析、考核评比。

3. 动态管理原则

动态管理原则即中间管理原则，对于具有一次性特点的施工项目，必须重视和搞好项目成本的中间控制。因为施工准备阶段的成本管理，只是根据上级要求和施工组织设计的具体内容确定成本目标、编制成本计划、制订成本控制的方案，为今后的成本控制运行做好准备；而竣工阶段的成本管理，由于成本盈亏已经基本成定局，即使发生了偏差，也已来不及纠正，因此，成本管理工作的重心应放在基础、结构、装饰等主要施工阶段上，及时发现并纠正偏差，在生产过程中对成本进行动态管理。

4. 成本管理科学化原则

成本管理要实现科学化，必须把有关自然科学和社会科学中的理论、技术和方法运用于成本管理。在建筑工程项目成本管理中，可以运用预测与决策方法、目标管理方法、量本利分析方法和价值工程方法等。

5. 目标管理原则

目标管理是贯彻执行计划的一种方法，它把计划的方针、任务、目的和措施等逐一加以分解，提出进一步的具体要求，并分别落实到执行任务的部门、单位甚至个人。成本目标管理具体内容如下。

(1) 目标的设定和分解。成本目标分解得到的标准成本（成本计划）是检查、控制、评价的依据，力求以最小的成本支出，获得最多的经济效益。

(2) 目标的责任到位和执行。

(3) 施工中不断检查执行结果，发现并分析成本偏差，及时采取纠正措施。

(4) 修正目标和评价目标，目标管理应形成 PDCA 循环。

6. 过程控制与系统控制原则

(1) 建筑工程项目成本是由施工过程的各个环节的资源消耗形成的。因此，建筑工程项目成本的控制必须采用过程控制的方法，分析每一个过程影响成本的因素，制定工程程序和控制程序，使建筑工程项目时刻处于受控状态。

（2）建筑工程项目成本形成的每一个过程又是与其他过程互相关联的，一个过程成本的降低，可能会引起关联过程成本的提高。因此，建筑工程项目成本的管理，必须遵循系统控制原则，进行系统分析，制定过程的工作目标必须从全局利益出发，不能为了小团体的利益而损害整体利益。

7.节约原则

进行成本管理，提高经济效益的核心是人力、物力、财力消耗的节约。节约首先要严格执行成本开支范围、费用开支标准和有关财务制度，对各项成本费用的支出进行限制和监督；其次，要提高项目的科学管理水平，优化施工方案，提高生产效率，降低资源消耗；最后，要采取预防成本失控的技术组织措施，制止可能发生的浪费。

8.责、权、利相结合原则

实践表明，要使成本控制真正发挥及时、有效的作用，达到预期的效果，必须实行经济责任制。责任、权力、利益相统一的成本管理才是名实相符的成本控制。这一条原则，从内部承包责任制和签订内部承包合同中体现出来。从项目经理到每一个管理者和操作者，都必须对成本管理承担自己的责任，而且授以他们相应的权力，在考评业绩时将成本管理成绩同奖金挂钩，奖罚分明。

五、建筑工程项目成本管理的职能

承包企业应建立健全建筑工程项目成本管理的责任体系，明确管理业务分工和责任关系，将建筑工程项目成本管理的目标分解并使其渗透到各项技术工作、管理工作和经济工作中去。承包企业的建筑工程项目成本管理体系应包括两个不同层次的管理职能。

1.企业管理层的成本管理

企业管理层应是建筑工程项目成本管理的决策与计划中心，确定项目投标报价和合同价格，确定项目成本目标和成本计划，通过项目管理目标责任书确定项目管理层的成本目标。

2.项目管理层的成本管理

项目管理层应是项目生产成本的控制中心，负责执行企业对项目提出的成本管理目标，在企业授权范围内实施可控责任成本的控制。

六、建筑工程项目成本管理的任务

实际上建筑工程项目一旦确定，收入也就确定了。如何降低工程成本、获取最大利润，是建筑工程项目管理的目标。按照动态管理原则和建筑工程项目成本管理的内容，承包企业建筑工程项目成本管理流程具体任务包括成本预测、成本计划、成本控制、成本核算、成本分析、成本考核。

1.建筑工程项目成本预测

建筑工程项目成本预测是指承包企业及其施工项目经理部有关人员凭借历史数据和工程

经验，采用一定方法对项目未来的成本水平及其可能的发展趋势做出科学估计。预测的目的，一是为挖掘降低成本的潜力指明方向，作为计划期降低成本决策的参考；二是为企业内部各责任单位降低成本指明途径，作为编制增产节约计划和制定降低成本措施的依据。建筑工程项目成本预测的方法可分为定性预测和定量预测两大类。

1）建筑工程项目定性预测

建筑工程项目定性预测是指成本管理人员根据专业知识和实践经验，通过调查研究，利用已有资料，对成本费用的发展趋势及可能达到的水平所进行的分析和推断。由于定性预测主要依靠管理人员的素质和判断能力，因而这种方法必须建立在对项目成本费用的历史资料、现状及影响因素深刻了解的基础上。这种方法简便易行，在资料不多、难以进行定量预测时最为适用。建筑工程项目定性预测的具体方法有座谈会法和函询调查法。

2）建筑工程项目定量预测

建筑工程项目定量预测是指利用历史成本费用统计资料以及成本费用与影响因素之间的数量关系，通过建立数学模型来推测、计算未来成本费用的可能结果。在建筑工程项目成本预测中，常用的定量预测方法有加权平均法、回归分析法等。

2. 建筑工程项目成本计划

建筑工程项目成本计划是在成本预测的基础上编制的，是承包企业及其施工项目经理部对计划期内项目的成本水平所做的筹划，是对项目制定的成本管理目标。

3. 建筑工程项目成本控制

建筑工程项目成本控制是项目成本管理的主要环节的工作。根据全面成本管理原则，成本控制应贯穿于项目建设的各个阶段，是项目成本管理的核心内容，也是项目成本管理中不确定因素最多、最复杂、最基础的管理内容。

4. 建筑工程项目成本核算

建筑工程项目成本核算是承包企业利用会计核算体系，对项目建设工程中所发生的各项费用进行归集，统计其实际发生额，并计算项目总成本和单位工程成本的管理工作。项目成本核算是承包企业成本管理最基础的工作，它所提供的各种信息，是成本预测、成本计划、成本控制和成本考核等的依据。

5. 建筑工程项目成本分析

建筑工程项目成本分析是揭示项目成本变化情况及其变化原因的过程。在成本形成过程中，利用项目的成本核算资料，将项目的实际成本与目标成本（计划成本）进行比较，系统研究成本升降各种因素及其产生的原因，总结经验教训，寻找降低项目施工成本的途径，以进一步改进成本管理工作。建筑工程项目成本分析为成本考核提供依据，也为未来的成本预测与成本计划编制指明方向。

6. 建筑工程项目成本考核

建筑工程项目成本考核是在项目建设过程中或项目完成后，定期对项目形成过程中的各级单位成本管理的成绩或失误进行总结与评价。通过成本考核，给予责任者相应的奖励或惩罚。承包企业应建立健全建筑工程项目成本考核制度，作为建筑工程项目成本管理责任体系的组成部分，对考核的目的、时间、范围、对象、方式、依据、指标、组织领导以及结论与惩罚原则等做出明确规定。

七、建筑工程项目成本管理与企业成本管理的关系

建筑工程项目成本是指企业发生的按项目核算的成本。建筑工程项目成本核算的对象是具体的工程项目;建筑工程项目成本管理的目的是保证项目在预定的成本范围内完成企业交付的任务。建筑工程项目成本管理的责任由施工项目经理部全面负责。

企业成本是指企业正常生产运营必须投入的成本。企业成本核算的对象为整个承包企业,不仅包括其下属的各个施工项目经理部,还包括为工程承包服务的附属企业及企业各职能部门。企业成本管理的任务是将整个企业的成本、费用控制在预定计划之内,成本管理强调部门成本责任,涉及各个职能部门和机构。

八、建筑工程项目成本管理的程序

建筑工程项目成本管理是从成本估算开始,经编制成本计划,采取降低成本的措施进行控制,直到成本核算与分析为止的一系列管理工作步骤。建筑工程项目成本管理的一般程序如图 6-1所示。

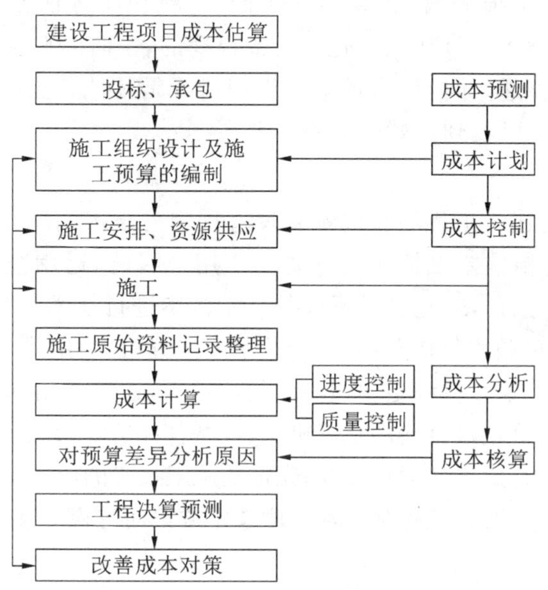

图 6-1 建筑工程项目成本管理的一般程序

九、建筑工程项目成本管理的主要任务和措施

建筑工程项目成本管理就是要在保证工期和质量满足要求的情况下,利用经济措施、组织措施、技术措施、合同措施,把成本控制在计划范围内,并进一步寻求最大限度的成本节约,取得施工成本管理的理想成效。

1.经济措施

经济措施是最易为人所接受和采用的措施。管理人员应编制资金使用计划，确定、分解建筑工程项目成本管理目标。对建筑工程项目成本管理目标进行风险分析，并制定防范性对策。对各种支出，应认真做好资金的使用计划，并在施工中严格控制各项开支。及时准确地记录、整理、核算实际发生的成本。对各种变更，及时做好增减账，及时落实业主签证，及时结算工程款。通过偏差分析和未完工工程预测，若发现一些将引起未完工程施工成本增加的潜在问题，应对这些问题以主动控制为出发点，及时采取预防措施。由此可见，经济措施的运用绝不仅仅是财务人员的事情。

2.组织措施

组织措施是指从建筑工程项目成本管理的组织方面采取的措施。建筑工程项目成本控制是全员的活动，如实行项目经理责任制，落实建筑工程项目成本管理的组织机构和人员，明确各级建筑工程项目成本管理人员的任务、职能分工、权利和责任。建筑工程项目成本管理不仅仅是专业成本管理人员的工作，各级建筑工程项目管理人员都负有成本控制责任。

组织措施的另一方面是编制建筑工程项目成本控制工作计划，确定合理详细的工作流程。要做好施工采购规划，通过生产要素的优化配置、合理使用、动态管理，有效控制实际成本；加强施工定额管理和施工任务单管理，控制活劳动和物化劳动的消耗；加强施工调度，避免因施工计划不周和盲目调度造成窝工损失、机械利用率降低、物料积压等而使建筑工程项目成本增加。成本控制工作只有建立在科学管理的基础上，具备合理的管理体制、完善的规章制度、稳定的作业秩序、完整准确的信息传递，才能取得成效。组织措施是其他各类措施的前提和保障，而且一般不增加费用，运用得当可以收到良好的效果。

3.技术措施

技术措施不仅对解决建筑工程项目成本管理过程中的技术问题是不可缺少的，而且对纠正建筑工程项目成本管理目标偏差发挥相当重要的作用。因此，运用技术纠偏措施的关键，一是要能提出多个不同的技术方案，二是要对不同的技术方案进行技术经济分析。

施工过程中降低成本的技术措施包括：进行技术经济分析，确定最佳的施工方案；结合施工方法，进行使用材料的比较和选择，在满足功能要求的前提下，通过代用、改变配合比、使用添加剂等方法降低材料消耗的费用；确定最合适的施工机械、设备使用方案；结合项目的施工组织设计及自然地理条件，降低材料的库存成本和运输成本；先进的施工技术的应用，新材料的运用，新开发机械设备的使用等。在实践中，也要避免仅从技术角度选定方案而忽视对其经济效果的分析论证。

4.合同措施

采用合同措施控制施工成本，应贯穿整个合同周期，包括从合同谈判开始到合同终结的全过程。首先，选用合适的合同结构，对各种合同结构模式进行分析、比较，在合同谈判时，要争取选用适合工程规模、性质和特点的合同结构模式。其次，在合同的条款中应仔细考虑一切影响成本和效益的因素，特别是潜在的风险因素。通过对引起成本变动的风险因素的识别和分析，采取必要的风险对策，如通过合理的方式，增加承担风险的个体数量，降低损失发生的概率，并最终使这些策略反映在合同的具体条款中。最后，在合同执行期间，合同管理的措施既要密切关注对方合同执行的情况，以寻求合同索赔的机会，也要密切关注自己履行合同的情况，以防止被对方索赔。

任务2 建筑工程项目成本计划

一、建筑工程项目成本计划概述

建筑工程项目成本计划通常包括从开工到竣工所必需的施工成本，它以货币形式预先规定项目进行中的施工生产耗费的计划总水平，是实现降低成本费用的指导性文件。

（一）建筑工程项目成本计划的概念与作用

1.建筑工程项目成本计划的概念

建筑工程项目成本计划是以货币形式编制工程项目在计划期内的生产费用、成本水平、成本降低率及为降低成本所采取的主要措施和规划的书面方案。它是建立工程项目成本管理责任制、开展成本控制和核算的基础。它是该项目降低成本的指导文件，是设立目标成本的依据。可以说，成本计划是目标成本的一种形式。

承包企业的项目计划成本应通过投标与签订合同形成，作为项目管理的目标成本。目标成本是承包企业实施项目成本控制和工程价款结算的基本依据。项目经理在接受企业法定人委托之后，应通过主持编制项目管理实施规划寻求降低成本的途径，组织编制施工预算，确定项目的计划目标成本。

2.建筑工程项目成本计划的作用

成本计划是成本管理各项工作的龙头。实施成本计划的过程包括确定项目成本目标、优化实施方案，以及编制计划文件等。由于这些环节是互动的过程，所以建筑工程项目成本计划具有以下作用。

(1) 成本计划是企业组织有效成本管理的依据和条件。

(2) 成本计划可以帮助调动内部各方面的积极因素，合理使用物资和资源。

(3) 成本计划可以为企业编制财务计划和确定施工生产经营利润等提供重要依据。

(4) 成本计划支持工程项目成本目标决策。

项目总成本目标的确定，通常是在组织提出初步成本方案的基础上，通过项目实施方案的制定，费用预测和各单位工程、分部分项工程计划成本的编制、汇总、分析论证和审批过程，形成成本管理的控制目标。因此，成本目标决策和成本计划是互动的过程，成本计划一方面起到支持成本目标决策的作用，另一方面起到落实和执行成本决策意图的作用。

(5) 成本计划可以促进工程项目实施方案的优化和开展增产节约。

追求效益是成本管理的出发点，效益的取得是成本管理过程的必然结果。在建筑市场竞争日趋激烈的情况下，企业经营效益的来源在于自身技术与管理的综合优势，以最经济合理的实施方案，在规定的工期内提供质量满足要求的产品。项目效益（实际利润）与实际成本、造价成

本的关系为

$$实际利润 = 造价成本 - 实际成本$$

在成本计划阶段，管理者通常是先考虑项目盈利的预期，即在保证项目效益的前提下，千方百计地从技术、组织、经济、管理等方面采取措施，通过不断优化实施方案，采取降低成本的措施，寻求效率和效益。在此阶段，通常的观念是按下式反映其成本管理的效益：

$$计划成本 = 造价成本 - 计划利润$$

这一关系充分反映了成本计划对促进实施方案优化的重要作用。

(6) 成本计划可以实现工程项目成本事前预控。

在成本计划实施过程中，对总成本目标及各子项、单位工程、分部分项工程，甚至各个细部工程或作业成本目标的分解或确定，都要对任务量、消耗量、劳动效率及其影响成本变动的因素进行具体的分析，并编制相应的成本管理措施，使各项成本计划指标建立在技术可行、经济合理的基础上。当然，建立在科学预测和策划基础上的成本计划的预控作用，毕竟是主观的设想和意愿，要使其成为现实，还必须经过认真贯彻落实的过程。如果没有计划过程的预控基础，过程的动态控制将陷入一厢情愿和混乱的被动局面。

(二)建筑工程项目成本计划应满足的要求

(1) 合同规定的项目质量和工期要求。

(2) 组织对项目成本管理目标的要求。

(3) 以经济合理的项目实施方案为基础的要求。

(4) 有关定额及市场价格的要求。

(5) 类似项目提供的启示。

二、建筑工程项目成本计划的类型

对于一个建筑工程项目而言，其成本计划是一个不断深化的过程。在这个过程中，不同阶段形成不同深度和不同作用的成本计划。建筑工程项目成本计划按作用可以分为三类。

1. 竞争性成本计划

竞争性成本计划即工程项目投标及签订合同阶段的估算成本计划。这类成本计划是以招标文件中的合同条件、投标须知、技术规程、设计图纸或工程量清单等为依据，以有关价格条件说明为基础，结合调研和现场考察获得的情况，根据本企业的工料消耗标准、水平、价格资料和费用指标，对本企业完成招标工程所需要支出的全部费用的估算。

2. 指导性成本计划

指导性成本计划即选派项目经理阶段的预算成本计划，是项目经理的责任成本目标。它是以合同、标书为依据，按照企业的预算定额标准制定的设计预算成本计划，且一般情况下只是确定责任总成本指标。

3. 实施性成本计划

实施性成本计划即项目施工准备阶段的施工预算成本计划。它是以项目实施方案为依据，以落实项目经理责任目标为出发点，采用企业的施工定额，通过施工预算的编制而形成的实施性计划。

以上三类成本计划相互衔接、不断深化，构成整个建筑工程项目成本的计划过程。其中，竞争性成本计划带有成本战略的性质，是施工项目投标阶段商务标书的基础，而有竞争力的商务标书又是以其先进合理的技术标书为支撑的。因此，它奠定了建筑工程项目成本计划的基本框架和水平。指导性成本计划和实施性成本计划都是战略性成本计划的进一步开展和深化，是对战略性成本计划的战术安排。

三、建筑工程项目成本计划的具体内容

1. 编制说明

编制说明是指对工程的范围、投标竞争过程及合同条件、承包人对项目经理提出的责任成本目标、施工成本计划编制的指导思想和依据等的具体说明。

2. 建筑工程项目成本计划的指标

建筑工程项目成本计划的指标应经过科学的分析预测确定，可以采用对比法、因素分析法等方法来进行测定。建筑工程项目成本计划一般情况下有下列3类指标。

(1) 成本计划的数量指标，如按子项汇总的工程项目计划总成本指标，按分部汇总的各单位工程(或子项目)计划成本指标，按人工、材料、机械等各主要生产要素汇总的计划成本指标。

(2) 成本计划的质量指标，如施工项目总成本降低率，可采用以下公式确定。

$$\text{设计预算成本计划降低率}=\frac{\text{设计预算总成本计划降低额}}{\text{设计预算总成本}}$$

$$\text{责任目标成本计划降低率}=\frac{\text{责任目标总成本计划降低额}}{\text{责任目标总成本}}$$

(3) 成本计划的效益指标，如工程项目成本降低额，可采用以下公式确定。

$$\text{设计预算成本计划降低额}=\text{设计预算总成本}-\text{计划总成本}$$

$$\text{责任目标成本计划降低额}=\text{责任目标总成本}-\text{计划总成本}$$

3. 按工程量清单列出的单位工程计划成本汇总表

按工程量清单列出的单位工程计划成本汇总表如表6-1所示。

表6-1 按工程量清单列出的单位工程计划成本汇总表

序　　号	清单项目编码	清单项目名称	合同价格	计划成本
1				
2				
⋮				

4. 按成本性质划分的单位工程成本汇总表及单位工程成本计划表

应根据清单项目的造价分析，分别对人工费、材料费、施工机具使用费和企业管理费进行汇总，形成单位工程成本计划表。

成本计划应在项目实施方案确定和不断优化的前提下进行编制，因为不同的实施方案将导致人工费、材料费、施工机具使用费和企业管理费的差异。成本计划的编制是建筑工程项目成

本预控的重要手段。因此，成本计划应在工程开工前编制完成，以便将计划成本目标分解落实，为各项成本执行提供明确的目标、控制手段和管理措施。

四、建筑工程项目成本计划的编制

（一）建筑工程项目成本计划的编制原则

1. 从实际情况出发的原则

编制成本计划必须根据国家的方针政策，从企业的实际情况出发，充分挖掘企业内部潜力，使降低成本指标既积极可靠，又切实可行。建筑工程项目管理部门降低成本的潜力在于正确合理地选择施工方案，合理组织施工；提高劳动生产率；改善材料供应条件，降低材料消耗，提高机械利用率，节约施工管理费用等。但是注意，不能为降低成本而偷工减料，忽视质量，不顾机械设备的维护修理而过度、不合理使用机械，片面增加劳动强度，盲目实施。

2. 与其他计划结合的原则

编制建筑工程项目成本计划，必须与建筑工程项目的其他计划如生产进度计划、财务计划、材料供应和耗费计划等密切结合，保持平衡。

3. 采用先进技术经济定额的原则

建筑工程项目成本计划必须以各种先进的技术经济定额为依据，并结合工程的具体特点，采取切实可行的技术组织措施做保证。只有这样，才能编制出既有科学依据，又切实可行的建筑工程项目成本计划，从而发挥建筑工程项目成本计划的积极作用。

4. 统一领导、分级管理的原则

编制建筑工程项目成本计划，应实行统一领导、分级管理的原则，采取走群众路线的工作方法，应在项目经理的领导下，以财务部门和计划部门为中心，发动全体职工，总结降低成本的经验，找出降低成本的正确途径，使成本计划的制定和执行具有广泛的群众基础。

5. 弹性原则

编制建筑工程项目成本计划，应留有充分余地，保持计划的弹性。在计划期间，项目经理部的内部或外部的技术经济状况和供产销条件，很可能会发生一些在编制计划时所未预料的变化，尤其是在材料供应和市场价格方面，给计划拟定带来了很大的困难。因此，在编制计划时，应充分考虑到这些情况，使计划保持一定的应变能力。

（二）建筑工程项目成本计划的编制依据

建筑工程项目成本计划的编制依据有以下几种。

(1) 投标报价文件。

(2) 企业定额、施工预算。

(3) 施工组织设计或施工方案。

(4) 人工、材料、机械台班的市场价。

(5) 企业颁布的材料指导价、企业内部机械台班价格、劳动力内部挂牌价格。

(6) 周转设备内部租赁价格、摊销损耗标准。

(7) 已签订的工程合同、分包合同。

(8) 拟采取的降低施工成本的措施。

(9) 其他相关材料等。

(三)建筑工程项目成本计划的编制方法

建筑工程项目成本计划的编制以成本预测为基础,关键是确定目标成本。建筑工程项目成本计划的编制,需结合施工组织设计的编制过程,通过不断地优化施工技术方案和合理配置生产要素,进行工料机消耗的分析,制定一系列节约成本和挖潜措施,最终确定建筑工程项目成本计划。一般情况下,建筑工程项目成本计划总额应控制在目标成本的范围内,并使成本计划建立在切实可行的基础上。建筑工程项目总成本目标确定之后,还需通过编制详细的实施性成本计划把目标成本层层分解,落实到施工过程的每个环节,有效地进行成本控制。建筑工程项目成本计划的编制方法有以下几种。

1.目标利润法

目标利润法是指根据项目的合同价格扣除目标利润后得到目标成本的方法。在采用正确的投标策略和方法以最理想的合同价中标后,施工项目经理部从标价中减去预期利润、税金、应上缴的管理费和规费等,之后的余额即为建筑工程项目实施中所能支出的最大限额。

2.技术进步法

技术进步法是以项目计划采取的技术组织措施和节约措施所能取得的经济效果为项目成本降低额求项目目标成本的方法,即

项目目标成本=项目成本估算值-技术节约措施计划节约额(降低成本额)

3.按实计算法

按实计算法是以项目的实际资源消耗测算为基础,根据所需资源的实际价格,详细计算各项活动或各项成本组成的目标成本。

$$\text{人工费} = \sum \text{人员计划用工量} \times \text{实际工资标准}$$

$$\text{材料费} = \sum \text{材料的计划用量} \times \text{实际材料基价}$$

$$\text{施工机械使用费} = \sum \text{施工机械的计划台班量} \times \text{实际台班单价}$$

在此基础上,由施工项目部生产和财务管理人员结合施工技术和管理方案等测算措施费、施工项目经理部的管理费等,最后构成项目的目标成本。

4.定率估算法(历史资料法)

定率估算法(历史资料法)是当项目非常庞大和复杂而需要分为几个部分时采用的方法。首先将项目分为若干子项目,参照同类项目的历史数据,采用算术平均法计算各子项目的目标成本降低率和降低额,然后汇总整个项目的目标成本降低率、降低额。

任务 3 建筑工程项目成本控制

一、建筑工程项目成本控制概述

建筑工程项目成本控制是指在施工过程中，对影响施工成本的各种因素加强管理，并采取各种有效措施，将施工中实际发生的各种消耗和支出严格控制在成本计划范围内，随时揭示并及时反馈，严格审查各项费用是否符合标准，计算实际成本和计划成本之间的差异并进行分析，进而采取多种措施，消除施工中的损失浪费现象。

建筑工程项目成本控制应贯穿项目从投标阶段开始直至竣工验收的全过程，它是企业全面成本管理的重要环节。建筑工程项目成本控制可分为事先控制、事中控制（过程控制）和事后控制。在项目的施工过程中，需按动态控制原理对实际施工成本的发生过程进行有效控制。

合同文件和成本计划是成本控制的目标，进度报告和工程变更与索赔资料是成本控制过程中的动态资料。

成本控制的程序体现了动态跟踪控制的原理。成本控制报告可单独编制，也可以根据需要与进度、质量、安全和其他进展报告结合，提出综合进展报告。

1. 建筑工程项目成本控制应满足的要求

（1）要按照计划成本目标值来控制生产要素的采购价格，并认真做好材料、设备进场数量和质量的检查、验收与保管。

（2）要控制生产要素的利用效率和消耗定额，如任务单管理、限额领料、验收报告审核等，同时要做好不可预见成本风险的分析和预控，包括编制相应的应急措施等。

（3）控制影响效率和消耗量的其他因素（如工程变更等）所引起的成本增加。

（4）把建筑工程项目成本管理责任制度与对项目管理者的激励机制结合起来，以增强管理人员的成本意识和控制能力。

（5）承包人必须有一套健全的项目财务管理制度，按规定的权限和程序对项目资金的使用和费用的结算支付进行审核、审批，使其成为建筑工程项目成本控制的一个重要手段。

2. 建筑工程项目成本控制的原则

（1）全面控制原则。

① 项目成本的全员控制。

② 项目成本的全过程控制。

③ 项目成本的企业全部部门控制。

（2）动态控制原则。

① 项目施工是一次性行为，其成本控制应更重视事前、事中控制。

② 编制成本计划，制定或修订各种消耗定额和费用开支标准。

③ 施工阶段重在执行成本计划，落实降低成本措施，实行成本目标管理。

④ 建立灵敏的成本信息反馈系统，以使各责任部门能及时获得信息，纠正不利成本偏差。

(3) 目标管理原则。

(4) 责、权、利相结合原则。

(5) 节约原则。

① 编制工程预算时，应“以支定收”，保证预算收入；在施工过程中，要“以收定支”，控制资源消耗和费用支出。

② 严格控制成本开支范围、费用开支标准和有关财务制度，对各项成本费用的支出进行限制和监督，抓住索赔时机搞好索赔，合理力争经济补偿。

(6) 开源与节流相结合原则。

3. 建筑工程项目成本控制的依据

建筑工程项目成本控制有以下依据。

1) 项目承包合同文件

项目成本控制要以项目承包合同为依据，围绕降低工程成本这个目标，从预算收入和实际成本两个方面，努力挖掘增收节支潜力，以求获得最大的经济效益。

2) 项目成本计划

项目成本计划是根据工程项目的具体情况制定的施工成本控制方案，既包括预定的具体成本控制目标，又包括实现控制目标的措施和规划，是项目成本控制的指导性文件。

3) 进度报告

进度报告提供了每一时刻工程实际完成量、工程施工成本实际支付情况等重要信息。建筑工程项目成本控制工作正是通过比较实际情况与建筑工程项目成本计划、找出二者之间的差别、分析偏差产生的原因，从而采取措施改进以后的工作的。此外，进度报告还有助于管理者及时发现工程实施过程中存在的隐患，并在还未造成重大损失之前采取有效措施，尽量避免损失。

4) 工程变更与索赔资料

在项目的实施过程中，由于各方面的原因，工程变更是很难避免的。工程变更一般包括设计变更、进度计划变更、施工条件变更、技术规范与标准变更、施工次序变更、工程数量变更等。一旦出现工程变更，工程量、工期、成本必将发生变化，从而使得建筑工程项目成本控制工作变得更加复杂和困难。因此，建筑工程项目成本管理人员应当通过对工程变更要求当中各类数据进行计算、分析，随时掌握变更情况，包括已发生工程量、将要发生工程量、工期是否拖延、支付情况等重要信息，判断工程变更以及工程变更可能带来的索赔额度等。

除了上述几种建筑工程项目成本控制工作的主要依据以外，有关施工组织设计、分包合同文本等也是建筑工程项目成本控制的依据。

二、建筑工程项目成本控制的对象和内容

1. 建筑工程项目成本控制的对象

(1) 以项目成本形成的过程作为控制对象。根据对建筑工程项目成本实行全面、全过程控制的要求，建筑工程项目成本控制的对象具体包括工程投标阶段的成本、施工准备阶段的成本、

施工阶段的成本、竣工验收阶段的成本。

(2) 以项目的职能部门、施工队和生产班组作为成本控制的对象。成本控制的具体内容是日常发生的各种费用和损失。项目的职能部门、施工队和班组还应对自己承担的责任成本进行自我控制，这是最直接、最有效的建筑工程项目成本控制。

(3) 以分部分项工程作为项目成本的控制对象。项目应该根据分部分项工程的实物量，参照施工预算定额，联系项目管理的技术素质、业务素质和技术组织措施的节约计划，编制包括工、料、机消耗数量以及单价、金额在内的施工预算，作为对分部分项工程成本进行控制的依据。

(4) 以对外经济合同作为成本控制对象。

2. 建筑工程项目成本控制的内容

1) 工程投标阶段

中标以后，应根据项目的建设规模组建与之相适应的项目经理部，同时以投标书为依据确定项目的成本目标，并下达给项目经理部。

2) 施工准备阶段

根据设计图纸和有关技术资料，对施工方法、施工顺序、作业组织形式、机械设备选型、技术组织措施等进行认真的研究、分析，并运用价值工程原理，制定出科学先进、经济合理的施工方案。

3) 施工阶段

(1) 将施工任务单和限额领料单的结算资料与施工预算进行核对，计算分部分项工程的成本差异，分析差异产生的原因，并采取有效的纠偏措施。

(2) 做好成本原始资料的搜集和整理，正确计算成本，实行责任成本核算。

(3) 经常检查对外经济合同的履约情况，为顺利施工提供物质保证；定期检查各责任部门和责任者的成本控制情况。

4) 竣工验收阶段

(1) 重视竣工验收工作，保证顺利交付使用。在验收前，要准备好验收所需要的各种书面资料(包括竣工图)送甲方备查；对验收中甲方提出的意见，应根据设计要求和合同内容认真处理，如果涉及费用，应请甲方签证，列入工程结算。

(2) 及时办理工程结算。

(3) 在工程保修期间，应由项目经理指定保修工作的责任者，并责成保修工作责任者根据实际情况提出保修计划(包括费用计划)，以保修计划作为控制保修费用的依据。

三、建筑工程项目成本控制的类型

施工阶段是控制建筑工程项目成本的主要阶段。在项目的实施过程中，项目经理部采用目标管理方法对实际建筑工程项目成本的发生过程进行有效控制。根据计划目标成本的控制要求，做好施工采购策划，通过生产要素的优化配置、合理使用、动态管理，有效控制实际成本；加强施工定额管理和施工任务单管理，控制好活劳动和物化劳动的消耗；科学地计划管理和施工调度，避免因施工计划不周和盲目调度造成窝工损失、机械利用率降低、物料积压等而使得成本增加；加强施工合同管理和施工索赔管理，正确运用合同条件和有关法规，及时进行索赔。

(一)人工费的控制

人工费的控制实行“量价分离”,将安全生产、文明施工、零星用工等按作业用工定额劳动量(工日)的一定比例综合确定用工数量与单价,通过劳务合同管理进行控制。

(二)材料费的控制

1.材料的供应方式和价格控制

1) 材料的供应方式控制

建筑工程项目的材料,包括构成工程实体的主要材料和结构件,以及有助于工程实体形成的周转材料和低值易耗品。在一般工程中,材料的价值占工程造价的60%～70%,材料的重要性显而易见。由于不同材料的供应渠道和管理方式不同,所以控制的内容和所采取的方法也有所不同。

(1) 建设单位供料控制。

建设单位供料的范围和方式应在工程承包合同中事先加以明确,在工程施工中,材料应按施工图预算确定的数量,随施工进度由建设单位陆续交付施工单位。但由于设计变更等原因,施工中大都会发生实物工程量和工程造价的增减变化,因此,项目的材料数量必须以最终的工程结算为依据进行调整,对于建设单位(甲方)未交足的材料,需按市场价列入工程结算,向甲方收取材料费。

(2) 施工企业材料采购供应控制。

工程所需材料除部分由建设单位供应外,其余全部由施工企业(乙方)从市场采购,甚至许多工程的全部材料都由施工企业采购。在选择材料供应商的时候,应坚持“质优、价低、路近、信誉好”的原则,否则就会给工程质量、工程成本和正常施工带来后患。要结合材料进场入库的计量验收情况,对材料采购工作中各个环节进行检查和控制。材料实际采购供应中,经常遇到供应时间推迟和供应数量不足的情况,特别是当某种材料市场供应紧俏的时候,上述情况更是在所难免。因此,要将各种材料的供应时间和供应数量记录在要料计划表中,通过对比实际进料与要料计划,来检查材料供应与施工进度的相互衔接程度,以及材料供应脱节对施工进度造成的影响。

2) 材料的价格控制

由于材料的价格由买价、运杂费、运输中的损耗等组成,因此,材料的价格主要通过市场信息搜集、询价、应用竞争机制和经济合同手段等进行控制。材料的价格控制包括买价、运杂费和运输中的耗损这三个方面的控制。

(1) 买价控制。

买价的变动主要是由市场因素引起的,但在内部控制方面还有许多工作可做。应事先对供应商进行考察,建立合格供应商名册。采购材料时,必须在合格供应商名册中选定供应商,实行货比三家,在保质、保量的前提下,争取最低买价。同时实现项目监理,项目经理部对企业材料部门采购的物资有权过问与询价,对买价过高的物资,可以根据双方签订的横向合同处理。

(2) 运杂费控制。

就近购买材料、选用最经济的运输方式都可以降低材料成本。材料采购通常要求供应商在指定的地点按规定的包装条件交货,若供应单位变更指定地点而引起费用增加,供应商应予以支付;若降低包装质量,则要按质论价付款。

(3) 运输中的损耗控制。

为防止将损耗或短缺计入项目成本,要求项目现场材料验收人员及时严格办理验收手续,准确计量材料数量。

2.材料用量的控制

在保证符合设计规格和质量标准的前提下,合理使用材料和节约材料,通过定额管理、计量管理等手段,以及施工质量控制避免返工等,有效控制材料的消耗。

1) 定额控制

对于有消耗定额的材料,项目以消耗定额为依据,实行限额发料制度。项目各工长只能根据规定的限额分期分批领用,如需超限额领用材料,则须先查明原因,并办理审批手续。

2) 指标控制

对于没有消耗定额的材料,实行计划管理和按指标控制的办法。根据长期实际耗用情况,结合具体施工内容和节约要求,制定领用材料指标,据以控制发料。超过指标的材料领用,必须办理一定的审批手续。

3) 计量控制

为准确核算项目实际材料成本,保证材料消耗准确,在发料过程中,要严格计量,防止多发或少发材料,并建立材料账,做好材料收发和投料的计量检查。

4) 包干控制

在材料使用过程中,可以考虑对不易控制使用量的零星材料(如铁钉、铁丝等)采用以钱代物、包干控制的办法。具体做法是:根据工程量计算出所需材料数量并将其折算成费用,由作业班组控制、核算与考核,一次包死。班组用料时,若出现超支,则由班组自负;若有节约,则归班组所得。

(三)施工机械使用费的控制

施工机械化是提高施工效率的根本出路,合理使用施工机械对施工及其成本控制具有十分重要的意义,尤其是高层建筑施工。高层建筑地面以上部分的总费用中,垂直运输机械使用费就占10%左右。

施工机械使用费主要由台班数量和台班单价两个方面决定。有效控制施工机械使用费支出,主要从以下几个方面着手。

(1) 合理安排施工生产,加强机械设备租赁计划管理,减少因安排不当引起的设备闲置。

(2) 加强机械设备的调度工作,尽量避免窝工,提高现场机械设备的利用率。

(3) 加强现场机械设备的维修与保养,避免因不正当使用造成机械设备的闲置。

(4) 做好机上人员与辅助生产人员的协调与配合工作,提高机械台班产量。

(四)管理费的控制

管理费在项目成本中占有一定的比例,项目在使用和开支时弹性较大,在控制与核算上都比较难把握。管理费可采取的主要控制措施如下。

(1) 按照现场施工管理费占总成本的一定比重,确定现场施工管理总额。

(2) 编制项目经理部施工管理费总额预算,制定建筑工程项目管理费开支标准和范围,落实各部门、生产线、岗位的控制责任。

(3) 制定并严格执行项目经理部施工管理费使用的审批、报销程序。

(五) 临时设施费的控制

临时设施费包括临时设施搭建、维修、拆除的费用，是建筑工程项目成本的一个构成部分。

合理确定施工规模或集中度，在满足计划工期目标要求的前提下，做到各类临时设施的数量尽可能最少，同样蕴藏着极大的降低施工项目成本的潜力。临时设施费的控制表现在以下几个方面。

(1) 现场生产及办公、生活临时设施和临时房屋的搭建数量、形式的确定，在满足施工基本需要的前提下，应尽可能做到简洁适用，充分利用已有和待拆除的房屋。

(2) 材料堆场、仓库类型、面积的确定，应在满足合理储备和施工需要的前提下，力求配置合理。

(3) 施工临时道路的修筑、材料工器具放置场地的硬化等，在满足施工需要的前提下，应尽可能使数量最少，尽可能先做永久性道路路基，再修筑施工临时道路。

(4) 临时供水、供电管网的铺设长度及容量的确定应尽可能合理。

(六)施工分包费用的控制

做好分包工程价格的控制是建筑工程项目成本控制的重要工作之一。对分包费用的控制，主要是抓好建立稳定的分包商关系网络，做好分包询价、订立互利平等的分包合同、施工验收与分包结算等工作。

四、建筑工程项目成本控制的方法

1. 以工程投标报价控制成本支出

按工程投标报价(或施工图预算)，实行“以收定支”(也称为“量入为出”)，是最有效的成本控制方法之一。

(1) 以投标报价控制人工费的支出，以稍低于预算的人工工资单价与施工队或施工班组签订劳务合同，将节余出来的人工费用于关键工序的奖励费及投标报价之外的人工费。

(2) 以投标报价中所采用的价格来控制材料采购成本，对于材料消耗数量的控制，应通过“限额领料”去落实。

2. 以施工预算控制人力资源或物质资源的消耗

以施工预算控制人力资源或物质资源的消耗表现在对施工队或施工班组签发施工任务单(以工作包为基础)，其成本责任以各种资源消耗量为指标，其消耗量取施工预算中的材料消耗量。

在工程实施过程中，做好各施工队或施工班组实际完成的工程量和实际消耗的人工、材料的原始记录，作为与施工队或施工班组结算的依据，并按照结算内容支付报酬(包括奖金)。

1）S形曲线法

(1) 利用S形曲线控制成本的原理。

在网络分析的基础上将建筑工程项目成本分解落实到各项工作中，将各项工作计划成本在其持续时间上平均分配，这样就可以获得工期-成本曲线，在此基础上可进一步得到工期-计划成本累计曲线，即S形曲线。

(2) S形曲线的绘制。

① 按照成本控制的不同需要，曲线中所用成本值可为计划成本或实际成本。

② 以计划成本作为作图依据得到的S形曲线，即计划成本曲线，又称为建筑工程项目计划成本模型。

③ 以实际成本作为作图依据得到的S形曲线，是建筑工程项目的实际成本曲线。

④ 由于网络的时间坐标计划分为早时标计划与迟时标计划，因此以不同的时标网络计划作为作图依据，就可作出两条S形曲线，分别为早时标S形曲线和迟时标S形曲线，它们共同组成“香蕉图”。

(3) S形曲线法控制成本的作用。

利用成本模型或“香蕉图”可以进行不同工期(进度)方案、不同技术方案的对比，可以进行计划成本和实际成本以及进度的对比。这对把握整个工程进度、分析成本进度状况、预测成本趋向十分有用。

2）挣值法

挣值法的英文全称为 earned value concept，简记为 EVC。挣值法是 20 世纪 70 年代美国开发研究的。它首先在国防工业中应用并获得成功，然后推广到其他工业领域的项目管理。20 世纪 80 年代，世界上主要的工程公司均采用挣值法作为项目管理和控制的准则，并做了大量基础性工作，完善了挣值法在项目管理和控制中的应用。

(1) 挣值法控制成本原理。

挣值法控制成本原理图如图 6-2 所示。

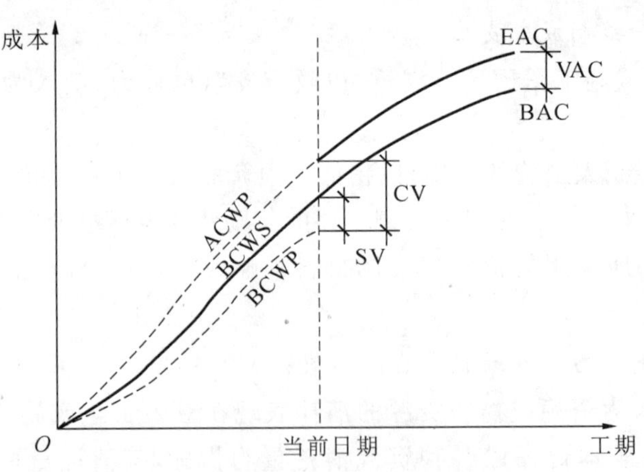

图 6-2　挣值法控制成本原理图

图中的横坐标是项目实施的日历时间，纵坐标是项目实施过程中消耗的资源。

① 第一条曲线。

a. 第一条曲线为 BCWS 曲线，即计划值曲线。

b. BCWS 曲线是综合进度计划与目标计划成本分解(或预算成本)后得出的。

c. 这条曲线是项目控制的基准曲线。

d. 它的含义是将项目的计划消耗资源,包括全部费用要素,在计划的周期内按月进行分配,然后逐步累加,即生成整个项目的 BCWS 曲线。

② 第二条曲线。

a. 第二条曲线为 BCWP 曲线,即挣值曲线。

b. 这条曲线是用预算值或单价来计算已完工作量所取得的实物进展的值,是测量项目实际进展所取得绩效的尺度。

c. BCWP 曲线的含义是按月统计已完成工作量,并将已完工作量的值乘以计划成本.逐步累加,即生成 BCWP 曲线。

③ 第三条曲线。

a. 第三条曲线为 ACWP 曲线。ACWP 是反映费用执行效果的一个重要指标。

b. ACWP 为实耗值,是指项目实施过程中对执行效果进行检查时,在指定时间内已完成任务的工作(程)量实际所消耗的费用(或资源)值。

c. ACWP 曲线的含义是对已完工作量实际消耗的成本逐项记录并逐步累加,即可生成 ACWP 曲线。

(2) 挣值法控制成本的作用。

① 利用挣值法控制成本原理图可以直观综合地反映项目成本和进度的进展情况,发现项目实施过程中成本与进度的差异。

② 运用挣值法,能很快地发现项目在哪些具体部分出了问题,可以查出产生这些偏差的原因,从而进一步确定需要采取的补救措施。

任务 4 建筑工程项目成本核算

一、建筑工程项目成本核算概述

1. 建筑工程项目成本核算的概念

建筑工程项目成本核算在建筑工程项目成本管理中的重要性体现在两个方面:一方面,它是建筑工程项目进行成本预测、制定成本计划和实行成本控制所需信息的重要来源;另一方面,它又是建筑工程项目进行成本分析和成本考核的基本依据。成本预测是成本计划的基础,成本计划是成本预测的结果,也是所确定的成本目标的具体化;成本控制对成本计划的实施进行监督,以保证成本目标的实现;而成本核算是对成本目标是否实现的最后检验,成本考核是实现决策目标的重要手段。由此可见,建筑工程项目成本核算是建筑工程项目成本管理中最基本的职能,离开了成本核算,就谈不上成本管理,也就谈不上其他职能的发挥。这就是建筑工程项目成本核算与建筑工程项目成本管理的内在联系。

建筑工程项目成本核算是指按照规定开支范围对施工费用进行归集,计算出施工费用的实际发生额,并根据成本核算对象,采用适当的方法,计算出该建筑工程项目的总成本和单位成本。建筑工程项目成本核算所提供的各种成本信息是成本预测、成本计划、成本控制、成本分析和成本考核等各个环节的依据。

2. 建筑工程项目成本核算的对象

项目成本核算的对象是指在计算工程成本中确定的归集和分配生产费用的具体对象,即生产费用承担的客体。确定成本核算对象,是设立工程成本明细分类账户、归集和分配生产费用以及正确计算工程成本的前提。

成本核算对象主要根据企业生产的特点与成本管理上的要求确定。由于建筑产品的多样性和设计、施工的单件性,在编制施工图预算、制定成本计划以及与建设单位结算工程价款时都是以单位工程为对象。因此,按照财务制度规定,在成本核算中,建筑工程项目一般应以独立编制施工图预算的单位工程为成本核算对象,但也可以按照承包工程项目的规模、工期、结构类型、施工组织和现场情况等,结合成本管理要求,灵活划分成本核算对象。一般来说,有以下几种划分成本核算对象的方法。

(1) 一个单位工程由几个施工单位共同施工时,各施工单位都应以同一单位工程为成本核算对象,各自核算自行完成的部分。

(2) 对于规模大、工期长的单位工程,可以将其划分为若干部位,以分部工程作为成本核算对象。

(3) 对于同一建设项目,将由同一施工单位施工并在同一施工地点、属于同一建设项目的各个单位工程合并作为一个成本核算对象。

(4) 对于改建、扩建的零星工程,可根据实际情况和管理需要,以一个单项工程为成本核算对象,或将同一施工地点的若干个工程量较少的单项工程合并作为一个成本核算对象。

3. 建筑工程项目成本核算的要求

建筑工程项目成本核算的基本要求如下。

(1) 项目经理部应根据财务制度和会计制度的有关规定,建立项目成本核算制,明确项目成本核算的原则、范围、程序、方法、内容、责任及要求,并设置核算台账,记录原始数据。

(2) 项目经理部应按照规定的时间间隔进行项目成本核算。

(3) 项目成本核算需坚持三同步的原则。

项目成本核算的三同步是指统计核算、业务核算、会计核算三者同步进行。统计核算即产值统计,业务核算即人力资源和物质资源的消耗统计,会计核算即成本会计核算。根据项目形成的规律,这三者之间必然存在同步关系,即完成多少产值、消耗多少资源、发生多少成本三者应该同步,否则项目成本就会出现盈亏异常现象。

(4) 建立以单位工程为对象的项目生产成本核算体系,是因为单位工程是施工企业的最终产品(成品),可独立考核。

(5) 项目经理部应编制定期成本报告。

二、建筑工程项目成本核算的方法

建筑工程项目成本核算的方法有建筑工程项目成本直接核算、建筑工程项目成本间接核算、建筑工程项目成本列账核算。

1.建筑工程项目成本直接核算

建筑工程项目直接核算将核算放在项目上，既便于及时了解项目各项成本情况，也可以减少一些扯皮现象。这种成本核算方法的不足之处是每个项目都要配有专业水平和工作能力较高的会计核算人员。目前一些单位还不具备直接核算的条件。这种成本核算方法一般适用于大型项目。

2.建筑工程项目成本间接核算

建筑工程项目间接核算将核算放在企业的财务部门，项目经理部不配专职的会计核算部门，由项目有关人员按期与相应部门共同确定当期的项目成本。

项目经理部按规定的时间、程序和质量向财务部门提供成本核算资料，委托企业的财务部门在项目成本收支范围内，进行项目成本支出的核算，落实当期项目成本的盈亏。这样可以使会计专业人员相对集中，一个成本会计可以完成两个或两个以上的项目成本核算。

建筑工程项目成本间接核算的不足之处是：项目经理部不方便了解成本情况，对核算结论信任度不高；由于成本核算不在项目上进行，项目经理部开展管理岗位成本责任核算时，就会失去人力支持和平台支持。

3.建筑工程项目成本列账核算

建筑工程项目成本列账核算是介于建筑工程项目直接核算和建筑工程项目间接核算之间的一种成本核算方法。项目经理部组织相对直接核算，正规的核算资料留在企业的财务部门。

项目每发生一笔业务，其正规资料由财务部门审核存档后，与项目施工成本员办理确认和签认手续。企业的财务部门按期予以确认资料，对其进行审核。建筑工程项目列账核算的正规资料在企业的财务部门，方便档案保管，项目经理部凭相关资料进行核算，也有利于项目经理部开展项目成本核算和项目经理部岗位成本责任考核，但企业和项目经理部要核算两次，相互之间往返较多，比较烦琐。

任务5 建筑工程项目成本分析与考核

一、建筑工程项目成本分析

（一）建筑工程项目成本分析的依据

通过分析建筑工程项目成本，可从账簿、报表反映的成本现象中看清成本的实质，从而增强项目成本的透明度和可控性，为加强成本控制、实现项目成本目标创造条件。建筑工程项目成本分析的主要依据是会计核算、业务核算和统计核算所提供的资料。

1.会计核算

会计核算主要是价值核算。会计是对一定单位的经济业务进行计量、记录、分析和检查,做出预测、参与决策、实行监督,旨在实现最优经济效益的一种管理活动。它通过设置账户、复式记账、填制和审核凭证、登记账簿、成本计算、财产清查和编制会计报表等一系列有组织、有系统的方法,来记录企业的一切生产经营活动,然后据此提出一些用货币来反映的有关各种综合性经济指标的数据,如资产、负债、所有者权益、收入、费用和利润等。由于会计记录具有连续性、系统性、综合性等特点,所以它是建筑工程项目成本分析的重要依据。

2.业务核算

业务核算是各业务部门根据业务工作的需要建立的核算制度,它包括原始记录和计算登记表,如单位工程及分部分项工程进度登记,质量登记,工效、定额计算登记,物资消耗定额记录,测试记录等。业务核算的范围比会计核算、统计核算要广。会计核算和统计核算一般是对已经发生的经济活动进行核算,而业务核算不但可以核算已经完成的项目是否达到原定的目的、取得预期的效果,而且可以对尚未发生或正在发生的经济活动进行核算,以确定该项经济活动是否有经济效果,是否有执行的必要。它的特点是对个别的经济业务进行单项核算,如各种技术措施、新工艺等。业务核算的目的在于迅速取得资料,以便在经济活动中及时采取措施进行调整。

3.统计核算

统计核算是利用会计核算资料和业务核算资料,把企业生产经营活动客观现状的大量数据,按统计方法加以系统整理,以发现其规律性。它的计量尺度比会计核算宽,可以用货币计算,也可以用实物或劳动量计量。它通过全面调查和抽样调查等方法,不仅能提供绝对数指标,还能提供相对数和平均数指标;不仅可以计算当前的实际水平,还可以确定变动速度以预测发展的趋势。

(二)建筑工程项目成本分析的方法

由于建筑工程项目成本涉及的范围很广,需要分析的内容较多,因此应该在不同的情况下采取不同的分析方法,除了基本的分析方法外,还有综合成本的分析方法、成本项目的分析方法和专项成本的分析方法等。

1.建筑工程项目成本分析的基本方法

建筑工程项目成本分析的基本方法包括比较法、因素分析法、差额计算法、比率法等。

1)比较法

比较法又称指标对比分析法,是指对比技术经济指标,检查目标的完成情况,分析产生差异的原因,进而挖掘降低成本的方法。这种方法通俗易懂、简单易行、便于掌握,因而得到了广泛的应用,但在应用时必须注意各技术经济指标的可比性。比较法的应用通常有以下形式。

(1)实际指标与目标指标对比。

将实际指标与目标指标进行对比,检查目标完成情况,分析影响目标完成的积极因素和消极因素,以便及时采取措施,保证成本目标的实现。在进行实际指标与目标指标对比时,还应注意目标本身有无问题。如果目标本身出现问题,则应调整目标,重新评价实际工作。

(2)本期实际指标与上期实际指标对比。

通过本期实际指标与上期实际指标对比，可以看出各项技术经济指标的变动情况，反映施工管理水平的提高程度。

(3) 本项目的技术和经济管理水平与本行业平均水平、先进水平对比。

通过这种对比，可以反映本项目的技术和经济管理水平与行业的平均水平和先进水平的差距，进而采取措施提高本项目的技术和经济管理水平。

2) 因素分析法

因素分析法又称连环置换法，可用来分析各种因素对成本的影响程度。在进行分析时，假定众多因素中的一个因素发生了变化，而其他因素不变，然后逐个替换，分别比较其计算结果，以确定各个因素的变化对成本的影响程度。因素分析法的步骤如下。

(1) 确定分析对象，计算实际与目标数的差异。

(2) 确定该指标是由哪几个因素组成的，并按其相互关系进行排序(排序规则是：先实物量，后价值量；先绝对值，后相对值)。

(3) 以目标数为基础，将各因素的目标数相乘，作为分析替代的基数。

(4) 将各个因素的实际数按照已确定的排列顺序进行替换计算，并将替换后的实际数保留下来。

(5) 将每次替换计算所得的结果，与前一次的计算结果相比较，两者的差异即为该因素对成本的影响程度。

(6) 各个因素的影响程度之和，应与分析对象的总差异相等。

3) 差额计算法

差额计算法是因素分析法的一种简化形式，它利用各个因素的目标值与实际值的差额来计算其对成本的影响程度。

4) 比率法

比率法是指用两个以上的指标的比例进行分析的方法。它的基本特点是：先把对比分析的数值变成相对数，再观察其相互之间的关系。常用的比率法有以下几种。

(1) 相关比率法。

由于项目经济活动的各个方面是相互联系、相互依存、相互影响的，因而可以将两个性质不同且相关的指标加以对比，求出比率，并以此来考察经营成果的好坏。例如，产值和工资是两个不同的概念，但它们是投入与产出的关系。在一般情况下，都希望以最少的工资支出完成最大的产值。因此，用产值工资率指标来考核人工费的支出水平，可以很好地分析人工成本。

(2) 构成比率法。

构成比率法又称比重分析法或结构对比分析法。通过构成比率，可以考察成本总量的构成情况及各成本项目占总成本的比重，同时也可看出预算成本、实际成本和降低成本的比例关系，从而寻求降低成本的途径。

(3) 动态比率法。

动态比率法是将同类指标不同时期的数值进行对比，求出比率，以分析该项指标的发展方向和发展速度。动态比率的计算，通常采用基期指数和环比指数两种方法。

2. 综合成本的分析方法

综合成本是指涉及多种生产要素，并受多种因素影响的成本费用，如分部分项工程成本、月(季)度成本、年度成本等。由于这些成本都是随着项目施工的进展而逐步形成的，与生产经营有着密切的关系，因此，做好上述成本的分析工作，无疑将促进项目的生产经营管理，提高项目的经济效益。

1）分部分项工程成本分析

分部分项工程成本分析是建筑工程项目成本分析的基础。分部分项工程成本分析的对象为已完成分部分项工程，分析的方法是：进行预算成本、目标成本和实际成本的"三算"对比，分别计算实际偏差和目标偏差，分析偏差产生的原因，为今后的分部分项工程成本寻求节约途径。

分部分项工程成本分析的资料来源为：预算成本来自投标报价成本，目标成本来自施工预算，实际成本来自施工任务单的实际工程量、实耗人工和限额领料单的实耗材料。

建筑工程项目包括很多分部分项工程，无法也没有必要对每一个分部分项工程进行成本分析，特别是一些工程量小、成本费用少的零星工程。但是，对于那些主要分部分项工程必须进行成本分析，而且要做到从开工到竣工进行系统的成本分析。因为通过主要分部分项工程成本的系统分析，可以基本上了解项目成本形成的全过程，为竣工成本分析和今后的项目成本管理提供参考资料。

2）月（季）度成本分析

月（季）度成本分析，是建筑工程项目定期的、经常性的中间成本分析，对于建筑工程项目来说具有特别重要的意义。通过月（季）度成本分析，可以及时发现问题，以便按照成本目标指定的方向进行监督和控制，保证项目成本目标的实现。

月（季）度成本分析的依据是当月（季）的成本报表，月（季）度成本分析通常包括以下几个方面。

（1）通过实际成本与预算成本的对比，分析当月（季）的成本降低水平；通过累计实际成本与累计预算成本的对比，分析累计的成本降低水平，预测实现项目成本目标的前景。

（2）通过实际成本与目标成本的对比，分析目标成本的落实情况以及目标管理中的问题和不足，进而采取措施，加强成本管理，保证成本目标的实现。

（3）通过对各成本项目的成本分析，可以了解成本总量的构成比例和成本管理的薄弱环节。例如，在成本分析中，若发现人工费、施工机械使用费等项目大幅度超支，则应该对这些费用的收支配比关系进行研究，并采取应对措施，防止今后再超支。如果是属于规定的"政策性"亏损，则应从控制支出着手，把超支额压缩到最低限度。

（4）通过主要技术经济指标的实际与目标对比，分析产量、工期、质量、"三材"节约率、施工机械利用率等对成本的影响。

（5）通过对技术组织措施执行效果的分析，寻求更加有效的节约途径。

（6）分析其他有利条件和不利条件对成本的影响。

3）年度成本分析

企业成本要求一年结算一次，不得将本年度成本转入下一年度；而项目成本以项目的寿命周期为结算期，要求从开工到竣工直至保修期结束连续计算，最后结算出总成本及其盈亏。由于项目的施工周期一般较长，除进行月（季）度成本核算和分析外，还要进行年度成本的核算和分析。这不仅是企业汇编年度成本报表的需要，而且是项目成本管理的需要。通过年度成本的综合分析，可以总结一年来成本管理的成绩和不足，为今后的成本管理提供经验和教训，从而可对项目成本进行更有效的管理。

年度成本分析的依据是年度成本报表。年度成本分析的内容，除了月（季）度成本分析的六个方面以外，重点是针对下一年度的施工进展情况制定切实可行的成本管理措施，以保证建筑工程项目成本目标的实现。

4）竣工成本的综合分析

凡是有几个单位工程且单独进行成本核算（即成本核算对象）的建筑工程项目，其竣工成本分析应以各单位工程竣工成本分析资料为基础，再加上项目管理层的经营效益（如资金调度、对外分包等所产生的效益）进行综合分析。如果建筑工程项目只有一个成本核算对象（单位工程），就以该成本核算对象的竣工成本资料作为成本分析的依据。

单位工程竣工成本分析，应包括以下三个方面的内容。

(1) 竣工成本分析。

(2) 主要资源节超对比分析。

(3) 主要技术节约措施及经济效果分析。

通过以上分析，可以全面了解单位工程的成本构成，找到降低成本的途径，为今后同类工程的成本管理提供参考。

3.成本项目的分析方法

1）人工费分析

对于项目施工需要的人工费以项目经理部与施工队或施工班组签订的劳务分包合同为分析依据。除了按合同规定支付劳务费以外，还可能发生以下一些人工费支出。

(1) 因实物工程量增减而调整的人工费。

(2) 定额人工以外的计日工工资（如果已按定额人工的一定比例由施工队或施工班组包干，并已列入承包合同，不再另行支付）。

(3) 对在进度、质量、节约、文明施工等方面做出贡献的班组和个人进行奖励的费用。

项目管理层应根据上述人工费的增减，结合劳务分包合同的管理进行分析。

2）材料费分析

材料费分析包括主要材料和结构件费用分析、周转材料使用费分析、材料采购保管费分析和材料储备资金分析。

(1) 主要材料和结构件费用分析。

主要材料和结构件费用的高低，主要受价格和消耗数量的影响；而主要材料和结构件价格的变动，受采购价格、运输费用、途中损耗、供应不足等因素的影响；主要材料和结构件消耗数量的变动，则受操作损耗、管理损耗和返工损失等因素的影响。因此，可在价格变动较大和数量超用异常的时候再做深入分析。为了分析主要材料和结构件价格和消耗数量的变化对主要材料和结构件费用的影响程度，可按下列公式计算：

主要材料和结构件价格变动对主要材料和结构件费用的影响 =（计划单价 − 实际单价）× 实际数量

消耗数量变动对主要材料和结构件费用的影响 =（计划用量 − 实际用量）× 实际价格

(2) 周转材料使用费分析。

在实行周转材料内部租赁制的情况下，项目周转材料费的节约或超支取决于材料周转率和损耗率，周转减慢，则材料周转的时间增长，租赁费支出就增加；而超过规定的损耗，则要照价赔偿。

(3) 材料采购保管费分析。

材料采购保管费属于材料的采购成本，包括材料采购保管人员的工资、工资附加费、劳动保护费、办公费、差旅费，以及材料采购保管过程中发生的固定资产使用费、工具用具使用费、检验试验费、材料整理费、材料零星运费及材料物资的盘亏费和毁损费等。材料采购保管费一般应与材料采购数量同步，即材料采购多，材料采购保管费相应增加。因此，应根据每月实际采购的材料数量（金额）和实际发生的材料采购保管费分析材料采购保管费率的变化。

（4）材料储备资金分析

材料储备资金是根据日平均用量、材料单价和储备天数（即从采购到进场所需要的时间）计算的。上述任何一个因素变动，都会影响材料储备资金的占用量。材料储备资金的分析，可以应用因素分析法。

储备天数是影响材料储备资金的关键因素，因此材料采购人员应该选择运距短的供应单位，尽可能减少材料采购的中转环节，缩短储备天数。

3）施工机械使用费分析

由于项目施工具有一次性，项目经理部不可能拥有自己的施工机械，而是随着施工的需要，向企业动力部门或外单位租用。在施工机械的租用过程中，存在两种情况。一种情况是按产量进行承包，并按完成产量计算费用，如土方工程。项目经理部只要按实际挖掘的土方工程量结算挖土费用，而不必考虑挖土机械的完好程度和利用程度。另一种情况是按使用时间（台班）计算施工机械使用费用的，如塔吊、搅拌机、砂浆机等，施工机械完好率低或在使用中调度不当，必然会影响施工机械利用率，从而延长使用时间，增加使用费。因此，项目经理部应该给予一定的重视。

建筑施工在流水作业和工序搭接上往往会出现某些必然或偶然的施工间隙，影响施工机械的连续作业；有时，又因为加快施工进度和工种配合，需要施工机械日夜不停地运转。这样便造成施工机械综合利用效率不高，比如施工机械停工，则需要支付停班费。因此，在施工机械的使用过程中，应以满足施工需要为前提，加强施工机械的平衡调度，充分发挥施工机械的效用；同时，还要加强平时的施工机械的维修和保养工作，提高施工机械的完好率，保证施工机械的正常运转。

4）管理费分析

管理费分析，也应通过预算（或计划）数与实际数的比较来进行。

4. 专项成本的分析方法

与成本有关的特定事项的分析，包括成本盈亏异常分析、工期成本分析和资金成本分析等内容。

1）成本盈亏异常分析

建筑工程项目出现成本盈亏异常情况，必须引起高度重视，必须彻底查明原因并及时纠正。

检查成本盈亏异常的原因，应从经济核算的“三同步”入手。因为项目经济核算的基本规律是完成多少产值、消耗多少资源、发生多少成本之间有着必然的同步关系。如果违背这个基本规律，就会发生成本的盈亏异常情况。

“三同步”检查是提高项目经济核算水平的有效手段，不仅适用于成本盈亏异常的检查，而且可用于月度成本的检查。“三同步”检查可以通过以下五个方面的对比分析来实现。

(1) 产值与施工任务单上的实际工程量和形象进度是否同步。

(2) 资源消耗与施工任务单上的实耗人工、限额领料单的实耗材料、当期租用的周转材料和施工机械是否同步。

(3) 其他费用(如材料价、超高费和台班费等)的产值统计与实际支付是否同步。

(4) 预算成本与产值统计是否同步。

(5) 实际成本与资源消耗是否同步。

通过以上五个方面的分析,可以探明成本盈亏异常的原因。

2) 工期成本分析

工期成本分析是计划工期成本与实际工期成本的比较分析。计划工期成本是指在假定完成预期利润的前提下计划工期内所耗用的计划成本,而实际工期成本是在实际工期中耗用的实际成本。

工期成本分析一般采用比较法,即将计划工期成本与实际工期成本进行比较,然后应用因素分析法分析各种因素的变动对工期成本差异的影响程度。

3) 资金成本分析

资金与成本的关系是工程收入与成本支出的关系。根据工程成本核算的特点,工程收入与成本支出有很强的相关性。进行资金成本分析通常应用成本支出率指标,即成本支出占工程款收入的比例,计算公式如下:

$$成本支出率=\frac{计算期实际成本支出}{计算期实际工程款收入}\times 100\%$$

通过对成本支出率的分析,可以看出资金收入中用于成本支出的比重,结合储备资金和结存资金的比重,分析资金使用的合理性。

二、建筑工程项目成本考核

(一)建筑工程项目成本考核的概念

建筑工程项目成本考核是建筑工程项目成本控制的一个重要部分,是建筑工程项目落实成本控制目标的关键,是将建筑工程项目成本总计划支出,在结合建筑工程项目施工方案、施工手段和施工工艺、讲究技术进步和成本控制的基础上提出的,针对建筑工程项目不同的管理岗位人员,而做出的成本耗费目标要求。搞好成本考核有利于贯彻落实责、权、利相结合原则,促进成本管理工作水平的提高,更好地完成成本目标。

建筑工程项目的成本考核分两个层次,一是对项目经理的考核,二是对项目经理部所属职能部门、施工队和施工班组的考核。

(二)建筑工程项目成本考核的内容

1. 对项目经理成本考核的内容

(1) 项目成本目标和阶段成本目标的完成情况。

(2) 建立以项目经理为核心的成本管理责任制的落实情况。

(3) 成本计划的编制和落实情况。

(4) 对各部门、各施工队和施工班组责任成本的检查和考核情况。

(5) 在成本管理中贯彻责、权、利相结合原则的执行情况。

2. 对各职能部门成本考核的内容

(1) 本部门、本岗位责任成本的完成情况。

(2) 本部门、本岗位成本管理责任的执行情况。

3. 对施工队成本考核的内容

(1) 对劳务合同规定的承包范围和承包内容的执行情况。

(2) 劳务合同以外的补充收费情况。

(3) 对施工班组施工任务单的管理情况，对施工班组完成施工任务后的考核情况。

4. 对施工班组的成本考核内容

以分部、分项工程成本作为施工班组的责任成本，考核其责任成本的完成情况。

(三)建筑工程项目成本考核

1. 建筑工程项目的成本考核采取评分制

先按考核内容评分，然后按一定的比例加权平均。

2. 建筑工程项目的成本考核要与相关指标的完成情况相结合

在根据评分计奖的同时，还要参考相关指标的完成情况加奖或扣罚。与成本考核相结合的相关指标，一般有进度、质量、安全和现场管理。

3. 强调项目成本的中间考核

项目成本的中间考核可从两方面考虑，即月度成本考核和阶段成本考核。

4. 正确考核施工项目的竣工成本

建筑工程项目的竣工成本是项目经济效益的最终反映，是在工程竣工和工程款结算的基础上编制的。

5. 建筑工程项目成本的奖罚

建筑工程项目成本奖罚的标准，应通过经济合同的形式明确规定。在确定时，必须从本项目的客观情况出发，既要考虑职工的利益，又要考虑项目成本的承受能力。

思考与练习

1. 建筑工程项目成本计划的类型有哪些？

2. 建筑工程项目成本计划的内容是什么？

3. 什么是建筑工程项目的成本核算？

4. 建筑工程项目成本核算的方法有哪些？

5. 建筑工程项目成本考核的目的是什么？

学习情境 7

建筑工程项目进度管理

知识目标

通过本学习情境的学习，熟悉工程项目进度控制的概念，掌握工程项目进度管理的目的与概念，掌握施工项目总进度计划的编制，掌握流水施工的优点及组织方式，掌握双代号网络计划时间参数的计算，掌握单代号网络计划时间参数的计算，掌握施工项目进度计划检查的方法，熟悉施工项目进度计划管理总结的内容。

技能目标

通过本学习情境的学习，能够编制施工项目总进度计划，能够编制单位工程施工进度计划，具备组织流水施工的能力，能够计算网络计划时间参数。

任务 1 建筑工程项目进度管理概述

一、建筑工程项目进度的概念和进度控制

（一）建筑工程项目进度的概念

建筑工程项目进度通常是指建筑工程项目实施结果的进展情况。在建筑工程项目实施过程中，要消耗时间（工期）、劳动力、材料、成本等才能完成建筑工程项目的任务。建筑工程项目实施结果应该通过建筑工程项目任务的完成情况（如工程的数量）来表达。由于建筑工程项目对象系统（技术系统）的复杂性，常常很难选定一个恰当的、统一的指标来全面反映建筑工程项目的进度。有时时间和费用与计划都吻合，但建筑工程实物进度（工作量）未达到目标，则后期就必须投入更多的时间和费用。

（二）建筑工程项目进度控制

1.建筑工程项目进度控制的概念

建筑工程项目进度控制是指对建筑工程项目建设各阶段的工作内容、工作程序、持续时间和衔接关系根据进度总目标及资源优化配置的原则编制计划并付诸实施，然后在进度计划的实施过程中经常检查实际进度是否按计划要求进行，对出现的偏差情况进行分析，采取补救措施调整、修改原计划后再付诸实施，如此循环，直到建设工程项目竣工验收交付使用。

建筑工程项目进度控制的最终目的是确保建筑工程项目按预定的时间完工或提前交付使用，建筑工程项目进度控制的总目标是建设工期。

2.建筑工程项目进度控制的任务

建筑工程项目进度控制的任务包括设计准备阶段的任务、设计阶段的任务、施工阶段的任务。

1）设计准备阶段的任务

（1）搜集有关工期的信息，进行工期目标和进度控制决策。

（2）编制建筑工程项目总进度计划。

（3）编制设计准备阶段详细工作计划，并控制其执行。

（4）进行环境及施工现场条件的调查和分析。

2）设计阶段的任务

（1）编制设计阶段工作计划，并控制其执行。

（2）编制详细的出图计划，并控制其执行。

3）施工阶段的任务

（1）编制施工总进度计划，并控制其执行。

（2）编制单位工程施工进度计划，并控制其执行。

（3）编制工程年、季、月实施计划，并控制其执行。

3. 建筑工程项目进度控制的措施

建筑工程项目进度控制的措施包括组织措施、经济措施、技术措施、合同措施。

1）组织措施

（1）建立进度控制目标体系，明确建筑工程项目现场监理组织机构的进度控制人员及其职责分工。

（2）建立建筑工程项目进度报告制度及进度信息沟通网络。

（3）建立进度计划审核制度和进度计划实施中的检查分析制度。

（4）建立进度协调会议制度，包括协调会议举行的时间、地点，协调会议的参加人员等。

（5）建立图纸审查、工程变更和设计变更管理制度。

2）经济措施

（1）及时办理工程预付款及工程进度款支付手续。

（2）对应急赶工给予优厚的赶工费用。

（3）对工期提前给予奖励。

（4）对工程延误收取误期损失赔偿金。

3）技术措施

（1）审查承包人提交的进度计划，使承包人能在合理的状态下施工。

（2）编制进度控制工作细则，指导监理人员实施进度控制。

（3）采用网络计划技术及其他科学使用的计划方法，并结合电子计算机的应用，对建筑工程项目进度实施动态控制。

4）合同措施

（1）推行CM承发包模式，对建设工程实行分段设计、分段分包和分段施工。

（2）加强合同管理，协调合同工期与进度计划之间的关系，保证合同中进度目标的实现。

（3）严格控制合同变更，对各方提出的工程变更和设计变更，监理工程师应严格审查后再补入合同文件中。

（4）加强风险管理，在合同中应充分考虑风险因素及其对进度的影响，以及相应的处理方法。

（5）加强索赔管理，公正地处理索赔。

二、建筑工程项目进度管理的内容

1. 建筑工程项目进度管理的目的

建筑工程项目进度管理也称为建筑工程项目时间管理，是在建筑工程项目范围确定以后，为确保在规定时间内实现建筑工程项目的目标、生成建筑工程项目的产出物和完成建筑工程项目范围计划所规定的各项工作活动而开展的一系列活动与过程。

建筑工程项目进度管理是以建筑工程项目总目标为基础进行建筑工程项目的进度分析、进度计划及资源优化配置并进行进度控制管理的全过程，直至建筑工程项目竣工并验收交付使用后结束。

建筑工程项目进度管理的目的是保证进度计划的顺利实施，并纠正进度计划的偏差，即保证各工程活动按进度计划及时开工、按时完成，保证总工期不推迟。

2. 建筑工程项目进度管理的程序

(1) 确定进度目标，明确计划开工日期、计划总工期和计划竣工日期，并确定建筑工程项目分期分批的开工、竣工日期。

(2) 编制施工进度计划，并使其得到各个方面如施工企业、业主、监理工程师的批准。

(3) 实施施工进度计划，由项目经理部的工程部调配各项施工项目资源，组织和安排各工程队按进度计划的要求实施建筑工程项目。

(4) 建筑工程项目进度控制，在建筑工程项目经理部计划、质量、成本、安全、材料、合同等各个职能部门的协调下，定期检查各项活动的完成情况，记录建筑工程项目实施过程中的各项信息，用进度控制比较方法判断建筑工程项目进度完成情况，如进度出现偏差，则应调整进度计划，以实现建筑工程项目进度的动态管理。

(5) 阶段性任务或全部任务完成后，应进行进度控制总结，并编写进度控制报告。

3. 建筑工程项目进度管理的目标

在确定建筑工程项目进度管理目标时，必须全面、细致地分析与建筑工程项目进度有关的各种有利因素和不利因素，只有这样，才能制定出一个科学、合理的进度管理目标。确定建筑工程项目进度管理目标的主要依据有建筑工程项目总进度目标对施工工期的要求，工期定额、类似建筑工程项目的实际进度，工程难易程度和工程条件的落实情况等。

确定建筑工程项目进度管理的目标应考虑以下几个方面。

(1) 对于大型建筑工程项目，应根据尽早提供可动用单元的原则，集中力量分期分批建设，以便尽早投入使用，尽快发挥投资效益。这时为保证每一可动用单元能形成完整的生产能力，就要考虑这些可动用单元交付使用时所必需的全部配套项目。因此，要处理好前期可动用和后期建设的关系、每期工程中主体工程与辅助及附属工程之间的关系等。

(2) 结合本建筑工程项目的特点，参考同类建设工程项目的经验来确定进度目标，避免只按主观愿望盲目确定进度目标，从而在实施过程中造成进度失控。

(3) 考虑建筑工程项目所在地区的地形、地质、水文、气象等方面的限制条件。

(4) 考虑外部协作条件的配合情况，其中包括施工过程及建筑工程项目竣工后所需的水、电、气、通信、道路及其他社会服务项目的满足程度和满足时间，它们必须与建筑工程项目的进度目标相协调。

(5) 合理安排土建与设备的综合施工。要按照它们各自的特点，合理安排土建施工与设备基础、设备安装的先后顺序及搭接、交叉或平行作业，明确设备工程对土建工程的要求和土建工程为设备工程提供施工条件的内容及时间。

(6) 做好资金供应能力、施工力量配备、物资(材料、构配件、设备)供应能力与施工进度的平衡工作，确保满足建筑工程项目进度目标的要求。

三、建筑工程项目进度管理体系

1. 施工准备工作计划

施工准备工作的主要任务是为建设工程项目的施工创造必要的技术和物资条件，统筹安排施工力量和施工现场。

施工准备工作的内容通常包括技术准备、物资准备、劳动组织准备、施工现场准备和施工场外准备。为落实各项施工准备工作，加强检查和监督，应根据各项施工准备工作的内容、时间和人员，编制施工准备工作计划。

2. 施工总进度计划

施工总进度计划是根据施工部署中施工方案和建筑工程项目的开展程序，对全工地所有单位工程做出时间上的安排。

施工总进度计划在于确定各单位工程及全工地性工程的施工期限及开工、竣工日期，进而确定施工现场劳动力、材料、成品、半成品、施工机械的需要数量和调配情况，以及现场临时设施的数量、水电供应量及能源需求量等。科学、合理地编制施工总进度计划，是保证整个建设工程项目按期交付使用、充分发挥投资效益、降低建设工程项目成本的重要条件。

3. 单位工程施工进度计划

单位工程施工进度计划是在既定施工方案的基础上，根据规定的工期和各种资源供应条件，遵循各施工过程的合理施工顺序，对单位工程中的各施工过程做出时间和空间上的安排，并以此为依据，确定施工作业所必需的劳动力、施工机具和材料供应计划。合理安排单位工程施工进度，是保证在规定工期内完成符合质量要求的工程任务的重要前提，也为编制各种资源需要量计划和施工准备工作计划提供依据。

4. 分部分项工程进度计划

分部、分项工程进度计划是针对工程量较大或施工技术比较复杂的分部、分项工程，在根据工程具体情况所制定的施工方案的基础上，对其各施工过程所做出的时间安排。

任务 2 建筑工程项目进度计划的编制

一、建筑工程项目进度计划概述

（一）建筑工程项目进度计划的分类

1. 按对象分类

建筑工程项目进度计划按对象分类，分为建设项目进度计划、单项工程进度计划、单位工程进度计划和分部分项工程进度计划等。

2.按项目组织分类

建筑工程项目进度计划按项目组织分类，分为建设单位进度计划、设计单位进度计划、施工单位进度计划、供应单位进度计划、监理单位进度计划和工程总承包单位进度计划等。

3.按功能分类

建筑工程项目进度计划按功能进行分类，分为控制性进度计划和实施性进度计划。

4.按施工时间分类

建筑工程项目进度计划按施工时间分类，分为年度施工进度计划、季度施工进度计划、月度施工进度计划、旬施工进度计划和周施工进度计划。

（二）建筑工程项目进度计划的内容和进度控制的作用

1.施工总进度计划包括的内容

(1) 编制说明。编制说明主要包括编制依据、步骤、内容。

(2) 施工进度总计划表。施工进度总计划表有两种形式，一种为横道图，另一种为网络图。

(3) 分期分批施工工程的开、竣工日期，工期一览表。

(4) 资源供应平衡表。为满足进度控制，需要编制资源供应计划。

2.单位工程施工进度计划的内容

(1) 编制说明。编制说明主要包括编制依据、步骤、内容。

(2) 进度计划图。

(3) 单位工程进度计划的风险分析及控制措施。单位工程施工进度计划的风险分析及控制措施是指施工进度计划由于其他不可预见的因素，如工程变更、自然条件和拖欠工程款等原因无法按计划完成时而采取的措施。

3.建筑工程项目进度控制的作用

(1) 根据施工合同明确开、竣工日期及总工期，并以建筑工程项目进度总目标确定各分项目工程的开、竣工日期。

(2) 各部门计划都要以进度计划为中心安排工作。计划部门提出月、旬施工进度计划，劳动力计划，材料部门调验材料、构建，动力部门安排机具，技术部门确定施工组织与安排等均以建筑工程项目进度计划为基础。

(3) 建筑工程项目控制计划的调整。由于主客观原因或者环境原因出现了不必要的提前或延误的偏差，要及时调整纠正，并预测未来进度状况，使建筑工程项目按期完工。

(4) 总结经验教训。建筑工程项目完工后要及时提供总结报告，通过报告总结控制进度的经验方法，对存在的问题进行分析，提出改进意见，以利于以后的工作。

二、建筑工程项目施工总进度计划

（一）建筑工程项目施工总进度计划的编制依据

1.施工合同

施工合同包括合同工期、分期分批工程的开工和竣工日期，以及有关工期提前延误调整的约定等。

2.施工进度目标

除合同约定的施工进度目标外，承包人可能有自己的施工进度目标，用以指导施工进度计划的编制。

3.工期定额

工期定额作为一种行业标准，是在许多过去工程资料统计基础上得到的。

4.有关技术经济资料

有关技术经济资料包括施工地址、环境等资料。

5.施工部署与主要工程施工方案

建筑工程项目施工总进度计划在施工方案确定后编制。

6.其他资料

如类似建筑工程项目的施工总进度计划。

（二）建筑工程项目施工总进度计划编制的基本要求

建筑工程项目施工总进度计划是施工现场各项施工活动在时间上和空间上的体现。正确地编制建筑工程项目施工总进度计划是保证各分项目以及整个建设工程项目按期交付使用、充分发挥投资效益、降低建筑工程成本的重要条件。

（1）编制建筑工程项目施工总进度计划是根据施工部署中的施工方案和建筑工程项目开展的程序，对整个工地的所有施工项目做出时间上和空间上的安排。它的作用在于确定各个建筑物及其主要工种、分项工程、准备工作和全工地性工程的施工期限及开工和竣工的日期，从而确定建筑施工现场上劳动力、原材料、成品、半成品、施工机具的需要数量和调配情况，以及现场临时设施的数量、水电供应数量及能源和交通的需要数量等。

（2）编制建筑工程项目施工总进度计划要求保证拟建工程在规定的期限内完成，发挥投资效益，并保证施工的连续性和均衡性，节约施工费用。

（3）根据施工部署中拟建工程分期分批的投产顺序，将每个系统的各项工程分别划出，在控制的期限内进行各项工程的具体安排。当建筑工程项目的规模不大，各系统工程项目不多时，也可不按照分期分批投产顺序安排，而直接安排建筑工程项目施工总进度计划。

（三）建筑施工项目施工总进度计划的编制步骤

1.计算工程量

根据批准的建筑工程项目一览表，按单位工程分别计算其主要实物工程量，工程量只需粗略地计算。工程量的计算可按初步设计（或扩大初步设计）图纸和有关定额手册或资料进行。

常用的定额手册和资料如下。

（1）每万元或每10万元投资工程量、劳动量及材料消耗扩大指标。

（2）概算指标和扩大结构定额。

（3）已建成的类似建筑物、构筑物的资料。

例如，对于某工业建设工程来说，计算出的工程量应填入工程量汇总表（见表7-1）。

表 7-1　工程量汇总表

序号	工程量名称	单位	合计	生产车间			仓库运输			管网				生活福利		大型临建		备注
				××车间	××车间	…	仓库	铁路	公路	供水	供电	排水	供热	宿舍	文化福利	生产	生活	

2. 确定各单位工程的施工期限

各单位工程的施工期限应根据合同工期确定，同时还要考虑建筑类型、结构特征、施工方法、施工管理水平、施工机械化程度及施工现场条件等因素。

如果在编制建筑工程项目施工总进度计划时没有合同工期，则应保证计划工期不超过工期定额。

3. 确定各单位工程的开工和竣工时间及相互搭接关系

确定各单位工程的开工和竣工时间及相互搭接关系时主要应注意以下事项。

(1) 尽量提前建设可供工程施工使用的永久性工程，以节省临时工程费用。

(2) 急需和关键的工程先施工，以保证建筑工程项目如期交工。对于某些技术复杂、施工周期较长、施工困难较多的工程，应安排提前施工，以利于整个建筑工程项目按期交付使用。

(3) 同一时期施工的工程不宜过多，以避免人力、物力过于分散。

(4) 尽量做到均衡施工，以使劳动力、施工机械和主要材料的供应在整个工期范围内达到均衡。

(5) 施工顺序必须与主要生产系统投入生产的先后次序相吻合；同时还要安排好配套工程的施工时间，以保证建成的工程能迅速投入生产或交付使用。

(6) 注意主要工种和主要施工机械能连续施工。

(7) 应注意季节对施工顺序的影响，不能因施工季节影响工期及工程质量。

(8) 安排一部分附属工程或零星项目作为后备项目，用于调整主要项目的施工进度。

4. 编制建筑工程项目施工总进度计划

上述工作完成后，即可编制建筑工程项目施工总进度计划了。

三、单位工程施工进度计划

(一) 单位工程施工进度计划的编制依据

(1) 项目管理目标责任。项目管理目标责任书中明确规定了项目进度目标。这个目标既不是合同目标，也不是定额工期，而是项目管理的责任目标，不但有工期，而且有开工时间和竣工时间。项目管理目标责任书中对进度的要求，是编制单位工程施工进度计划的依据。

(2) 施工总进度计划。单位工程施工进度计划必须执行施工总进度计划中所要求的开工时间、竣工时间及工期安排。

(3) 施工方案。施工方案对单位工程施工进度计划有决定性作用。施工顺序就是单位工程施工进度计划的施工顺序，施工方法直接影响施工进度。

(4) 主要材料和设备的供应能力。施工进度计划编制的过程中,必须考虑主要材料和施工机械的能力。施工机械既影响所涉及项目的持续时间、施工顺序,又影响总工期。一旦进度确定,则供应能力必须满足进度的需要。

(5) 施工人员的技术素质及劳动效率。施工人员的技术素质,影响着速度和质量,技术素质必须满足规定要求。

(6) 施工现场条件、气候条件、环境条件。

(7) 已建成的同类单位工程的实际进度及经济指标。

(二) 单位工程施工进度计划的编制要点

1.单位工程工作分解及其逻辑关系的确定

单位工程施工进度计划属于实时性计划,用于指导工程施工,所以其工作分解宜详细一些,一般要分解到分项工程,如屋面工程应进一步分解到找平层、隔气层、保温层、防水层等分项工程。工作分解应全面,不能遗漏,还应注意适当简化工作内容,避免分解过细、重点不突出。为避免分解过细,可考虑将某些穿插性分项工程合并到主要分项工程中去,如安装木门窗框可以并入砌墙工程,楼梯工程可以合并到主体结构各层钢筋混凝土工程。

对同一时间内由同一工程作业队施工的过程(不受空间及作业面限制的)可以合并,如工业厂房中的钢窗油漆、钢门油漆、钢支撑油漆、钢梯油漆合并为钢构件油漆一个工作;对于次要的、零星的分项工程可合并为其他工程;对于分包工程,主要确定与施工项目的配合,可不必进行分解。

2.施工项目工作持续时间的计算方法

施工项目工作持续时间的计算方法一般有经验估计法、定额计算法和倒排计划法几种。

(1) 经验估计法。

经验估计法就是根据过去的经验进行估计,一般适用于采用新工艺、新技术、新结构、新材料等无定额可循的工程,先估计出完成该施工项目的最乐观时间、最保守时间和最可能时间三种施工时间,然后确定该施工项目的工作持续时间。

(2) 定额计算法。

定额计算法就是根据施工项目需要的劳动量或机械台班量,以及配备的劳动人数或机械台数,来确定其工作持续时间。

(3) 倒排计划法。

倒排计划法是根据流水施工方式及总工期要求,先确定施工时间和工作班制,再确定施工班组人数或机械台班量,如果计算出的施工人数或机械台班量对施工项目来说过多或过少,应根据施工现场条件、施工工作面大小、最小劳动组合、可能得到的人数和施工机械等因素合理调整。如果工期太紧,施工时间不能延长,则可考虑组织多班组、多班制的施工。

3.单位工程施工进度计划的安排

首先找出并安排各个主要工艺组合,并按流水原理组织流水施工,将各个主要工艺组合进行合理安排,然后将搭接工艺组合及其他工作尽可能地与其平行施工或做最大限度地搭接施工。

在主要工艺组合中,先找出主导施工过程,确定各项流水参数,对其他施工过程尽量采用相同的流水参数。

（三）单位工程施工进度计划的编制程序

1.研究施工图和有关资料并调查施工条件

认真研究施工图、施工组织总设计对单位工程进度计划的要求。

2.划分工作项目

工作项目是包括一定工作内容的施工过程，是施工进度计划的基本组成单元。工作项目内容的多少、划分的粗细程度，应该根据计划的需要来确定。对于大型项目，经常需要编制控制性施工进度计划，此时工作项目可以划分得粗一些，一般只明确到分部工程即可。

3.确定施工顺序

(1) 确定施工顺序是为了按照施工的技术规律和合理的组织关系，解决各工作项目在时间上的先后和搭接问题，以达到保证质量、安全施工、充分利用空间、争取时间、实现合理安排工期的目的。

(2) 一般来说，施工顺序受施工工艺和施工组织两个方面的制约。当施工方案确定之后，工作项目之间的工艺关系也就随之确定。如果违背这种关系，将不可能施工，或者导致工程质量事故和安全事故，或者造成返工浪费。

(3) 不同的建筑工程项目，其施工顺序不同。即使是同一类建筑工程项目，其施工顺序也难以做到完全相同。因此，在确定施工顺序时，必须根据建筑工程项目的特点、技术组织要求以及施工方案等进行研究，不能拘泥于某种固定的顺序。

(4) 计算工程量。工程量的计算应根据施工图和工程量计算规则，针对所划分的每一个工作项目进行。当编制施工进度计划时已有预算文件，且工作项目的划分与施工进度计划一致时，可以直接套用施工预算的工程量，不必重新计算。若某些项目有出入但出入不大，应结合工程的实际情况进行某些必要的调整。

(5) 计算劳动量和机械台班量。当某工作项目是由若干个分项工程合并而成时，则应分别根据各分项工程的时间定额(或产量定额)及工程量，按式(7-1) 计算出合并后的综合时间定额(或综合产量定额)。

$$H=\frac{Q_1H_1+Q_2H_2+\cdots+Q_iH_i+\cdots+Q_nH_n}{Q_1+Q_2+\cdots+Q_i+\cdots+Q_n} \tag{7-1}$$

式中：H——综合时间定额(工日/m^3,工日/m^2,工日/t……)；

Q_i——工作项目中第 i 个分项工程的工程量；

H_i——工作项目中第 i 个分项工程的时间定额。

① 根据工作项目的工程量和所采用的定额，即可按式(7-2) 或式(7-3) 计算出各工作项目所需要的劳动量和机械台班数。

$$P=Q\cdot H \tag{7-2}$$

$$P=\frac{Q}{S} \tag{7-3}$$

式中：P——工作项目所需要的劳动量(工日)或机械台班量(台班)；

Q——工作项目的工程量(m^3,m^2,t……)；

S——工作项目所采用的人工产量定额(m^3/工日,m^2/工日,t/工日……)或机械台班产量定额(m^3/台班,m^2/台班,t/台班,……)。

其他符号意义同前。

② 零星项目所需要的劳动量可结合实际情况,根据承包单位的经验进行估算。

③ 由于水、暖、电、卫等工程通常由专业施工单位施工,因此,在编制施工进度计划时,不计算其劳动量和机械台班量,仅安排其与土建施工相配合的进度。

(6) 确定工作项目的持续时间。根据工作项目所需要的劳动量或机械台班量,以及该工作项目每天安排的工人数或配备的机械台班量,即可按式(7-4)计算出各工作项目的持续时间。

$$D=\frac{P}{RS} \tag{7-4}$$

式中: D——完成工作项目所需要的时间,即持续时间(天);

R——每班安排的工人数或施工机械台数;

S——每天工作班数。

其他符号意义同前。

(7) 绘制单位工程施工进度计划图。绘制单位工程施工进度计划图,首先应选择单位工程施工进度计划的表达形式。目前,常用来表达建筑工程项目单位工程施工进度计划的形式有横道图和网络图两种。

横道图比较简单,而且非常直观,多年来被人们广泛地用于表达单位工程施工进度计划,并以此作为控制工程进度的主要依据。但是,采用横道图控制工程进度具有一定的局限性。随着计算机的广泛应用,网络计划控制技术日益受到人们的青睐。

(8) 检查与调整单位工程施工进度计划。当单位工程施工进度计划初始方案编制好后,需要对其进行检查与调整,以使进度计划更加合理。进度计划检查的主要内容如下。

① 各工作项目的施工顺序、平行搭接和技术间歇是否合理。

② 总工期是否满足合同规定。

③ 主要工种的工人是否能满足连续、均衡施工的要求。

④ 主要机具、材料等的利用是否均衡和充分。

任务3 流水施工作业进度计划

一、流水施工概述

1.流水施工的概念

流水施工是指所有施工过程按一定的时间间隔依次投入施工,各个施工过程陆续开工,陆续竣工,使同一施工过程的施工班组保持连续、均衡施工,不同的施工过程尽可能平行搭接施工的组织方式。

流水施工是一种科学、有效的工程项目施工组织方法之一,流水施工可以充分地利用工作时间和操作空间,减少非生产性劳动消耗,提高劳动生产率,保证工程施工连续、均衡、有节奏地进行,对提高工程质量、降低工程造价、缩短工期有着显著的作用。

2.流水施工的优点

(1) 专业化的生产可提高工人的技术水平,使工程质量相应提高。

(2) 便于改善劳动组织,改进操作方法和施工机具,有利于提高劳动生产率。

(3) 工人技术水平和劳动生产率提高,可以减少用工量和施工临时设施的建造量,降低工程成本,提高利润水平。

(4) 可以保证施工机械和劳动力得到充分、合理的利用。

(5) 工期短、效率高、用人少、资源消耗均衡,可以减少现场管理费和物资消耗,实现合理储存与供应,有利于提高项目经理部的综合经济效益。

(6) 由于流水施工具有连续性,可减少专业工作的间隔时间,达到缩短工期的目的,并使拟建工程项目尽早竣工、交付使用发挥投资效益。

3.流水施工原理的应用

流水施工是一种重要的施工组织方法,对施工进度与效益都能产生很大影响。

(1) 在编制单位工程施工进度计划时,应充分运用流水施工原理进行组织安排。

(2) 在组织流水施工时,应将施工项目中某些在工艺上和组织上有紧密联系的施工过程归并为一个工艺组合,一个工艺组合内的几项工作组织流水施工。

(3) 一个单位工程可以归并成几个主要的工艺组合。

(4) 不同的工艺组合通常不能平行搭接,必须待一个工艺组合中的大部分施工过程或全部施工过程完成之后,另一个工艺组合才能开始。

二、流水施工的基本组织方式

建筑工程项目的流水施工要有一定的节拍才能步调和谐,配合得当。流水施工的节奏是由流水节拍决定的。大多数情况下,各施工过程的流水节拍不一定相等,甚至一个施工过程本身在各施工段上的流水节拍也不相等。因此,形成了具有不同节奏特征的流水施工。

1.有节奏流水施工

有节奏流水施工是指同一施工过程在各施工段上的流水节拍都相等的流水施工方式。

根据不同施工过程之间的流水节拍是否相等,有节奏流水施工分为固定节拍流水施工和成倍节拍流水施工。

(1) 固定节拍流水施工。

固定节拍流水施工是指在有节奏流水施工中,各施工段的流水、节拍都相等的流水施工,也称为等节奏流水施工或全等节拍流水施工。

(2) 成倍节拍流水施工。

成倍节拍流水施工分为加快的成倍节拍流水施工和一般的成倍节拍流水施工。

① 加快的成倍节拍流水施工是指在组织成为节拍流水施工时,按每个施工过程流水节拍之间的比例关系,成立相应数量的专业工作队而进行的流水施工,也称为等步距异节奏流水施工。

② 一般的成倍节拍流水施工是指在组织成为节拍流水施工时,每个施工过程成立一个专业工作队,由其完成各施工段任务的流水施工,也称为异步距异节奏流水施工。

2. 非节奏流水施工

非节奏流水施工是流水施工中最常见的一种，是指在组织流水施工时，全部或部分施工过程在各个施工段上的流水节拍不相等的流水施工方式。

三、流水施工的表达方式

1. 横道图

横道图又称甘特图、条形图。作为传统的工程项目进度计划编制及表示方法，它通过日历形式列出项目活动工期及其相应的开始和结束日期，是反映项目进度信息的一种标准格式。工程项目横道图一般在左边按项目活动（工作、工序或作业）的先后顺序列出项目的活动名称，右边是进度表，上边的横栏表示时间，用水平线段在时间坐标下标出项目的进度线，水平线段的位置和长度反映该项目从开始到完工的时间。流水施工横道图表示法如图 7-1 所示。

施工过程	施工进度/天						
	2	4	6	8	10	12	14
挖基槽	①	②	③	④			
做垫层		①	②	③	④		
砌基础			①	②	③	④	
回填土				①	②	③	④
	流水施工总工期						

图 7-1　流水施工横道图表示法

横道图的编制方法如下。

(1) 根据施工经验直接安排的方法。这是根据经验资料及有关计算，直接在进度表上画出进度线的方法。这种方法比较简单实用，但施工项目多时，不一定能得到最优计划方案。

其一般步骤是：先安排主导分部工程的施工进度，然后使其余分部工程尽可能配合主导分部工程，使主导分部工程和其余分部工程最大限度地合理搭接起来，使其相互联系，形成施工进度计划的初步方案。在主导分部工程中，应先安排主导施工项目的施工进度，力求其施工班组能连续施工，其余施工项目尽可能与它配合、搭接或平行施工。

(2) 按工艺组合组织流水施工的方法。这种方法是将某些在工艺上有关系的施工过程归并为一个工艺组合，组织各工艺组合内部的流水施工，然后将各工艺组合最大限度地搭接起来组织流水施工。

2. 垂直图

流水施工垂直图表示法如图 7-2 所示。

垂直图中的横坐标表示流水施工的持续时间；纵坐标表示流水施工所处的空间位置，即施工段的编号。斜向线段表示施工过程或专业工作队的施工进度。

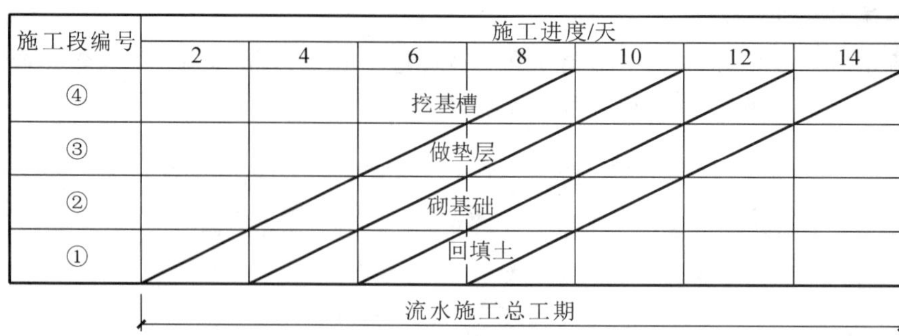

图 7-2　流水施工垂直图表示法

四、流水施工参数

1. 工艺参数

工艺参数主要是指在组织流水施工时，用以表达流水施工在施工工艺方面进展状态的参数，包括施工过程和流水强度两个。

流水强度的计算公式为

$$V=\sum_{i=1}^{X}R_iS_i \tag{7-5}$$

式中：V——某施工过程(队)的流水强度；

R_i——投入该施工过程中的第 i 种资源量(施工机械台数或工人数)；

S_i——投入该施工过程中的第 i 种资源的产量定额；

X——投入该施工过程中的资源种类数。

2. 空间参数

空间参数是指在组织流水施工时，用以表达流水施工在空间布置上开展状态的参数，通常包括工作面和施工段。

划分施工段的原则如下。

(1) 对于多层建筑物、构筑物或需要分层作业的工程，既要分流水段，又要分作业层，应确保相应工作队在流水段与作业层之间能连续、均衡、有节奏地流水作业。

(2) 每个流水段内要有足够的工作面，以保证相应数量的人员、主导施工机械的生产效率，满足合理劳动组织的要求。

(3) 同一工作队在各个流水段上的劳动量应大致相等，相差幅度不宜超过 15%。

(4) 有利于结构的整体性。应尽量以结构自然分界(如沉降缝、伸缩缝等)或建筑特征(单元、平面形状)作为依据，将工作面设在对建筑结构整体性影响小的部位。

(5) 流水段的数目要满足合理组织流水作业的要求。流水段数目过多，会降低作业速度，延长工期；流水段数目过少，不利于充分利用工作面，可能造成窝工。

3. 时间参数

在组织流水施工时，用以表达流水施工在时间安排上所处状态的参数称为时间参数。时间参数主要包括流水节拍、流水步距和流水施工工期等。

1）流水节拍

流水节拍是指从事某一施工过程的施工班组在一施工段上完成施工任务所需的时间，用符号 $t_i(i=1,2,\cdots)$ 表示。

流水节拍的大小直接关系到投入的劳动力、材料和机械的多少，决定着施工速度和施工的节奏，因此，合理确定流水节拍具有重要意义。

在确定流水节拍时，要考虑以下因素。

(1) 施工班组人数应符合该施工过程最少劳动组合人数的要求。

(2) 要考虑工作面的大小限制，每个工人的工作面要符合最小工作面的要求。否则，就不能发挥正常的施工效率或不利于安全生产。

(3) 要考虑各种机械台班的效率或机械台班产量的大小。

(4) 要考虑各种材料、结构件等施工现场堆放量、供应能力及其他有关条件的制约。

(5) 要考虑施工条件及技术条件的要求。例如，不能留施工缝必须连续浇筑的钢筋混凝土工程，有时要按三班制工作的条件决定流水节拍，以确保工程质量。

流水节拍一般取整数，必要时可保留 0.5 天(台班)的小数值。

2）流水步距

组织流水施工时，相邻两个施工过程(或专业工作队)相继开始施工的最小间隔时间称为流水步距。流水步距一般用 $K_{i,i+1}$ 来表示，其中 $i(i=1,2,3,\cdots)$ 为专业工作队或施工过程的编号。流水步距是流水施工的主要参数之一。

流水步距的大小，对工期有着较大的影响。一般来说，在施工段不变的条件下，流水步距越大，工期越长；流水步距越小，则工期越短。流水步距还与前后两个相邻施工过程流水节拍的大小、施工工艺技术要求、是否有技术和组织间歇时间、施工段数目、流水施工的组织方式等有关。

3）流水施工工期

从第一个专业工作队投入流水施工开始，到最后一个专业工作队完成流水施工为止的整个持续时间称为流水施工工期。由于一项建设工程项目往往包含许多流水组，故流水施工工期一般都不是整个工程的总工期。

任务 4 网络计划控制技术

一、网络计划应用

网络计划应用的基本概念如下。

1. 网络图

由箭头和节点组成的，用来表示工作流程的有向、有序的网状图形称为网络图。在网络图上加注工作时间参数而编成的进度计划，称为网络计划。

2. 基本符号

单代号网络图和双代号网络图的基本符号有两个,即箭线和节点。

箭线在双代号网络图中表示工作,在单代号网络图中表示工作之间的联系。节点在双代号网络图中表示工作之间的联系,在单代号网络图中表示工作。

在双代号网络图中还有虚箭线,它可以联系两项工作,同时分开两项没有关系的工作。

3. 线路

网络图中从起点节点开始,沿箭头方向顺序通过一系列箭线与节点,最后到达终点节点的通路称为线路。线路既可依次用该线路上的节点编号来表示,也可依次用该线路上的工作名称来表示。

4. 关键线路与关键工作

在关键线路法(CPM)中,线路上所有工作的持续时间总和称为该线路的总持续时间。总持续时间最长的线路称为关键线路,关键线路的长度就是网络计划的总工期。

关键线路上的工作称为关键工作。在网络计划的实施过程中,关键工作的实际进度提前或拖后,均会对总工期产生影响。

5. 先行工作

相对于某工作而言,从网络图的第一个节点(起点节点)开始,顺箭头方向经过一系列箭线与节点到达该工作为止的各条通路上的所有工作,都称为该工作的先行工作。

6. 后续工作

相对于某工作而言,从该工作之后开始,顺箭头方向经过一系列箭线与节点到网络图最后一个节点(终点节点)的各条通路上的所有工作,都称为该工作的后续工作。

7. 平行工作

在网络图中,相对于某工作而言,可以与该工作同时进行的工作即为该工作的平行工作。

8. 紧前工作

在网络图中,相对于某工作而言,紧排在该工作之前的工作称为该工作的紧前工作。在双代号网络图中,工作与其紧前工作之间可能有虚工作存在。

9. 紧后工作

在网络图中,相对于某工作而言,紧排在该工作之后的工作称为该工作的紧后工作。在双代号网络图中,工作与其紧后工作之间也可能有虚工作存在。

二、双代号网络计划

(一) 双代号网络图的绘制规则

(1) 在一个双代号网络图中,只允许有一个起点节点和一个终点节点,图 7-3 所示是错误的。

(2) 在双代号网络图中,不允许出现循环回路,即不允许从一个节点出发,沿箭线方向再返回到原来的节点,图 7-4 所示是错误的。

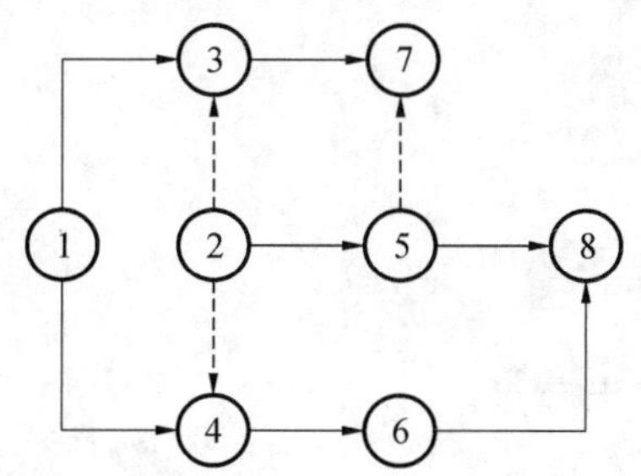

图 7-3　双代号网络图的错误画法一

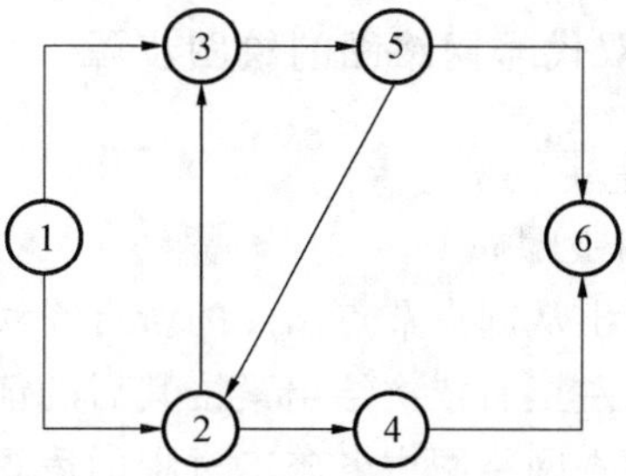

图 7-4　双代号网络图的错误画法二

(3) 在一个双代号网络图中,不允许出现同样编号的节点或箭线,如图 7-5 所示。

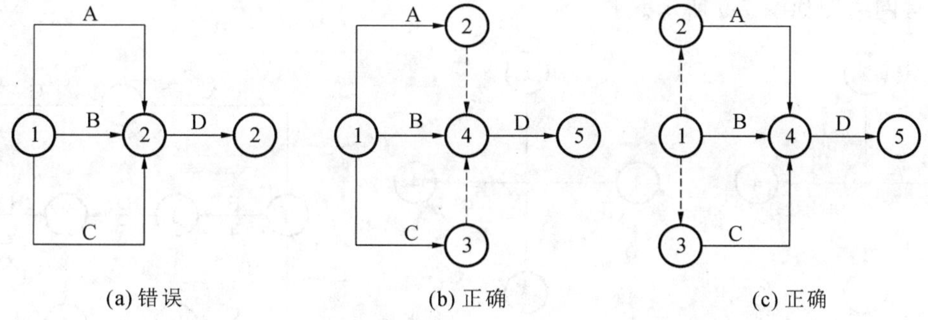

(a) 错误　(b) 正确　(c) 正确

图 7-5　双代号网络图中不允许出现同样编号的节点或箭线

(4) 在一个双代号网络图中,不允许一个代号代表一个施工过程,如图 7-6 所示。

(5) 在双代号网络图中,不允许出现无指向箭头或有双向箭头的连线,图 7-7 所示是错误的。

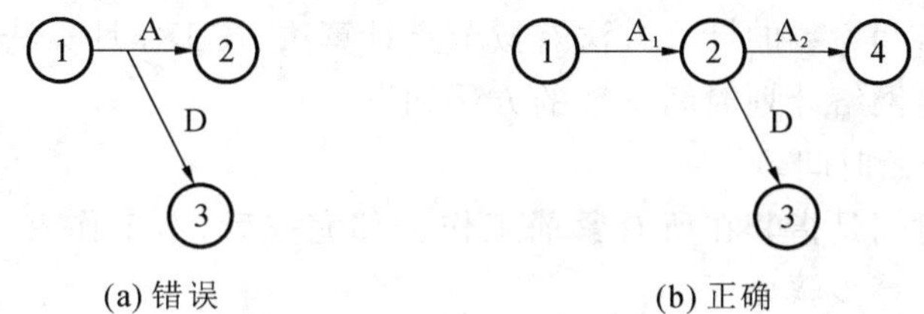

(a) 错误　(b) 正确

图 7-6　双代号网络图中不允许一个代号代表一个施工过程

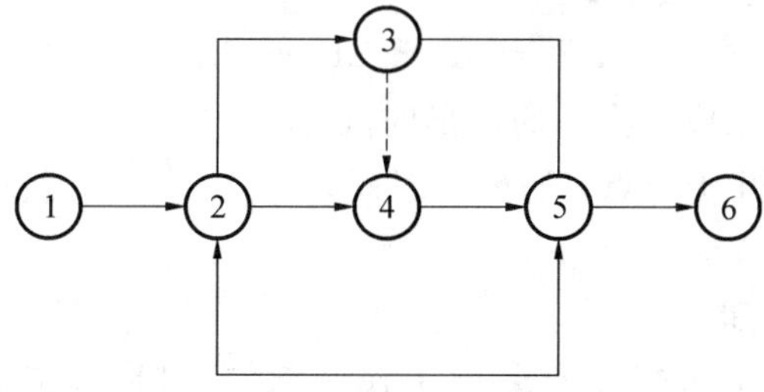

图 7-7　双代号网络图的错误画法三

(6) 在双代号网络图中,应尽量减少交叉箭线,当无法避免时,应采用过桥法或断线法表示,如图 7-8 所示。

(7) 在双代号网络图中,不允许出现没有箭尾节点的箭线和没有箭头节点的箭线。

(8) 双代号网络图必须按已定的逻辑关系绘制。

（二）双代号网络图的绘图步骤

1.绘草图

绘草图步骤如下。

（1）画出从起点节点出发的所有箭线。

（2）从左至右依次绘出紧接其后的箭线，直至终点节点。

（3）检查网络图中各施工过程的逻辑关系。

2.整理网络图

整理网络图，使网络图条理清楚、层次分明。

双代号网络图如图 7-9 所示。

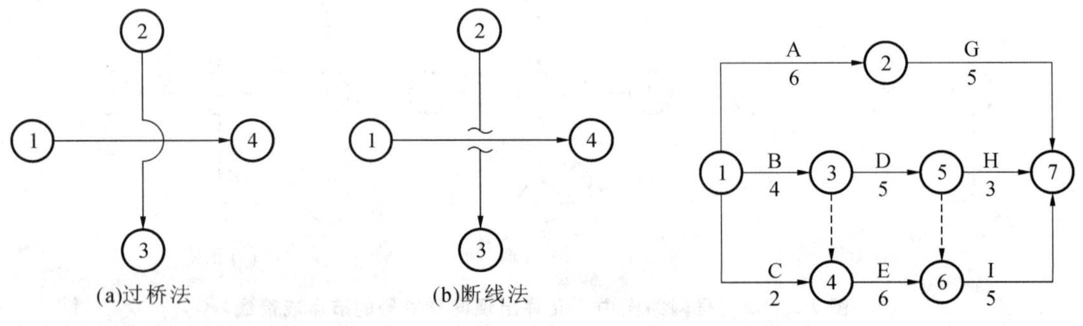

图 7-8　箭杆交叉的处理方法

图 7-9　双代号网络图

3.计算双代号网络计划的时间参数

双代号网络计划时间参数的计算方法有按节点计算法、按工作计算法、标号计算法。

按节点计算双代号网络计划时间参数的方法如下。

（1）工作的最早开始时间。

工作的最早开始时间是指其在所有紧前工作全部完成后，本工作有可能开始的最早时刻。工作的最早开始时间计算步骤如下。

① 对于网络计划起点节点，如未规定最早时间，其值等于零。

② 其他节点的最早时间应按下式计算：

$$ES_j = \max\{EF_i + D_{i\text{-}j}\} \tag{7-6}$$

式中：EF_j——工作 i-j 的完成节点 j 的最早时间；

ES_i——工作 i-j 的开始节点 i 的最早时间；

$D_{i\text{-}j}$——工作 i-j 的持续时间。

（2）工作的最早完成时间。

工作的最早完成时间是指在其所有紧前工作全部完成后，本工作有可能完成的最早时刻。工作的最早完成时间（$EF_{i\text{-}j}$）等于工作的最早开始时间（$ES_{i\text{-}j}$）与其持续时间（$D_{i\text{-}j}$）之和，即

$$EF_{i\text{-}j} = ES_{i\text{-}j} + D_{i\text{-}j} \tag{7-7}$$

（3）工作的最迟开始时间。

工作的最迟开始时间是指在不影响整个任务按期完成的前提下，本工作必须开始的最迟时间。工作的最迟开始时间（$LS_{i\text{-}j}$）等于工作的最迟完成时间（$LF_{i\text{-}j}$）与持续时间（$D_{i\text{-}j}$）之差，即

$$LS_{i-j} = LF_{i-j} - D_{i-j} \tag{7-8}$$

(4) 工作的最迟完成时间。

工作的最迟完成时间是指在不影响整个任务按期完成的前提下，本工作必须完成的最迟时间。工作的最迟完成时间计算公式为

$$LF_{i-j} = \min\{紧后活动\ LS_{i-j}\} \tag{7-9}$$

(5) 总时差(TF_{i-j})。

总时差是指在不影响总工期的前提下，本工作可以利用的机动时间。总时差计算公式为

$$TF_{i-j} = LS_{i-j} - ES_{i-j} \tag{7-10}$$

(6) 自由时差(FF_{i-j})。

自由时差是指在不影响其紧后工作最早开始时间的前提下，本工作可以利用的机动时间。它由该工作的最早结束时间和其紧后工作的最早开始时间决定，计算公式为

$$FF_{i-j} = \min\{EF_{i-j} - ES_{i-j} - D_{i-j}\} \tag{7-11}$$

(7) 计划工期。

① 当已规定了要求工期时，计划工期(T_p)不应超过要求工期(T_r)，即 $T_p \leqslant T_r$。

② 当未规定要求工期时，可令计划工期等于计算工期(T_c)，即 $T_p = T_c$。

(8) 关键线路。

总时差最小的线路称为关键线路，一般用粗箭线或双箭线表示。

三、单代号网络计划

(一) 单代号网络计划图的绘制规则

单代号网络图的绘制规则与双代号网络图的绘制规则基本相同，主要区别在于以下两个方面。

(1) 当网络图中有多项开始工作时，应增设一项虚拟的工作(S)，作为该网络图的起点节点。

(2) 当网络图中有多项结束工作时，应增设一项虚拟的工作(F)，作为该网络图的终点节点。

单代号网络图如图 7-10 所示，其中 S 和 F 为虚拟工作。

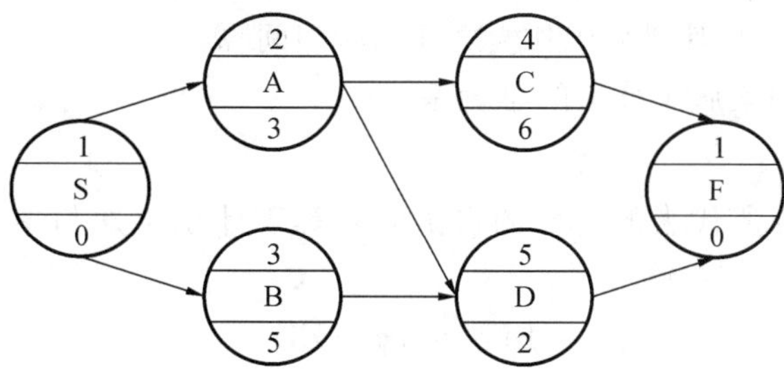

图 7-10 单代号网络图

（二）单代号网络计划的时间参数

1. 工作的最早开始时间和最早完成时间

工作最早开始时间和最早完成时间的计算应从网络计划起点节点开始，顺着箭线方向按节点编号从小到大的顺序依次进行。

对于网络计划起点节点所代表的工作，最早开始时间未规定时取值为零。

工作的最早完成时间应等于本工作的最早开始时间与其持续时间之和，即

$$\mathrm{EF}_i = \mathrm{ES}_i + D_i \tag{7-12}$$

式中：EF_i——工作 i 的最早完成时间；

ES_i——工作 i 的最早开始时间；

D_i——工作 i 的持续时间。

其他工作的最早开始时间应等于其紧前工作最早完成时间的最大值，即

$$\mathrm{ES}_j = \max\{\mathrm{EF}_i\} \tag{7-13}$$

式中：ES_j——工作 j 的最早开始时间；

EF_i——工作 j 的紧前工作 i 的最早完成时间。

2. 相邻两项工作之间的时间间隔

相邻两项工作之间的时间间隔是指其紧后工作的最早开始时间与本工作最早完成时间的差值，即

$$\mathrm{LAG}_{i,j} = \mathrm{ES}_j - \mathrm{EF}_i \tag{7-14}$$

式中：$\mathrm{LAG}_{i,j}$——工作 i 与其紧后工作 j 之间的时间间隔；

ES_j——工作 i 的紧后工作 j 的最早开始时间；

EF_i——工作 i 的最早完成时间。

3. 工作的总时差

网络计划终点节点 n 所代表的工作的总时差应等于计划工期与计算工期之差，即

$$TF_n = T_\mathrm{p} - T_\mathrm{c} \tag{7-15}$$

当计划工期等于计算工期时，该工作的总时差为零。其他工作的总时差应等于本工作与其紧后工作之间的时间间隔加上该紧后工作的总时差所得之和的最小值，即

$$\mathrm{TF}_i = \min\{\mathrm{LAG}_{i,j} + \mathrm{TF}_j\} \tag{7-16}$$

式中：TF_i——工作 i 的总时差；

$\mathrm{LAG}_{i,j}$——工作 i 与其紧后工作 j 之间的时间间隔；

TF_j——工作 i 的紧后工作 j 的总时差。

4. 工作的自由时差

网络计划终点节点 n 所代表的工作的自由时差等于计划工期与本工作的最早完成时间之差，即

$$\mathrm{FF}_n = T_\mathrm{p} - \mathrm{EF}_n \tag{7-17}$$

式中：FF_n——终点节点 n 所代表的工作的自由时差；

T_p——网络计划的计划工期；

EF_n——终点节点 n 所代表的工作的最早完成时间（即计算工期）。

其他工作的自由时差等于本工作与其紧后工作之间时间间隔的最小值，即

$$FF_i = \min\{LAG_{i,j}\} \tag{7-18}$$

式中：FF_i——工作 i 的自由时差；

$LAG_{i,j}$——工作 i 与其紧后工作 j 之间的时间间隔。

5.工作的最迟完成时间

（1）根据总时差计算。

工作的最迟完成时间等于本工作的最早完成时间与其总时差之和，即

$$LF_i = EF_i + TF_i \tag{7-19}$$

式中：LF_i——工作 i 的最迟完成时间；

EF_i——工作 i 的最早完成时间；

TF_i——工作 i 的总时差。

（2）根据计划工期计算。

① 网络计划终点节点 n 所代表的工作的最迟完成时间等于该网络计划的计划工期，即

$$LF_n = T_p \tag{7-20}$$

式中：LF_n—终点节点 n 所代表的工作的最迟完成时间；

T_p——网络计划的计划工期。

② 其他工作的最迟完成时间等于该工作的紧后工作最迟开始时间的最小值，即

$$LF_i = \min\{LS_j\} \tag{7-21}$$

式中：LF_i——工作 i 的最迟完成时间；

LS_j——工作 i 的紧后工作 j 的最迟开始时间。

6.工作的最迟开始时间

（1）根据总时差计算。

工作的最迟开始时间等于本工作的最早开始时间与其总时差之和，即

$$LS_i = ES_i + TF_i \tag{7-22}$$

式中：LS_i——工作 i 的最迟开始时间；

ES_i——工作 i 的最早开始时间；

TF_i——工作 i 的总时差。

（2）根据计划工期计算。

工作的最迟开始时间等于本工作的最迟完成时间与其持续时间之差，即

$$LS_i = LF_i - D_i \tag{7-23}$$

式中：LS_i——工作 i 的最迟开始时间；

LF_i——工作 i 的最迟完成时间；

LF_i——工作 i 的持续时间。

（三）单代号网络计划关键线路的确定

（1）总时差最小的工作为关键工作。

将这些关键工作相连，并保证相邻两项关键工作之间的时间间隔为零而构成的线路就是关

键线路。

(2) 利用相邻两项工作之间的时间间隔确定关键线路。

从网络计划的终点节点开始，逆着箭线方向依次找出相邻两项工作之间时间间隔为零的线路，该线路就是关键线路。

四、其他网络计划

（一）双代号时标网络计划

1. 概念

双代号时标网络计划（简称时标网络计划）必须以水平时间坐标为尺度表示工作时间。时标的时间单位应根据需要在编制网络计划之前确定，可以是小时、天、周、月或季度等。

2. 表示方法

在双代号时标网络计划中，以实箭线表示工作，实箭线的水平投影长度表示该工作的持续时间；以虚箭线表示虚拟工作，由于虚拟工作的持续时间为零，故虚箭线只能垂直画；以波形线表示工作与其紧后工作之间的时间间隔（以终点节点为完成节点的工作除外，当计划工期等于计算工期时，这些工作箭线中波形线的水平投影长度表示工作的自由时差）。

3. 关键线路

双代号时标网络计划中的关键线路可从网络计划的终点节点开始，逆着箭线方向进行判定。凡自始至终不出现波形线的线路即为关键线路。

（二）单代号搭接网络计划

1. 概念

在网络计划中，只要其紧前工作开始一段时间后，即可进行本工作，而不需要等其紧前工作全部完成之后再开始，工作之间的这种关系称为搭接关系。为了简单、直接地表达工作之间的搭接关系，使网络计划的编制得到简化，便出现了单代号搭接网络计划。

2. 表示方法

单代号搭接网络计划一般都采用单代号网络图的表示方法，即以节点表示工作，以节点之间的箭线表示工作之间的逻辑顺序和搭接关系。

3. 搭接种类

单代号搭接网络计划的搭接种类有结束到开始（FTS）的搭接关系、开始到开始（STS）的搭接关系、结束到结束（FTF）的搭接关系、开始到结束（STF）的搭接关系和混合搭接关系。

4. 关键线路

从单代号搭接网络计划的终点节点开始，逆着箭线方向依次找出相邻两项工作之间时间间隔为零的线路，该线路就是关键线路。关键线路上的工作即为关键工作，关键工作的总时差最小。

（三）多级网络计划

多级网络计划系统是指由处于不同层级且相互有关联的若干网络计划所组成的系统。在该系统中，处于不同层级的网络计划既可以进行分解，形成若干独立的网络计划；又可以进行综合，形成一个多级网络计划系统。

任务5 建筑工程项目进度计划的实施

一、建筑工程项目进度计划实施的内容

实施建筑工程项目进度计划，要做好三项工作，即编制年、月、季、旬、周进度计划和施工任务书；记录现场实际情况；落实、跟踪、调整进度计划。

1.编制月、季、旬、周进度计划和施工任务书

(1) 施工组织设计中编制的施工进度计划是按整个项目(或单位工程)编制的，带有一定的控制性，但还不能满足施工作业的要求。实际作业时按季、月、旬、周进度计划和施工任务书执行。

(2) 作业计划除依据施工进度计划编制外，还应依据现场情况及季、月、旬、周的具体要求编制。计划以贯彻施工进度计划、明确当期任务及满足作业要求为前提。

(3) 施工任务书是一份计划文件，也是一份核算文件，又是原始记录。它把作业计划下达到班组，并将计划执行与技术管理、质量管理、成本核算、原始记录、资源管理等融合为一体。

(4) 施工任务书一般由工长以计划要求、工程数量、定额标准、工艺标准、技术要求、质量标准、节约措施、安全措施等为依据进行编制。

(5) 施工任务书下达班组时，由工长进行交底。交底内容为交任务、交操作规程、交施工方法、交质量、交安全、交定额、交节约措施、交材料使用、交施工计划、交奖罚要求等，做到任务明确，报酬预知，责任到人。

(6) 施工班组接到施工任务书后，应做好分工，安排完成，执行中要保质量、保进度、保安全、保节约、保工效提高。任务完成后，班组自检，在确认已经完成后，向工长报请验收。工长验收时查数量、查质量、查安全、查用工、查节约，然后回收施工任务书，交作业队登记结算。

2.记录现场实际情况

在施工中，如实记载每项工作的开始日期、工作进程和完成日期，记录每日完成数量、施工现场发生的情况、干扰因素的排除情况，可为计划实施的检查、分析、调整、总结提供原始资料。

3.落实、跟踪、调整进度计划

(1) 分析作业计划执行中的问题，找出原因，并采取措施解决。

(2) 督促供应单位按进度要求供应资料。

(3) 控制施工现场临时设施的使用。

(4) 按计划进行作业条件准备。

(5) 传达决策人员的决策意图。

二、建筑工程项目进度计划实施的基本要求

建筑工程项目进度计划实施的基本要求如下。

(1) 经批准的进度计划,应向执行者进行交底并落实责任。

(2) 进度计划执行者应制定实施方案。

(3) 在实施进度计划的过程中应进行下列工作。

① 跟踪检查,搜集实际进度数据。

② 将实际数据与进度计划进行对比。

③ 分析计划执行的情况。

④ 对产生的进度变化采取相应措施进行纠正或调整。

⑤ 检查措施的落实情况。

⑥ 进度计划的变更必须及时与有关单位和部门沟通。

三、实施建筑工程项目进度计划应注意的事项

(1) 在进度计划实施的过程中,应遵守施工合同中对开工及延期开工、暂停施工、工期延误及工程竣工的承诺。

(2) 跟踪形象进度,对工程量、产值及耗用人工、材料和机械台班等的数量进行统计,编制统计报表。

(3) 实施好分包计划。

(4) 处理好进度索赔。

四、建筑工程项目进度计划的检查

1. 建筑工程项目进度计划检查的内容

根据不同需要可对建筑工程项目进度计划进行日检查或定期检查。检查的内容如下。

(1) 进度管理情况。

(2) 进度偏差情况。

(3) 实际参加施工的人力、机械数量与计划数。

(4) 检查期内实际完成和累计完成的工程量。

(5) 窝工人数、窝工机械台班数及其原因分析。

2. 建筑工程项目进度计划检查的方式

1) 定期、经常地搜集由承包单位提交的有关进度报表资料

建筑工程项目进度报表资料不仅是对建筑工程项目实施进度控制的依据,而且是核对建筑工程项目进度的依据。在一般情况下,进度报表格式由监理单位提供给施工承包单位,施工承包单位按时填写完后提交给监理工程师核查。报表的内容根据施工对象及承包方式的不同而

有所区别，但一般应包括工作的开始时间、完成时间、持续时间、逻辑关系、实物工程量和工作量，以及工作时差的利用情况等。施工承包单位若能准确地填报进度报表，监理工程师就能从中了解到建筑工程项目的实际进展情况。

2）由驻地监理人员现场跟踪检查建筑工程项目的实际进展情况

为了避免施工承包单位超报已完工程量，驻地监理人员有必要进行现场实地检查和监督。驻地监理人员可以每月或每半月检查一次，也可每旬或每周检查一次。如果在某一施工阶段出现不利情况，则需要每天检查。

3）召开现场会议

除上述两种方式外，由监理工程师定期组织现场施工负责人召开现场会议，也是获得建筑工程项目实际进展情况的一种方式。通过面对面的交谈，监理工程师可以从中了解到施工过程中的潜在问题，以便及时采取相应的措施加以预防。

3. 建筑工程项目进度计划检查的方法

建筑工程项目进度计划的检查方法主要是对比法，即将实际进度与计划进度进行对比，发现偏差则进行调整或修改计划。常用的对比法有下列几种。

1）横道图比较法

横道图比较法是指将建筑工程项目实施过程中检查实际进度搜集到的数据，经加工整理后直接用横道线平行绘于原计划的横道线处，进行实际进度与计划进度比较的一种方法。

采用横道图比较法，可以形象、直观地反映实际进度与计划进度的比较情况。

某建筑工程项目基础工程的计划进度和截至第 9 天末的实际进度如图 7-11 所示，其中双线条表示该工程计划进度，粗实线表示实际进度。

工作编号	持续时间	进度计划/天															
		1	2	3	4	5	6	7	8	9	10	11	12	13	14	15	16
A	6																
B	3																
C	4																
D	5																
E	4																
F	5																

计划进度 实际进度

检查日期

图 7-11　某建筑工程项目基础工程的计划进度和截至第 9 天末的实际进度

从图 7-11 中实际进度与计划进度的比较可以看出，到第 9 天末检查实际进度时，A 工程和 B 工程已经完成；C 工程按计划也该完成，但实际只完成了 3/4，任务量拖欠 1/4；D 工程按计划应该完成 3/5，而实际只完成 1/5，任务量拖欠 2/5。

横道图比较法可分为以下两种方法。

(1) 匀速进展横道图比较法。

匀速进展是指在工程项目中，每项工作在单位时间内完成的任务量都是相等的，即工作的进展速度是均匀的。此时，每项工作累计完成的任务量与时间量的线性关系如图 7-12 所示。完成的任务量可以用实物工程量、劳动消耗量或费用支出表示。为了便于比较，通常用上述物理量的百分比表示。

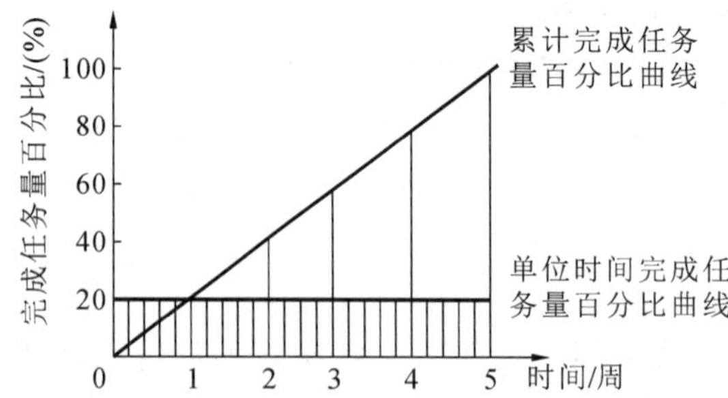

图 7-12　匀速进展工作时间与完成任务量关系曲线图

采用匀速进展横道图比较法的步骤如下。

① 编制横道图进度计划。

② 在进度计划上标出检查日期。

③ 将检查搜集到的实际进度数据经加工整理后按比例用涂黑的粗线标于计划进度的下方，如图 7-13 所示。

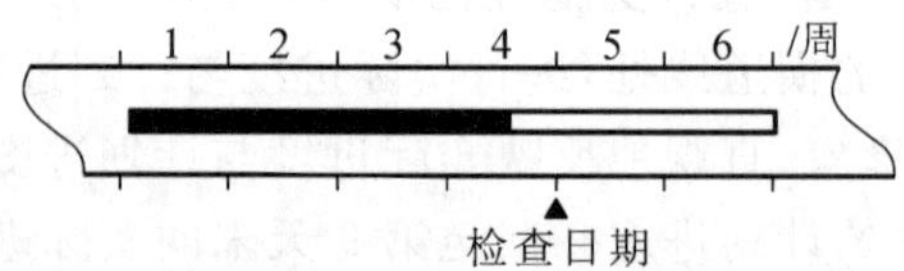

图 7-13　匀速进展横道比较图

④ 对比分析实际进度与计划进度。

a. 如果涂黑的粗线右端落在检查日期左侧，表明实际进度拖后。

b. 如果涂黑的粗线右端落在检查日期右侧，表明实际进度超前。

c. 如果涂黑的粗线右端与检查日期重合，表明实际进度与计划进度一致。

应该指出的是，该方法仅适用于工作从开始到结束的整个过程中，其进展速度均为固定不变的情况。如果工作的进展速度是变化的，则不能采用这种方法进行实际进度与计划进度的比较，否则会得出错误结论。

(2) 非匀速进展横道图比较法。

当工作在不同单位时间里的进展速度不等时，累计完成的任务量与时间的关系就不可能是线性关系。此时，应采用非匀速进展横道图比较法进行工作实际进度与计划进度的比较。

采用非匀速进展横道图比较法的步骤如下。

① 编制横道图进度计划。

② 在横道线上方标出各主要时间工作的计划完成任务量累计百分比。

③ 在横道线下方标出相应时间工作的实际完成任务量累计百分比。

④ 用涂黑粗线标出工作的实际进度，从开始之日标起，同时反映出该工作在实施过程中的连续与间断情况。

⑤ 通过比较同一时刻实际完成任务量累计百分比和计划完成任务量累计百分比，判断工作实际进度与计划进度之间的关系。

a. 如果同一时刻横道线上方累计百分比大于横道线下方累计百分比，表明实际进度拖后，拖欠的任务量为二者之差。

b. 如果同一时刻横道线上方累计百分比小于横道线下方累计百分比，表明实际进度超前，超前的任务量为二者之差。

c. 如果同一时刻横道线上下方两个累计百分比相等，表明实际进度与计划进度一致。

2）S形曲线比较法

S形曲线比较法是以横坐标表示进度时间，以纵坐标表示累计完成任务量，绘制出一条按计划时间累计完成任务量的S形曲线，将施工项目的各检查时间实际完成的任务量与S形曲线进行实际进度与计划进度相比较的一种方法。

从整个建筑工程项目实际进展全过程来看，施工过程中单位时间投入的资源量一般是开始和结束时较少，中间阶段较多。与其相对应，单位时间完成的任务量也呈同样的变化规律，如图 7-14(a) 所示。S形曲线比较法与横道图比较法不同，它不是在编制的横道图进度计划上进行实际进度与计划进度的比较。

随工程进展累计完成的任务量则应呈S形变化，如图 7-14(b) 所示，因其形似英文字母“S”而得名。S形曲线比较法同横道图比较法一样，是在图上直观地将工程项目实际进度与计划进度进行比较。一般情况下，进度控制人员在计划实施前绘制出计划S形曲线，在项目实施过程中，按规定时间将检查的实际完成任务情况，绘制在与计划S形曲线的同一张图上，可得出实际进度S形曲线，如图 7-15 所示。

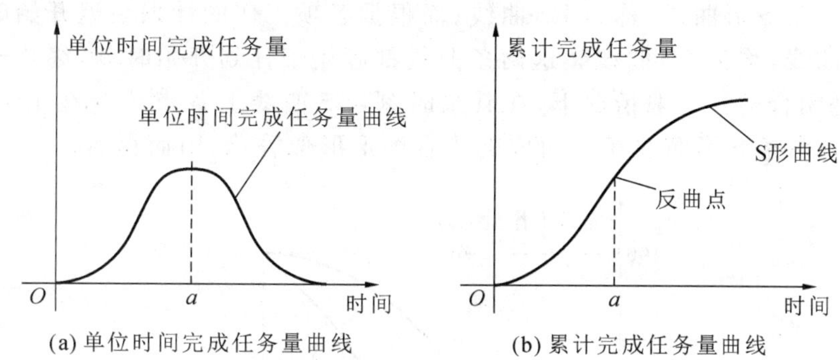

图 7-14 时间与完成任务量关系曲线

比较两条S形曲线可以得到如下信息。

(1) 工程项目实际进展状况。如果工程实际进展点落在计划S形曲线左侧，表明此时实际进度比计划进度超前，如图 7-15 中的 a 点；如果工程实际进展点落在计划S曲线右侧，表明此时实际进度拖后，如图 7-15 中的 b 点；如果工程实际进展点正好落在计划S曲线上，则表示此时实际进度与计划进度一致。

(2) 工程项目实际进度超前或拖后的时间。在S形曲线比较图中可以直接读出实际进度比计划进度超前或拖后的时间。如图 7-15 所示，ΔT_a 表示 T_a 时刻实际进度超前的时间，ΔT_b 表示 T_b 时刻实际进度拖后的时间。

(3) 工程项目实际超额或拖欠的任务量。在S形曲线比较图中也可直接读出实际进度比计划进度超额或拖欠的任务量。如图 7-15 所示，ΔQ_a 表示 T_a 时刻超额完成的任务量，ΔQ_b 表示 T_b 时刻拖欠的任务量。

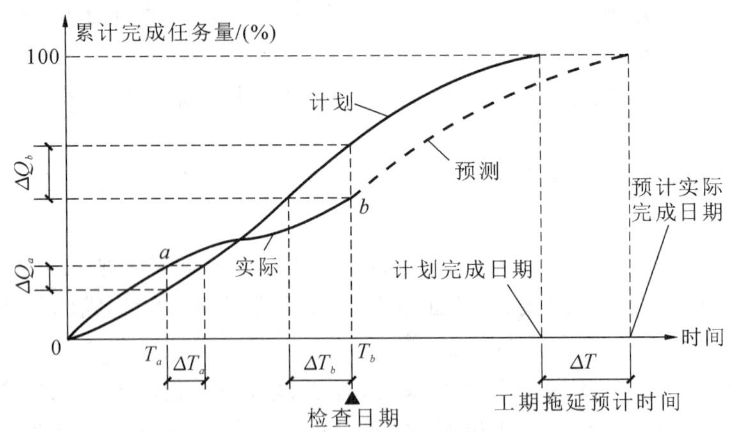

图 7-15　S 形曲线比较图

(4) 后期工程进度预。如果后期工程按原计划速度进行，则可做出后期工程计划 S 形曲线，如图 7-15 中的虚线所示，从而可以确定工期拖延预计时间 ΔT。

3) 香蕉形曲线比较法

(1) 香蕉形曲线是由两条 S 形曲线组合而成的闭合图形。如前所述，工程项目的计划时间和累计完成任务量之间的关系都可用一条 S 形曲线表示。在工程项目的网络计划中，各项工作一般可分为最早开始时间和最迟开始时间。于是根据各项工作的计划最早开始时间安排进度就可绘制出一条 S 形曲线，称为 ES 曲线；而根据各项工作的计划最迟开始时间安排进度绘制出的 S 形曲线，称为 LS 曲线。这两条曲线都起始于计划开始时刻，终止于计划完成之时，因而图形是闭合的。一般情况下，在其余时刻，ES 曲线上各点均应在 LS 曲线的左侧，如图 7-16 所示，两条 S 形曲线相合而成的闭合图形形似香蕉，因而得名。

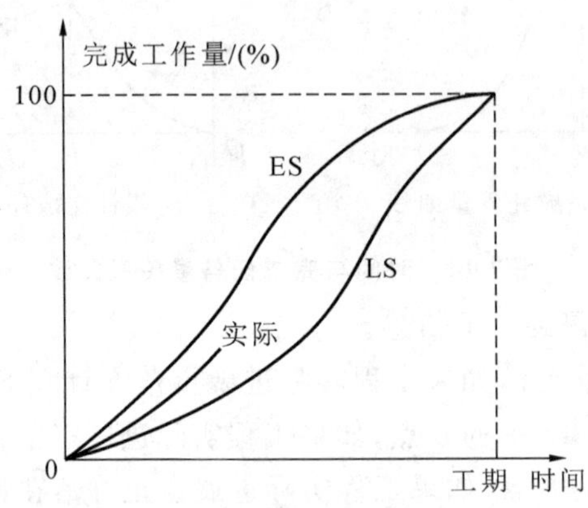

图 7-16　香蕉形曲线比较图

(2) 香蕉形曲线比较法的作用。

① 预测后期工程进展趋势。利用香蕉形曲线可以对后期工程的进展情况进行预测。

② 合理安排工程项目进度计划。

a. 如果工程项目中的各项工作均按其最早开始时间安排进度，将导致项目的投资加大。

b. 如果各项工作都按其最迟开始时间安排进度，则一旦受到进度影响因素的干扰，将导致工期拖延，使工程进度风险加大。因此，一个科学合理的进度计划优化曲线应处于香蕉曲线所包括的区域之内。

(3) 定期比较工程项目的实际进度与计划进度。在工程项目的实施过程中,根据每次检查搜集到的实际完成任务量,绘制出实际进度的S形曲线,便可以将实际进度与计划进度进行比较。

① 工程项目实施进度的理想状态是任一时刻工程实际进展点均落在香蕉形曲线图的范围之内。

② 工程实际进展点落在ES曲线的左侧,表明此刻实际进度比各项工作按其最早开始时间安排的计划进度超前。

③ 工程实际进展点落在LS曲线的右侧,表明此刻实际进度比各项工作按其最迟开始时间安排的计划进度拖后。

4) 前锋线比较法

前锋线比较法也是一种简单地进行工程实际进度与计划进度比较的方法,主要适用于时标网络计划。其主要方法是从检查时刻的时标点出发,首先连接与其相邻的工作箭线的实际进度点,由此再去连接该箭线相邻工作箭线的实际进度点,依次类推,将检查时刻正在进行工作的点依次连接起来,组成一条一般为折线的前锋线。

按前锋线与箭线交点的位置可以判定工程实际进度与计划进度的偏差。实际上,前锋线比较法就是通过工程项目实际进度前锋线,比较工程实际进度与计划进度偏差的方法。

采用前锋线比较法进行实际进度与计划进度比较的步骤如下。

(1) 绘制时标网络计划图。工程项目实际进度前锋线是在时标网络计划图上标示的,为清楚起见,可在时标网络计划图的上方和下方各设一个时间坐标。

(2) 绘制实际进度前锋线。一般从时标网络计划图上方时间坐标的检查日期开始绘制,依次连接相邻工作的实际进展点,最后与时标网络计划图下方坐标的检查日期相连接。

(3) 比较实际进度与计划进度。前锋线反映出的检查日有关工作实际进度与计划进度的关系有以下三种情况。

① 工作实际进展点位置与检查日时间坐标相同,表明该工作实际进度与计划进度一致。

② 工作实际进展点位置在检查日时间坐标右侧,表明该工作实际进度超前,超前天数为二者之差。

③ 工作实际进展点位置在检查日时间坐标左侧,表明该工作实际进展拖后,拖后天数为二者之差。

以上比较是指匀速进展的工作,对于非匀速进展的工作,其比较方法较复杂。从图7-17中可以看出:工作C实际进度拖后2周,将使其后续工作G、H、J的最早开始时间推迟2周,工作G、J开始时间推迟,从而使总工期延长2周;工作D实际进度拖后2周,将使其后续工作F的最早开始时间推迟2周,并使总工期延长1周;工作E实际进度拖后1周,既不影响总工期,也不影响其后续工作的正常进行。

5) 列表比较法

采用列表比较法进行进度计划检查的步骤如下。

(1) 对于实际进度检查日期应该进行的工作,根据已经作业的时间,确定其尚需作业时间。

(2) 根据原进度计划计算检查日期应该进行的工作从检查日期到原计划最迟完成时间尚余时间。

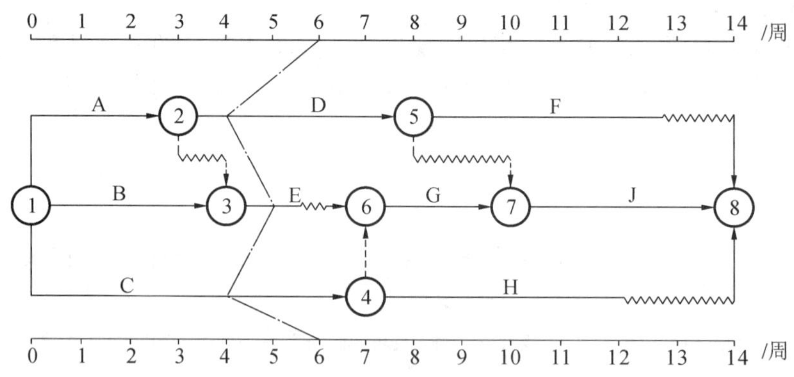

图 7-17 某工程前锋线比较图

(3) 计算工作尚有总时差，其值等于工作从检查日期到原计划最迟完成时间尚余时间与该工作尚需作业时间之差。

五、建筑工程项目进度偏差分析

在建筑工程项目实施过程中，当通过实际进度与计划进度的比较，发现有进度偏差时，需要分析该偏差对后续工作及总工期的影响，从而采取相应的调整措施对原进度计划进行调整，以确保工期目标的顺利实现。进度偏差的大小及其所处的位置不同，对后续工作和总工期的影响程度是不同的，分析时需要利用网络计划中工作总时差和自由时差的概念进行判断。

1. 分析发生进度偏差的工作是否为关键工作

(1) 在工程项目的施工过程中，若出现偏差的工作为关键工作，则无论偏差大小，都对后续工作及总工期产生影响，必须采取相应的调整措施。

(2) 若出现偏差的工作不是关键工作，则需要根据偏差值与总时差和自由时差的大小关系，确定对后续工作和总工期的影响程度。

2. 分析进度偏差是否大于总时差

(1) 在工程项目施工过程中，若工作的进度偏差大于该工作的总时差，则说明此偏差必将影响后续工作和总工期，必须采取相应的调整措施。

(2) 在工程施工过程中，若工作的进度偏差小于或等于该工作的总时差，则说明此偏差对总工期无影响，但它对后续工作的影响程度需要根据比较偏差与自由时差的情况来确定。

3. 分析进度偏差是否大于自由时差

(1) 在工程项目施工过程中，若工作的进度偏差大于该工作的自由时差，说明此偏差对后续工作产生影响，该如何调整，应根据后续工作允许影响的程度而定。

(2) 在工程项目施工过程中，若工作的进度偏差小于或等于该工作的自由时差，则说明此偏差对后续工作无影响，因此，原进度计划可以不做调整。

六、建筑工程项目进度计划的调整

1. 建筑工程项目进度计划调整的要求

(1) 使用网络计划进行调整,应利用关键线路。

(2) 调整后的进度计划应及时下达。

(3) 进度计划调整应及时有效。

(4) 利用网络计划进行时差调整,调整后的进度计划要及时向班组及有关人员下达,防止继续执行原进度计划。

2. 建筑工程项目进度计划调整的内容

进度计划根据进度计划检查结果进行调整,调整的内容包括以下方面。

(1) 施工内容。

(2) 工程量。

(3) 起止时间。

(4) 持续时间。

(5) 工作关系。

(6) 资源供应。

3. 建筑工程项目进度计划调整的方法

(1) 关键线路调整的方法。

当关键线路的实际进度比计划进度提前时,要确定是否对原计划工期予以缩短。如果不缩短,可以利用这个机会降低资源强度或费用。方法是选择后续关键工作中资源占用量大的或直接费用高的予以延长,延长的长度不应超过已完成的关键工作提前的时间量。当关键线路的实际进度比计划进度落后时,计划调整任务是采取措施把失去的时间补救回来。

(2) 非关键线路调整的方法。

时差调整的目的是更充分地利用资源,降低成本,满足施工需要。时差调整的幅度不得大于计划总时差值。

(3) 增减工作项目。

增减工作项目不应打乱原网络计划总的逻辑关系。增减工作项目只能改变局部的逻辑关系,此局部改变不影响总的逻辑关系。增加工作项目,只是对原遗漏或不具体的逻辑关系进行补充;减少工作项目,只是对提前完成的工作项目或者不应设置而设置了的工作项目予以删除。只有这样才是真正调整而不是“重编”。增减工作项目之后重新计算时间参数。

(4) 逻辑关系调整。

施工方法或组织方法改变之后,逻辑关系也应调整。

(5) 持续时间的调整。

原计划有误或实现条件不充分时,方可调整持续时间。调整持续时间的方法是更新估算。

(6) 资源调整。

资源调整应在资源供应发生异常时进行。所谓资源供应异常,是指因资源供应满足不了需要(中断或强度降低)而影响计划工期的实现。

任务6 建筑工程项目进度计划控制

建筑工程项目进度计划完成后，项目经理部要及时进行建筑工程项目进度计划控制总结。

一、建筑工程项目进度计划控制总结的依据

（1）建筑工程项目进度计划。

（2）建筑工程项目进度计划执行的实际记录。

（3）建筑工程项目进度计划检查结果。

（4）建筑工程项目进度计划的调整资料。

二、建筑工程项目进度计划控制总结的内容

1.合同工期目标完成情况

合同工期主要指标的计算公式如下。

$$\text{合同工期节约值} = \text{合同工期} - \text{实际工期}$$

$$\text{指令工期节约值} = \text{指令工期} - \text{实际工期}$$

$$\text{定额工期节约值} = \text{定额工期} - \text{实际工期}$$

$$\text{计划工期提前率} = \frac{\text{计划工期} - \text{实际工期}}{\text{计划工期}} \times 100\%$$

$$\text{缩短工期的经济效益} = \text{缩短一天产生的经济效益} \times \text{缩短工期天数}$$

分析缩短工期的原因，大致从计划周密情况、执行情况、控制情况、协调情况、劳动效率等方面着手。

2.资源利用情况

资源利用情况所使用的指标的计算公式如下。

$$\text{单方用工} = \frac{\text{总用工数}}{\text{建筑面积}}$$

$$\text{劳动力不均衡系数} = \frac{\text{最高日用工数}}{\text{平均日用工数}}$$

$$\text{节约工日数} = \text{计划用工工日} - \text{实际用工工日}$$

$$\text{主要材料节约量} = \text{计划材料用量} - \text{实际材料用量}$$

$$\text{主要机械台班节约量} = \text{计划主要机械台班数} - \text{实际主要机械台班数}$$

$$\text{主要大型机械节约率} = \frac{\text{各种大型机械计划费之和} - \text{各种大型机械实际费之和}}{\text{各种大型机械计划费之和}} \times 100\%$$

资源节约的原因有计划积极可靠，资源优化效果好，按计划保证供应，认真制定并实施了节约措施，协调及时、省力。

3. 成本情况

成本情况主要指标的计算公式如下。

$$降低成本额 = 计划成本 - 实际成本$$

$$降低成本率 = \frac{降低成本额}{计划成本额} \times 100\%$$

节约成本的主要原因有计划积极可靠、成本优化效果好、认真制定并执行了节约成本措施、工期缩短、成本核算及成本分析工作效果好。

4. 建筑工程项目进度控制经验

经验是指对成绩及其原因进行分析，为以后进度控制提供可借鉴的本质的、规律性的东西。分析进度控制的经验可以从以下几个方面进行。

(1) 编制什么样的进度计划才能取得较大效益。

(2) 怎样优化计划更有实际意义，其中包括优化方法、目标、计算及电子计算机应用等。

(3) 怎样实施、调整与控制计划，其中包括记录检查、调整、修改、节约、统计等措施。

(4) 进度控制工作的创新。

5. 建筑工程项目进度控制中存在的问题及分析

若建筑工程项目进度控制目标没有实现，或在计划执行中存在缺陷，应对存在的问题进行分析，分析时可以定量计算，也可以定性分析。对产生问题的原因也要从编制和执行计划中去找。

问题要找清，原因要查明，不能解释不清。遗留问题要到下一控制循环中解决。

建筑工程项目进度中一般存在工期拖后、资源浪费、成本浪费、计划变化太大等问题，其产生原因一般包括计划本身的原因、资源供应和使用中的原因、协调方面的原因和环境方面的原因。

6. 建筑工程项目进度控制的改进意见

对建筑工程项目进度控制中存在的问题进行总结，提出改进方法或意见，在以后的工程中加以应用。

三、建筑工程项目进度计划控制总结的编制方法

(1) 在总结之前进行实际调查，取得原始记录中没有的情况和信息。

(2) 提倡采用定量的对比分析方法。

(3) 在计划编制和执行中，应认真积累资料，为总结提供信息准备。

(4) 召开总结分析会议。

(5) 尽量采用计算机储存资料进行计算、分析与绘图，以提高总结分析的速度和准确性。

(6) 总结分析资料要分类归档。

思考与练习

1.建筑工程项目进度计划的内容和作用是什么？

2.施工的组织方式有哪几种？

3.什么是流水施工？

4.流水施工的施工参数和时间参数分别是什么？

5.什么是双代号网络计划控制技术？

学习情境8 建筑工程项目质量管理

知识目标

通过本学习情境的学习，了解质量与施工质量的概念，了解质量管理与施工质量管理的概念，了解质量事故的处理程序，了解质量管理原则，了解质量管理体系的建立与运行，熟悉质量控制与施工质量控制的概念，熟悉工程项目的工程特点和施工生产的特点，熟悉施工质量控制的特点，熟悉质量检查的内容和方法，熟悉质量事故的概念和分类，熟悉质量管理体系文件的构成。

技能目标

通过本学习情境的学习，掌握施工质量的影响因素，掌握 PDCA 循环原则和全面质量管理方法，掌握质量控制的基本环节，掌握施工准备阶段、施工阶段和竣工验收阶段的质量控制，掌握建筑工程上常用的质量统计方法(分层法、频数分布直方图法、排列图法、控制图法、因果分析图法、统计调查表法、相关图法)，掌握质量事故的处理方法。

某教学楼为四层砖混结构。该工程施工过程中，在安装3层楼板时，发生墙体倒塌，先后砸断部分3层和2层楼板共12块，造成3层楼面上的一名工人随倒塌物一起坠落而死亡，直接经济损失1.2万元。经调查，该工程设计没有问题，施工时按正常施工顺序应先浇筑现浇梁，安装楼板后再砌3层的砖墙。实际施工中在现浇梁未能及时完成的情况下，就制定了先砌3层墙，然后预留楼板槽，槽内放立砖，待浇筑承重梁后，再嵌装楼板，在嵌装楼板时，先撬掉槽内立砖，边安装楼板、边塞缝的施工方案。在实际操作中，工人以预留槽太小、楼板不好安装为由，把部分预留槽加大，并且也未按照边装板、边塞缝的要求施工。

问题：

(1) 简要分析这起事故发生的原因。

(2) 这起事故可以认定为哪种等级的重大事故？依据是什么？

(3) 这起质量事故应如何处理？

任务 1 建筑工程项目质量管理概述

一、质量管理与质量控制的相关概念

1. 质量与施工质量的概念

质量是指一组固有特性满足要求的程度。该定义可理解为：质量不仅是指产品的质量，而且包括某项活动或过程的工作质量，还包括质量管理活动体系运行的质量。质量的关注点是一组固有特性，而不是赋予的特性。质量是满足要求的程度，要求是指明示的、隐含的或必须履行的需要和期望。质量要求是动态的、发展的和相对的。

施工质量是指建筑工程项目施工活动及其产品的质量，即通过施工使工程满足业主(顾客)需要并符合国家法律、法规、技术规范标准、设计文件及合同定的要求，包括在安全、使用功能、耐久性、环境保护等方面所有明示和隐含需要的能力的特性综合。施工质量特性主要体现在由施工形成的建筑工程的适用性、安全性、耐久性、可靠性、经济性及与环境的协调性六个方面。

2. 质量管理与施工质量管理的概念

质量管理是指在质量方面指挥和控制组织的协调活动。与质量有关的活动，通常包括质量方针和质量目标的建立、质量策划、质量控制、质量保证和质量改进等。所以，质量管理就是确定和建立质量方针、质量目标及职责，并在质量管理体系中通过质量策划、质量控制、质量保证和质量改进等手段来实施和实现全部质量管理职能的所有活动。

施工质量管理是指工程项目在施工、安装和验收阶段，指挥和控制工程施工组织关于质量的相互协调的活动，使工程项目施工围绕着使产品质量满足不断更新的质量要求，而开展的策划、组织、计划、实施、检查、监督和审核等所有管理活动的总和。它是工程项目施工各级职能部门领导的职责，而工程项目施工的最高领导即施工项目经理应负全责。施工项目经理必须调动与施工质量有关的所有人员的积极性，共同做好本职工作，完成施工质量管理的任务。

3.质量控制与施工质量控制的概念

质量控制是质量管理的一部分，是致力于满足质量要求的一系列相关活动。

施工质量控制是在明确的质量方针指导下，通过对施工方案和资源配置的计划、实施、检查和处置，进行施工质量目标的事前控制、事中控制和事后控制的系统过程。

二、建筑工程项目施工质量控制的特点

建筑工程项目质量控制的特点是由建筑工程项目的工程特点和施工生产的特点决定的，施工质量控制必须考虑和适应这些特点，并进行有针对性的管理。

（一）建筑工程项目的工程特点和施工生产的特点

1.施工的一次性

建筑工程项目施工是不可逆的，当施工出现质量问题时，不可能完全回到原始状态，严重的可能导致工程报废。建筑工程项目一般都投资巨大，一旦发生施工质量事故，会造成重大的经济损失。因此，建筑工程项目施工都应一次成功，不能失败。

2.工程的固定性和施工生产的流动性

每一项建筑工程项目都固定在指定地点的土地上，建筑工程项目施工全部完成后，由施工单位就地移交给使用单位。工程的固定性特点决定了建筑工程项目对地基的特殊要求，施工采用的地基处理方案对工程质量产生直接影响。相对于工程的固定性特点，施工生产则表现出流动性的特点，表现为各种生产要素既在同一工程上的流动，又在不同工程项目之间流动。

3.产品的单件性

每一建筑工程项目都要和周围环境相结合。由于周围环境以及地基情况的不同，只能单独设计生产；不能像一般工业产品那样，同一类型可以批量生产。建筑产品即使采用标准图纸生产，也会由于建筑地点、时间的不同，施工组织方法的不同，施工质量管理的要求存在差异，使建筑工程项目的运作和施工不能标准化。

4.工程体形庞大

建筑工程项目是由大量的工程材料、制品和设备构成的实体，体积庞大，无论是房屋建筑还是铁路、桥梁、码头等土木工程，都会占有很大的外部空间，一般只能露天进行施工生产，施工质量受气候和环境的影响较大。

5.生产的预约性

施工产品不像一般的工业产品那样先生产后交易，只能是在施工现场根据预定的条件进行生产，即先交易后生产。因此，选择设计、施工单位，通过招标、投标、竞标、定约、成交，就成为建筑业物质生产的一种特有的方式。业主事先对这项工程产品的工期、造价和质量提出要求，并在生产过程中对工程质量进行必要的监督控制。

（二）施工质量控制的特点

1.控制因素多

建筑工程项目的施工质量受多种因素的影响。这些因素包括设计、材料、机械、地质、水文、气象、施工工艺、操作方法、技术措施、管理制度、社会环境等。因此，要保证建筑工程项目的施工质量，必须对所有这些影响因素进行有效控制。

2.控制难度大

建筑产品生产具有单件性和流动性，没有一般工业产品生产常有的固定生产流水线、规范化的生产工艺、完善的检测技术、成套的生产设备和稳定的生产环境，不能进行标准化施工，施工质量容易发生波动；而且施工场面大、人员多、工序多、关系复杂、作业环境差，加大了质量控制的难度。

3.过程控制要求高

建筑工程项目在施工过程中，由于工序衔接多、中间交接多、隐蔽工程多，施工质量具有一定的过程性和隐蔽性。在施工质量控制工作中，必须加强对施工过程的质量检查，及时发现和整改存在的质量问题，避免事后从表面进行检查。过程结束后的检查难以发现过程中产生又被隐蔽了的质量隐患。

4.终检局限大

建筑工程项目建成以后不能像一般工业产品那样，依靠终检来判断产品的质量和控制产品的质量；也不可能像工业产品那样将其拆卸或解体检查内在质量，或更换不合格的零件。所以，建筑工程项目的终检（竣工验收）存在一定的局限性。因此，建筑工程项目的施工质量控制应该强调过程控制，边施工边检查边整改，及时做好检查和认证记录。

三、施工质量的影响因素

施工质量的影响因素主要有人（man）、材料（material）、机械（machine）、方法（method）及环境（environment）五大方面，即“4M1E”。

1.人的因素

这里所讲的“人”，是指直接参与施工的决策者、管理者和作业者。人的因素影响主要是指上述人员个人的质量意识及质量活动能力对施工质量造成的影响。我国实行的执业资格注册制度和管理及作业人员持证上岗制度等，从本质上说，就是对从事施工活动的人的素质和能力进行必要的控制。在施工质量管理中，人的因素起决定性的作用。所以，施工质量控制应以控制人的因素为基本出发点。作为控制对象，人的工作应避免失误；作为控制动力，应充分调动人的积极性，发挥人的主导作用。必须有效控制参与施工的人员的素质，不断提高人的质量活动能力，这样才能保证施工质量。

2.材料的因素

材料包括工程材料和施工用料，也包括原材料、半成品、成品、构配件等。各类材料是工程施工的物质条件，材料质量是工程质量的基础，材料质量不符合要求，工程质量就不可能达到标准。加强对材料的质量控制，是保证工程质量的重要基础。

3.机械的因素

机械设备包括工程设备、施工机械设备。工程设备是指组成工程实体的工艺设备和各类机具,如各类生产设备、装置和辅助配套的电梯、泵机,以及通风空调、消防设备、环保设备等,它们是建筑工程项目的重要组成部分,其质量的优劣,直接影响到工程使用功能的发挥。施工机械设备是指施工过程中使用的各类机具设备,包括运输设备、吊装设备、操作工具、测量仪器、计量器具以及施工安全设施等。施工机械设备是所有施工方案和工法得以实施的重要物质基础,合理选择和正确使用施工机械设备是保证施工质量的重要措施。

4.方法的因素

施工方法包括施工技术方案、施工工艺、工法和施工技术措施等。从某种程度上说,技术工艺水平的高低,决定了施工质量的优劣。采用先进、合理的工艺、技术,根据规范的工法和作业指导书进行施工,必将对组成质量因素的产品精度、平整度、清洁度、密封性等物理、化学特性等方面起到良性的推进作用。例如,近年来住房和城乡建设部在全国建筑业中推广应用的10项新技术,包括地基基础和地下空间工程技术、混凝土技术、钢筋和预应力技术、模板及脚手架技术、钢结构技术、建筑防水技术等,对确保建筑工程质量和消除质量通病起到了积极作用,收到了明显的效果。

5.环境的因素

环境的因素主要包括现场自然环境因素、施工质量管理环境因素和施工作业环境因素。环境因素对工程质量的影响,具有复杂多变和不确定性的特点。

(1) 现场自然环境因素主要指工程地质、水文、气象条件和周边建筑、地下障碍物以及其他不可抗力等对施工质量的影响因素。例如,在地下水水位高的地区,若在雨期进行基坑开挖,遇到连续降雨或排水困难,就会引起基坑塌方或地基受水浸泡影响承载力等;在寒冷地区冬期施工措施不当,工程会因受到冻融而影响质量;在基层未干燥或大风天进行卷材屋面防水层的施工,就会导致粘贴不牢及空鼓等质量问题。

(2) 施工质量管理环境因素主要指施工单位质量保证体系、质量管理制度和各参建施工单位之间的协调等因素。根据承发包的合同结构,理顺管理关系,建立统一的现场施工组织系统和质量管理的综合运行机制,确保质量保证体系处于良好的状态,创造良好的质量管理环境和氛围,是施工顺利进行、提高施工质量的保证。

(3) 施工作业环境因素主要指施工现场的给排水条件,各种能源介质供应,施工照明、通风、安全防护设施,施工场地空间条件和通道,以及交通运输和道路条件等因素。这些条件是否良好,直接影响到施工能否顺利进行,以及施工质量能否得到保证。

四、质量控制的基本环节

施工质量控制应贯彻全面质量管理的思想,运用动态控制原理,进行事前质量控制、事中质量控制和事后质量控制。

1.事前质量控制

事前质量控制即在正式施工前进行的事前主动质量控制,通过编制施工质量计划,明确质量目标,制订施工方案,设置质量管理点,落实质量责任,分析可能导致质量目标偏离的各种影

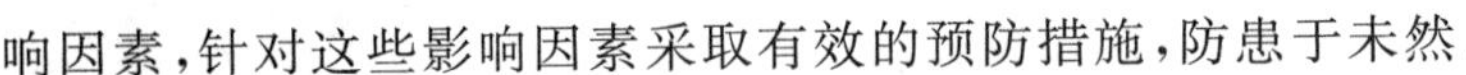

响因素，针对这些影响因素采取有效的预防措施，防患于未然。

2. 事中质量控制

事中质量控制指的是在施工质量形成过程中，对影响施工质量的各种因素进行全面的动态控制。事中质量控制首先是对质量活动的行为约束，其次是对质量活动过程和结果的监督控制。事中质量控制的关键是坚持质量标准，重点是工序质量、工作质量和质量控制点。

3. 事后质量控制

事后质量控制也称为事后质量把关，以使不合格的工序或最终产品(包括单位工程或整个工程项目)不流入下道工序、不进入市场。事后质量控制包括对质量活动结果的评价、认定和对质量偏差的纠正。事后质量控制的重点是发现施工质量方面的缺陷，并通过分析提出施工质量改进的措施，保证质量处于受控状态。

以上三大环节不是互相孤立和截然分开的，它们共同构成有机的系统过程，实质上也就是质量管理 PDCA 循环的具体化，在每一次滚动循环中不断提高质量，使质量管理和质量控制得以持续改进。

五、质量检查的内容和方法

(一) 现场质量检查的内容

(1) 开工前的检查：主要检查是否具备开工条件，开工后是否能够保持连续正常施工，能否保证工程质量。

(2) 工序交接检查：对于重要的工序或对工程质量有重大影响的工序，应严格执行“三检”制度，即自检、互检、专检，未经监理工程师(或建设单位技术负责人)检查认可，不得进行下道工序施工。

(3) 隐蔽工程的检查：施工中凡是隐蔽工程，必须经检查认证后方可进行隐蔽掩盖。

(4) 停工后复工的检查：因客观因素或处理质量事故等停工，经检查认可后方能复工。

(5) 分项分部工程完工后的检查：应经检查认可，并签署验收记录后，才能进行下一工程项目的施工。

(6) 成品保护的检查：检查成品有无保护措施以及保护措施是否有效可靠。

(二) 现场质量检查的方法

现场质量检查的方法主要有目测法、实测法和试验法等。

1. 目测法

目测法即凭借感官进行检查，也称观感质量检验法。目测法的手段可概括为“看”“摸”“敲”“照”四个字。看，就是根据质量标准要求进行外观检查。例如，清水墙面是否洁净，喷涂的密实度和颜色是否良好、均匀，工人的操作是否规范，内墙抹灰的大面及口角是否平直，混凝土外观是否符合要求等。摸，就是通过触摸进行检查、鉴别。例如，油漆的光滑度是否良好，刷浆是否牢固、不掉粉等。敲，就是运用敲击工具进行音感检查。例如，对地面工程、装饰工程中的水磨石、面砖、石材饰面等，均应进行敲击检查。照，就是通过人工光源或反射光照射，检查难以看到或光线较暗的部位。例如，管道井、电梯井等内的管线、设备安装质量，装饰吊顶内连接及设备安装质量等。

2. 实测法

实测法就是通过将实测数据与施工规范、质量标准的要求和允许偏差值进行对照，判断质量是否符合要求。实测法的手段可概括为“靠”“量”“吊”“套”四个字。靠，就是用直尺、塞尺检查墙面、地面、路面等的平整度。量，就是用测量工具和计量仪表等检查断面尺寸、轴线、标高、湿度、温度等的偏差。例如，大理石板拼缝尺寸与超差数量、摊铺沥青拌和料温度、混凝土坍落度的检测等。吊，就是利用托线板以及线锤吊线检查垂直度。例如，砌体垂直度检查、门窗的安装等。套，就是以方尺套方，辅以塞尺进行检查。例如，对阴阳角的方正、踢脚线的垂直度、预制构件的方正、门窗口及构件的对角线进行检查等。

3. 试验法

试验法是指通过必要的试验手段对质量进行判断的检查方法。

1）理化试验

工程中常用的理化试验包括力学性能的检验、物理性能的测定和化学成分及其含量的测定。力学性能的检验是指各种力学指标的测定，包括抗拉强度、抗压强度、抗弯强度、抗折强度、冲击韧性、硬度、承载力等。物理性能的测定，包括密度、含水量、凝结时间、安定性及抗渗性能、耐磨性能、耐热性能等的测定。化学成分及其含量的测定，包括测定钢筋中的磷、硫含量，混凝土中粗集料中的活性氧化硅成分，以及耐酸性、耐碱性、抗腐蚀性等。此外，根据规定有时还需进行现场试验，如对桩或地基的静载试验、下水管道的通水试验、压力管道的耐压试验、防水层的蓄水或淋水试验等。

2）无损检测

无损检测是指利用专门的仪器、仪表从表面探测结构物、材料、设备的内部组织结构或损伤情况。常用的无损检测方法有超声波探伤、X 射线探伤、γ 射线探伤等。

六、施工单位的质量责任和义务

（1）施工单位应当依法取得相应等级的资质证书，在其资质等级许可的范围内承揽工程，并不得转包或者违法分包工程。

（2）施工单位对建筑工程项目的施工质量负责。施工单位应当建立质量责任制，确定建筑工程项目的项目经理、技术负责人和施工管理负责人。建筑工程项目实行总承包的，总承包单位应当对全部建筑工程项目质量负责；建筑工程项目勘察、设计、施工、设备采购的一项或者多项实行总承包的，总承包单位应当对其承包的建筑工程项目或者采购的设备的质量负责。

（3）总承包单位依法将建筑工程项目分包给其他单位的，分包单位应当按照分包合同的约定对其分包工程的质量向总承包单位负责，总承包单位与分包单位对分包工程的质量承担连带责任。

（4）施工单位必须按照工程设计图纸和施工技术标准施工，不得擅自修改工程设计，不得偷工减料。施工单位在施工过程中发现设计文件和图纸有差错的，应当及时提出意见和建议。

（5）施工单位必须按照工程设计要求、施工技术标准和合同约定，对建筑材料、建筑构配件、设备和商品混凝土进行检验，检验应当有书面记录和专人签字；未经检验或者检验不合格的，不得使用。

(6) 施工单位必须建立、健全施工质量的检验制度,严格工序管理,做好隐蔽工程的质量检查和记录。隐蔽工程在隐蔽前,施工单位应当通知建设单位和建筑工程项目质量监督机构。

(7) 施工人员对涉及结构安全的试块、试件以及有关材料,应当在建设单位或者工程监理单位的监督下现场取样,并送具有相应资质等级的质量检测单位进行检测。

(8) 对施工中出现质量问题的建筑工程项目或者竣工验收不合格的建筑工程项目,施工单位应当负责返修。

(9) 施工单位应当建立、健全教育培训制度,加强对职工的教育培训;未经教育培训或者考核不合格的人员,不得上岗作业。

七、工程监理单位的质量责任和义务

(1) 工程监理单位应当依法取得相应等级的资质证书,在其资质等级许可的范围内承担工程监理业务,并不得转让工程监理业务。

(2) 工程监理单位与被监理工程的施工承包单位以及建筑材料、建筑构配件和设备供应单位有隶属关系或者其他利害关系的,不得承担该项建筑工程项目的监理业务。

(3) 工程监理单位应当依照法律、法规以及有关技术标准、设计文件和建设工程承包合同,代表建设单位对施工质量实施监理,并对施工质量承担监理责任。

(4) 工程监理单位应当选派具备相应资格的总监理工程师和监理工程师进驻施工现场。未经监理工程师签字,建筑材料、建筑构配件和设备不得在工程上使用或者安装,施工单位不得进行下一道工序的施工。未经总监理工程师签字,建设单位不拨付工程款,不进行竣工验收。

(5) 监理工程师应当按照工程监理规范的要求,采取旁站、巡视和平行检验等形式,对建设工程实施监理。

为贯彻《建设工程质量管理条例》,提高质量责任意识,强化质量责任追究,保证工程建设质量,住房与城乡建设部制定了《建筑工程五方责任主体项目负责人质量终身责任追究暂行办法》(建质〔2014〕124 号)。

任务 2 建筑工程项目质量控制体系

一、全面质量管理思想和方法的应用

(一) 全面质量管理(TQM)的思想

全面质量管理 (total quality management,TQM)是 20 世纪中期开始在欧美和日本广泛应用的质量管理理念和方法。我国从20世纪80年代开始引进和推广全面质量管理，其基本原理就是强调在企业或组织最高管理者的质量方针指引下，实行全面、全过程和全员参与的质量管理。

TQM的主要特点是以顾客满意为宗旨，领导参与质量方针和目标的制定，提倡预防为主、科学管理、用数据说话等。在当今世界标准化组织颁布的ISO 9000:2005质量管理体系标准中，处处都体现了这些重要特点和思想。建筑工程项目的质量管理，同样应贯彻"三全"管理的思想和方法。

1. 全面质量管理

建筑工程项目的全面质量管理，是指项目参与各方所进行的工程项目质量管理的总称，其中包括工程（产品）质量和工作质量的全面管理。工作质量是产品质量的保证，工作质量直接影响产品质量的形成。建设单位、监理单位、勘察单位、设计单位、施工总承包单位、施工分包单位、材料设备供应商等，任何一方、任何环节的怠慢疏忽或质量责任不落实都会对建筑工程工程质量产生不利影响。

2. 全过程质量管理

建筑工程项目的全过程质量管理，是指根据工程质量的形成规律，从源头抓起，全过程推进。《质量管理体系　基础和术语》(GB/T 19000—2016/ISO 9000:2005)强调质量管理的"过程方法"管理原则，要求应用"过程方法"进行全过程质量控制。要控制的主要过程有项目策划与决策过程、勘察设计过程、设备材料采购过程、施工组织与实施过程、检测设施控制与计量过程、施工生产的检验试验过程、工程质量的评定过程、工程竣工验收与交付过程、工程回访维修服务过程等。

3. 全员参与质量管理

按照全面质量管理的思想，组织内部的每个部门和工作岗位都承担着相应的质量职能，组织的最高管理者确定了质量方针和目标，就应组织和动员全体员工参与到实施质量方针的系统活动中去，发挥自己的角色作用。开展全员参与质量管理的重要手段就是运用目标管理方法，将组织的质量总目标逐级进行分解，使之形成自上而下的质量目标分解体系和自下而上的质量目标保证体系，发挥组织系统内部每个工作岗位、部门或团队在实现质量总目标过程中的作用。

（二）质量管理的PDCA循环

在长期的生产实践和理论研究中形成的PDCA循环，是建立质量管理体系和进行质量管理的基本方法。PDCA循环示意图如图8-1所示。

从某种意义上讲，管理就是确定任务目标，并通过PDCA循环来实现预期目标。每一循环都围绕着实现预期的目标，进行计划、实施、检查和处置活动，随着对存在问题的解决和改进，在一次一次的滚动循环中逐步上升，不断增强质量管理能力，不断提高质量水平。每一个循环的四大职能活动相互联系，共同构成了质量管理的系统过程。

1. 计划P (plan)

计划由目标和实现目标的手段组成，所以说计划是一条"目标-手段链"。质量管理的计划职能，包括确定质量目标和制定实现质量目标的行动方案两个方面。实践表明，质量计划严谨周密、经济合理和切实可行，是保证工作质量、产品质量和服务质量的前提条件。

建筑工程项目的质量计划，是由项目参与各方根据其在项目实施中所承担的任务、责任范

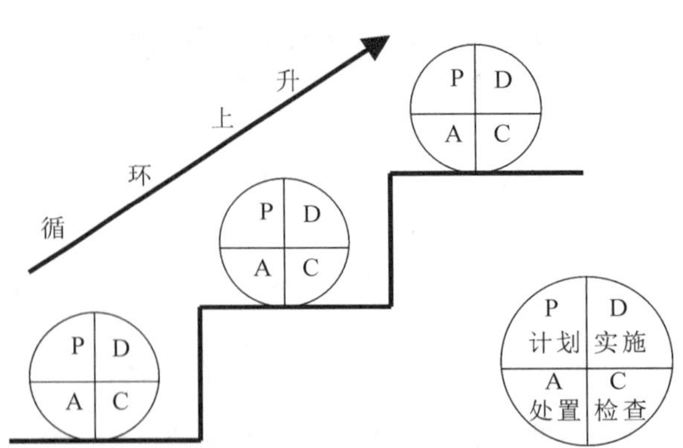

图 8-1 PDCA 循环示意图

围和质量目标，分别制定质量计划而形成的质量计划体系。其中，建设单位的工程项目质量计划包括确定和论证项目总体的质量目标，制定项目质量管理的组织、制度、工作程序、方法和要求。项目其他各参与方，则根据国家法律法规和工程合同规定的质量责任和义务，在明确各自质量目标的基础上，制定实施相应范围质量管理的行动方案，包括技术方法、业务流程、资源配置、检验试验要求、质量记录方式、不合格处理及相应管理措施等具体内容和做法的质量管理文件，同时亦须对其实现预期目标的可行性、有效性、经济合理性进行分析论证，并按照规定的程序与权限，经过审批后执行。

2. 实施 D (do)

实施职能在于将质量的目标值，通过生产要素的投入、作业技术活动和产出过程，转换为质量的实际值。为保证工程质量的产出或形成过程能够达到预期的结果，在各项质量活动实施前，要根据质量管理计划进行行动方案的部署和交底。交底的目的在于使具体的作业者和管理者明确计划的意图和要求，掌握质量标准及其实现的程序与方法。在质量活动的实施过程中，要求严格执行计划的行动方案，规范行为，把质量管理计划的各项规定和安排落实到具体的资源配置和作业技术活动中去。

3. 检查 C (check)

检查是指对计划实施过程进行各种检查，包括作业者的自检、互检和专职管理者专检。各类检查也都包含两大方面：一是检查是否严格执行了计划的行动方案，实际条件是否发生了变化，不执行计划的原因；二是检查计划执行的结果，即产出的质量是否达到标准的要求，对此进行确认和评价。

4. 处置 A (action)

对于质量检查所发现的质量问题或质量不合格，及时进行原因分析，采取必要的措施，予以纠正，保持工程质量形成过程处于受控状态。处置分纠偏和预防改进两个方面。前者是采取有效措施，解决当前的质量偏差、问题或事故；后者是将目前质量状况信息反馈到管理部门，反思问题症结或计划时的不周，确定改进目标和措施，为今后类似质量问题的预防提供借鉴。

二、建筑工程项目质量控制体系的建立和运行

建筑工程项目的实施，涉及业主方、勘察方、设计方、施工方、监理方、供应方等多方质量责

任主体的活动，各方主体各自承担不同的质量责任和义务。为了有效地进行系统、全面的质量控制，必须由项目实施的总负责单位负责建筑工程项目质量控制体系的建立和运行，实施质量目标的控制。

（一）建筑工程项目质量控制体系的性质、特点和构成

1. 建筑工程项目质量控制体系的性质

建筑工程项目质量控制体系既不是业主方的质量管理体系或质量保证体系，也不是施工方的质量管理体系或质量保证体系，而是整个建筑工程项目目标控制的一个工作系统，其性质如下。

（1）建筑工程项目质量控制体系是以项目为对象，由项目实施的总组织者负责建立的、面向项目对象开展质量控制工作体系。

（2）建筑工程项目质量控制体系是项目管理组织的一个目标控制体系，它与项目投资控制、进度控制、职业健康安全与环境管理等目标控制体系共同依托于同一项目管理的组织机构。

（3）建筑工程项目质量控制体系根据项目管理的实际需要而建立，随着项目的完成和项目管理组织的解体而消失，因此是一个一次性的质量控制工作体系，不同于企业的质量管理体系。

2. 建筑工程项目质量控制体系的特点

如前所述，建筑工程项目质量控制体系是面向项目对象而建立的质量控制工作体系，它与建筑企业或其他组织机构按照 GB/T 19000—2008 族标准建立的质量管理体系相比较，有如下不同。

1）建立的目的不同

建筑工程项目质量控制体系只用于特定的项目质量控制，而不是用于建筑企业或组织的质量管理。

2）服务的范围不同

建筑工程项目质量控制体系涉及项目实施过程所有的质量责任主体，而不只是针对某一个承包企业或组织机构。

3）控制的目标不同

建筑工程项目质量控制体系的控制目标是项目的质量目标，并非某一具体建筑企业或组织的质量管理目标。

4）作用的时效不同

建筑工程项目质量控制体系与项目管理组织系统相融合，是一次性的质量工作体系，并非永久性的质量管理体系。

5）评价的方式不同

建筑工程项目质量控制体系的有效性一般由项目管理的总组织者进行自我评价与诊断，不需要第三方认证。

3. 建筑工程项目质量控制体系的结构

建筑工程项目质量控制体系一般形成多层次、多单元的结构形态，这是由其实施任务的委托方式和合同结构所决定的。

1）多层次结构

多层次结构是对应于项目工程系统纵向垂直分解的单项、单位工程项目的质量控制体系。在大中型项目尤其是群体工程项目中，第一层次的质量控制体系应由建设单位的工程项目管理机构负责建立；在委托代建、委托项目管理或实行交钥匙式工程总承包的情况下，应由相应的代建方项目管理机构、受托项目管理机构或工程总承包企业项目管理机构负责建立；第二层次的质量控制体系通常是指分别由项目的设计总负责单位、施工总承包单位等建立的相应管理范围内的质量控制体系；第三层次及其以下的质量控制体系承担工程设计、施工安装、材料设备供应等各承包单位的现场质量自控，或是各自的施工质量保证体系。系统纵向层次机构的合理性是项目质量目标、控制责任和措施分解落实的重要保证。

2）多单元结构

多单元结构是指在建筑工程项目质量控制体系下，第二层次的质量控制体系及其以下的质量自控或保证体系可能有多个。这是项目质量目标、责任和措施分解的必然结果。

（二）建筑工程项目质量控制体系的建立

建筑工程项目质量控制体系的建立过程，实际上就是项目质量总目标的确定和分解过程，也是项目各参与方之间质量管理关系和控制责任的确立过程。为了保证质量控制体系的科学性和有效性，必须明确体系建立的原则、内容、程序和主体。

1. 建立的原则

实践经验表明，建筑工程项目质量控制体系的建立，遵循以下原则对于质量目标的规划、分解和有效实施控制是非常重要的。

1）分层次规划原则

建筑工程项目质量控制体系的分层次规划，是指项目管理的总组织者（建设单位或代建制项目管理企业）和承担项目实施任务的各参与单位，分别进行不同层次和范围的建筑工程项目质量控制体系规划。

2）目标分解原则

建筑工程项目质量控制体系总目标的分解，是根据控制体系内工程项目的分解结构，将工程项目的建设标准和质量总体目标分解到各个责任主体，明示于合同条件，由各责任主体制定出相应的质量计划，确定其具体的控制方式和控制措施。

3）质量责任制原则

建筑工程项目质量控制体系的建立，应按照《中华人民共和国建筑法》和《建设工程质量管理条例》有关工程质量责任的规定，界定各方的质量责任范围和控制要求。

4）系统有效性原则

建筑工程项目质量控制体系应从实际出发，结合项目特点、合同结构和项目管理组织系统的构成情况，建立项目各参与方共同遵循的质量管理制度和控制措施，并形成有效的运行机制。

2. 建立的程序

建筑工程项目质量控制体系的建立一般可按以下环节依次展开工作。

1）确立系统质量控制网络

首先明确系统各层面的工程质量控制负责人，一般应包括承担项目实施任务的项目经理

(或工程负责人)、总工程师,项目监理机构的总监理工程师、专业监理工程师等,以形成明确的项目质量控制责任者的关系网络架构。

2) 制定质量控制制度

质量控制制度包括质量控制例会制度、协调制度、报告审批制度、质量验收制度和质量信息管理制度等,应形成建筑工程项目质量控制体系的质量管理文件或手册,作为承担建筑工程项目实施任务的各方主体共同遵循的管理依据。

3) 分析质量控制界面

建筑工程项目质量控制体系的质量责任界面包括静态界面和动态界面。一般来说,静态界面根据法律法规、合同条件、组织内部职能分工来确定。动态界面主要是指项目实施过程中设计单位之间、施工单位之间、设计单位与施工单位之间的衔接配合关系及其责任划分,必须通过分析研究,确定管理原则与协调方式。

4) 编制质量控制计划

项目管理总组织者负责主持编制建筑工程项目总质量计划,并根据质量控制体系的要求,部署各质量责任主体编制与其承担任务范围相符合的质量计划,并按规定程序完成质量计划的审批,作为其实施自身工程质量控制的依据。

3. 建立质量控制体系的责任主体

根据建筑工程项目质量控制体系的性质、特点和结构,一般情况下,建筑工程项目质量控制体系应由建设单位或工程项目总承包企业的工程项目管理机构负责建立。在分阶段依次对勘察、设计、施工、安装等任务进行分别招标发包的情况下,该体系通常应由建设单位或其委托的工程项目管理企业负责建立,并由各承包企业根据项目质量控制体系的要求,建立隶属于总的建筑工程项目质量控制体系的设计项目质量保证体系、施工项目质量保证体系、采购供应项目质量保证体系等分质量保证体系(可称相应的质量控制子系统),以具体实施其质量责任范围内的质量管理和目标控制。

(三) 建筑工程项目质量控制体系的运行

建筑工程项目质量控制体系的建立,为项目的质量控制提供了组织制度方面的保证。建筑工程项目质量控制体系的运行,实质上就是系统功能的发挥过程,也是质量活动职能和效果的控制过程。建筑工程项目质量控制体系要有效地运行,还有赖于系统内部的运行环境和运行机制的完善。

1. 运行环境

建筑工程项目质量控制体系的运行环境,主要是指以下几个方面为系统运行提供支持的管理关系、组织制度和资源配置的条件。

1) 建筑工程项目的合同结构

建筑工程合同是联系建筑工程项目各参与方的纽带,只有在建筑工程项目合同结构合理、质量标准和责任条款明确,并严格进行履约管理的条件下,建筑工程项目质量控制体系的运行才能成为各方的自觉行动。

2) 质量管理的资源配置

质量管理的资源配置包括专职的工程技术人员和质量管理人员的配置,实施技术管理和质量管理所必需的设备、设施、器具、软件等物质资源的配置。人员和资源的合理配置是质量控制体系得以运行的基础条件。

3）质量管理的组织制度

建筑工程项目质量控制体系内部的各项管理制度和程序性文件的建立，为质量控制体系各个环节的运行提供必要的行动指南、行为准则和评价基准的依据，是其系统有序运行的基本保证。

2. 运行机制

建筑工程项目质量控制体系的运行机制是由一系列质量管理制度安排所形成的内在动力。运行机制是质量控制体系的生命，机制缺陷是系统运行无序、失效和失控的重要原因。因此，在制定系统内部的管理制度时，必须予以高度的重视，防止重要管理制度的缺失、制度本身的缺陷、制度之间的矛盾等现象出现，这样才能为系统的运行注入动力机制、约束机制、反馈机制和持续改进机制。

1）动力机制

动力机制是建筑工程项目质量控制体系运行的核心机制，它来源于公正、公开、公平的竞争机制和利益机制的制度设计或安排。这是因为项目的实施过程是由多主体参与的价值增值链，只有保持合理的供方及分供方等各方关系，才能形成合力。

2）约束机制

没有约束机制的建筑工程项目质量控制体系是无法使工程质量处于受控状态的。约束机制的约束能力取决于各质量责任主体内部的自我约束能力和外部的监控效力。约束能力表现为组织及个人的经营理念、质量意识、职业道德及技术能力的发挥；监控效力取决于项目实施主体外部对质量工作的推动和检查监督。两者相辅相成，构成了质量控制过程的制衡关系。

3）反馈机制

运行状态和结果的信息反馈，是对建筑工程项目质量控制体系的能力和运行效果进行评价，并为及时做出处置提供决策依据。因此，必须有相关的制度安排，保证质量信息反馈的及时和准确；坚持质量管理者深入生产第一线，掌握第一手资料，才能形成有效的质量信息反馈机制。

4）持续改进机制

在项目实施的各个阶段，不同的层面、不同的范围和不同的质量责任主体之间，应用PDCA循环原理，即计划、实施、检查和处置不断循环的方式展开质量控制，同时注重抓好控制点的设置，加强重点控制和例外控制，并不断寻求改进机会、研究改进措施，才能保证建筑工程项目质量控制体系的不断完善和持续改进，不断提高质量控制能力和控制水平。

任务 3 建筑工程项目施工质量控制

建筑工程项目的施工质量控制，有两个方面的含义：一是指项目施工单位的施工质量控制，包括施工总承包、分包单位综合的和专业的施工质量控制；二是指广义的施工阶段项目质量控制，即除了施工单位的施工质量控制外，还包括建设单位、设计单位、监理单位以及政府质量监督机构在施工阶段对项目施工质量所实施的监督管理和控制职能。因此，项目管理者应全面理解施工质量控制的内涵，掌握项目施工阶段质量控制的目标、依据与基本环节，以及施工质量计划的编制和施工生产要素、施工准备工作和施工作业过程的质量控制方法。

一、施工质量控制的依据与基本环节

（一）施工质量的基本要求

工程项目施工是实现项目设计意图形成工程实体的阶段，是最终形成项目质量和实现项目使用价值的阶段。项目施工质量控制是整个工程项目质量控制的关键和重点。

施工质量要达到的最基本要求是通过施工形成的项目工程实体质量经检查验收合格。

建筑工程项目施工质量验收合格应符合下列规定。

(1) 符合工程勘察、设计文件的要求。

(2) 符合《建筑工程施工质量验收统一标准》(GB 50300—2013)和相关专业验收规范的规定。

上述规定(1)是要符合勘察、设计单位对施工提出的要求。工程勘察、设计单位针对本工程的水文地质条件，根据建设单位的要求，从技术和经济结合的角度，为满足工程的使用功能和安全性、经济性、与环境的协调性等要求，以图纸、文件的形式对施工提出的要求，是针对每个工程项目的个性化要求。

规定(2)是要符合国家法律、法规的要求。国家建设行政主管部门为了加强建筑工程质量管理、规范建筑工程施工质量的验收、保证工程质量，制定相应的标准和规范。这些标准、规范主要是从技术的角度，为保证房屋建筑各专业工程的安全性、可靠性、耐久性而提出的一般性要求。

施工质量在合格的前提下，还应符合施工承包合同约定的要求。施工承包合同的约定具体体现了建设单位的要求和施工单位的承诺，合同的约定全面体现了对施工形成的工程实体的适用性、安全性、耐久性、可靠性、经济性和与环境的协调性等六个方面质量特性的要求。

为了达到上述要求，项目的建设单位、勘察单位、设计单位、施工单位、工程监理单位应切实履行法定的质量责任和义务，在整个施工阶段对影响项目质量的各项因素实行有效的控制，以保证项目实施过程的工作质量，进而保证项目工程实体的质量。

合格是对项目质量的最基本要求，国家鼓励采用先进的科学技术和管理方法，提高建设工程质量。全国和地方(部门)的建设行政主管部门或行业协会设立中国建筑工程鲁班奖(国家优质工程)以及金钢奖、白玉兰奖、以“某某杯”命名的各种优质工程奖等，都是为了鼓励项目参建单位创造更好的工程质量。

（二）施工质量控制的依据

1. 共同性依据

共同性依据是指适用于施工质量管理有关的、通用的、具有普遍指导意义和必须遵守的基本法规，主要包括国家和政府有关部门颁布的与工程质量管理有关的法律法规性文件，如《中华

人民共和国建筑法》《中华人民共和国招标投标法》和《建设工程质量管理条例》等。

2. 专业技术性依据

专业技术性依据是指针对不同的行业、不同质量控制对象制定的专业技术规范文件，包括规范、规程、标准、规定等，如《建筑工程质量检验评定标准》，有关建筑材料、半成品和构配件质量方面的专门技术法规性文件，有关材料验收、包装和标志等方面的技术标准和规定，施工工艺质量等方面的技术法规性文件，有关新工艺、新技术、新材料、新设备的质量规定和鉴定意见等。

3. 项目专用性依据

项目专用性依据是指项目的工程建设合同、勘察设计文件、设计交底及图纸会审记录、设计修改和技术变更通知，以及相关会议记录和工程联系单等。

（三）施工质量控制的基本环节

施工质量控制应贯彻全面、全过程、全员质量管理的思想，运用动态控制原理，进行事前质量控制、事中质量控制和事后质量控制。

1. 事前质量控制

事前质量控制即在正式施工前进行的事前主动质量控制，通过编制施工质量计划，明确质量目标，制订施工方案，设置质量管理点，落实质量责任，分析可能导致质量目标偏离的各种影响因素，针对这些影响因素制订有效的预防措施，防患于未然。

事前质量控制必须充分发挥组织的技术和管理方面的整体优势，把长期形成的先进技术、管理方法和经验智慧创造性地应用于工程项目中。

事前质量控制要求针对质量控制对象的控制目标、活动条件、影响因素进行周密分析，找出薄弱环节，制定有效的控制措施和对策。

2. 事中质量控制

事中质量控制是指在施工质量形成过程中，对影响施工质量的各种因素进行全面的动态控制。事中质量控制也称作业活动过程质量控制，包括质量活动主体的自我控制和他人监控。自我控制是第一位的，即作业者在作业过程对自己质量活动行为的约束和技术能力的发挥，以完成符合预定质量目标的作业任务；他人监控是对作业者的质量活动过程和结果，由来自企业内部管理者和企业外部有关方面进行监督检查，如工程监理机构、政府质量监督部门等。

施工质量的自控和他人监控是相辅相成的系统过程。自控主体的质量意识和能力是关键，是施工质量的决定因素；各监控主体所进行的施工质量监控是对自控行为的推动和约束。

因此，自控主体必须正确处理自控和监控的关系，在致力于施工质量自控的同时，还必须接受来自业主、监理单位等方面对其质量行为和结果所进行的监督管理，包括质量检查、评价和验收。自控主体不能因为监控主体的存在和监控职能的实施而减轻或免除其质量责任。

事中质量控制的目标是确保工序质量合格，杜绝质量事故发生；控制的关键是坚持质量标准；控制的重点是工序质量、工作质量和质量控制点。

3. 事后质量控制

事后质量控制也称为事后质量把关，以使不合格的工序或最终产品（包括单位工程或整个工程项目）不流入下道工序、不进入市场。事后质量控制包括对质量活动结果的评价、认定，对工序质量偏差的纠正，对不合格产品进行整改和处理。事后质量控制的重点是发现施工质量方面的缺陷，并通过分析提出施工质量改进的措施，保持质量处于受控状态。

以上三大环节不是互相孤立和截然分开的，它们共同构成有机的系统过程，实质上也就是质量管理PDCA循环的具体化，在每一次滚动循环中不断提高质量，达到质量管理和质量控制的持续改进。

二、施工质量计划的内容与编制方法

按照《质量管理体系　基础和术语》(GB/T 19000—2016/ISO 9000:2005)，质量计划是质量管理体系文件的组成内容。在合同环境下，质量计划是企业向顾客表明质量管理方针、目标及其具体实现的方法、手段和措施的文件，体现企业对质量责任的承诺和实施的具体步骤。

(一) 施工质量计划的形式和内容

在建筑工程施工企业的质量管理体系中，以施工项目为对象的质量计划称为施工质量计划。

1. 施工质量计划的形式

目前，我国除了已经建立质量管理体系的施工企业直接采用施工质量计划的形式外，通常还采用在工程项目施工组织设计或施工项目管理实施规划中包含质量计划内容的形式，因此现行的施工质量计划有以下三种形式。

(1) 工程项目施工质量计划。

(2) 工程项目施工组织设计(含施工质量计划)。

(3) 施工项目管理实施规划(含施工质量计划)。

工程项目施工组织设计或施工项目管理实施规划之所以能发挥施工质量计划的作用，是因为根据建筑生产的技术经济特点，每个工程项目都需要进行施工生产过程的组织与计划，包括施工质量、进度、成本、安全等目标的设定，实现目标的计划和控制措施的安排等。因此，施工质量计划所要求的内容，理所当然地被包含于工程项目施工组织设计或施工项目管理实施规划中，而且能够充分体现施工项目管理目标(质量、工期、成本、安全)的关联性、制约性和整体性，这也和全面质量管理的思想方法相一致。

2. 施工质量计划的基本内容

在已经建立质量管理体系的情况下，质量计划的内容必须全面体现和落实企业质量管理体系文件的要求(也可引用质量体系文件中的相关条文)，编制程序、内容和编制依据符合有关规定，同时结合工程的特点，在质量计划中编写专项管理要求。施工质量计划的基本内容一般应包括以下内容。

(1) 工程特点及施工条件(合同条件、法规条件和现场条件等)分析。

(2) 质量总目标及其分解目标。

(3) 质量管理组织机构和职责，人员及资源配置计划。

(4) 确定施工工艺与操作方法的技术方案和施工组织方案。

(5) 施工材料、设备等物资的质量管理及控制措施。

(6) 施工质量检验、检测、试验工作的计划安排及其实施方法与检测标准。

(7) 施工质量控制点及其跟踪控制的方式与要求。

(8) 质量记录的要求等。

(二) 施工质量计划的编制与审批

对于建筑工程项目施工任务的组织,无论业主方是采用平行发包模式还是总分包模式,都将涉及多方参与主体的质量责任。也就是说,建筑产品的直接生产过程是在协同方式下进行的。因此,在工程项目质量控制体系中,要按照"谁实施谁负责"的原则,明确施工质量控制的主体构成及其各自的控制范围。

1. 施工质量计划的编制主体

施工质量计划应由自控主体即施工承包企业进行编制。在平行发包模式下,各承包单位应分别编制施工质量计划;在总分包模式下,施工总承包单位应编制总承包工程范围的施工质量计划,各分包单位编制相应分包范围的施工质量计划,作为施工总承包方质量计划的深化和组成部分。施工总承包方有责任对各分包方施工质量计划的编制进行指导和审核,并承担相应施工质量的连带责任。

2. 施工质量计划涵盖的范围

施工质量计划涵盖的范围,按整个工程项目质量控制的要求,应与建筑安装工程施工任务的实施范围相一致,以此保证整个项目建筑安装工程的施工质量总体受控;对具体施工任务承包单位而言,施工质量计划涵盖的范围,应能满足其履行工程承包合同质量责任的要求。项目的施工质量计划,应在施工程序、控制组织、控制措施、控制方式等方面,形成一个有机的质量计划系统,确保实现项目质量总目标和各分解目标的控制能力。

3. 施工质量计划的审批

施工单位的工程项目施工质量计划或施工组织设计文件编成后,应按照工程施工管理程序进行审批,审批包括施工企业内部的审批和项目监理机构的审查。

1) 施工企业内部的审批

施工单位的工程项目施工质量计划或施工组织设计文件的编制与内部审批,应根据企业质量管理程序性文件规定的权限和流程进行,通常是由项目经理部主持编制,报企业组织管理层批准。

施工质量计划或施工组织设计文件的内部审批过程,是施工企业自主技术决策和管理决策的过程,也是发挥企业职能部门与施工项目管理团队的智慧和经验的过程。

2) 项目监理机构的审查

对于实施工程监理的施工项目,按照我国建设工程监理规范的规定,施工承包单位必须在工程开工前填写施工组织设计/(专项)施工方案报审表并附施工组织设计(含施工质量计划),报送项目监理机构审查。项目监理机构应审查施工单位报审的施工组织设计文件,符合要求时,应由总监理工程师签认后报建设单位。施工组织设计需要调整时,应按程序重新审查。

4. 审批关系的处理原则

正确执行施工质量计划的审批程序,是正确理解工程质量目标和要求,保证施工部署、技术工艺方案和组织管理措施的合理性、先进性和经济性的重要环节,也是进行施工质量事前预控的重要方法。因此,在执行审批程序时,必须正确处理施工企业内部审批和监理机构审查的关系,其基本原则如下。

(1) 充分发挥质量自控主体和监控主体的共同作用，在坚持项目质量标准和质量控制能力的前提下，正确处理承包人利益和项目利益的关系；施工企业内部的审批首先应从履行工程承包合同的角度，审查实现合同质量目标的合理性和可行性，以项目质量计划向发包方提供可信任的依据。

(2) 施工质量计划在审批过程中，对监理机构审查所提出的建议、希望、要求等是否采纳以及采纳的程度，应由负责质量计划编制的施工单位自主决策。在满足合同和相关法规要求的情况下，确定质量计划的调整、修改和优化，并对相应执行结果承担责任。

(3) 经过按规定程序审查批准的施工质量计划，在实施过程中如因条件变化需要对某些重要决定进行修改时，其修改内容仍应按照相应程序经过审批后执行。

(三) 质量控制点的设置与管理

质量控制点的设置是施工质量计划的重要组成内容。质量控制点是施工质量控制的重点对象。

1. 质量控制点的设置

质量控制点应选择那些技术要求高、施工难度大、对工程质量影响大或是发生质量问题时危害大的对象。一般选择下列部位或环节作为质量控制点。

(1) 对工程质量形成过程产生直接影响的关键部位、工序、环节及隐蔽工程。

(2) 施工过程中的薄弱环节，或者质量不稳定的工序、部位或对象。

(3) 对下道工序有较大影响的上道工序。

(4) 采用新技术、新工艺、新材料的部位或环节。

(5) 施工质量无把握的、施工条件困难的或技术难度大的工序或环节。

(6) 用户反馈指出的和过去有过返工的不良工序。

一般建筑工程项目质量控制点的设置可参考表 8-1。

表 8-1　一般建筑工程项目质量控制点的设置

分项工程	质量控制点
工程测量定位	标准轴线桩、水平桩、龙门板、定位轴线、标高
地基、基础（含设备基础）	基坑（槽）尺寸、标高、土质、地基承载力，基础垫层标高，基础的位置、尺寸、标高，预埋件、预留洞孔的位置、标高、规格、数量，基础杯口弹线
砌体	砌体轴线，皮数杆，砂浆配合比，预留洞孔、预埋件的位置、数量，砌块排列
模板	位置、标高、尺寸，预留洞孔的位置、尺寸，预埋件的位置，模板的承载力、刚度和稳定性，模板内部清理及隔离剂情况
钢筋混凝土	水泥品种、强度等级，砂石质量，混凝土配合比，外加剂比例，混凝土振捣，钢筋品种、规格、尺寸、搭接长度，钢筋焊接、机械连接，预留洞、孔及预埋件的规格、位置、尺寸、数量，预制构件吊装或出厂（脱模）强度、吊装位置、标高、支承长度、焊缝长度
吊装	吊装设备的起重能力、吊具、索具、地锚
钢结构	翻样图、放大样
焊接	焊接条件、焊接工艺
装修	视具体情况而定

2. 质量控制点的重点控制对象

质量控制点的选择要准确，还要根据对重要的质量特性进行重点控制的要求，要选择质量控制的重点部位、重点工序和重点的质量因素作为质量控制点的重点控制对象，进行重点预控和监控，从而有效地控制和保证施工质量。质量控制点的重点控制对象主要包括以下几个方面。

(1) 人的行为。某些操作或工序，应以人为重点控制对象，如高空、高温、水下、易燃易爆、重型构件吊装作业以及操作要求高的工序和技术难度大的工序等，都应从人的生理、心理、技术能力等方面进行控制。

(2) 材料的质量与性能。这是直接影响工程质量的重要因素，在某些工程中应作为控制的重点。例如，钢结构工程中使用的高强度螺栓、某些特殊焊接使用的焊条，都应重点控制其材质与性能。又例如，水泥的质量是直接影响混凝土工程质量的关键因素，施工中应对进场的水泥质量进行重点控制，必须检查核对其出厂合格证，并按要求进行强度和安定性的复验等。

(3) 施工方法与关键操作。某些直接影响工程质量的关键操作应作为控制的重点。例如，预应力钢筋的张拉工艺操作过程及张拉力的控制，是可靠地建立预应力值和保证预应力构件质量的关键过程。同时，那些易对工程质量产生重大影响的施工方法，也应列为控制的重点，如大模板施工中模板的稳定和组装问题、液压滑模施工时支撑杆的稳定问题、升板法施工中提升量的控制问题等。

(4) 施工技术参数与指标。混凝土的外加剂掺量、水胶比，回填土的含水量，砌体的砂浆饱满度，防水混凝土的抗渗等级，建筑物沉降与基坑边坡稳定监测数据，大体积混凝土内外温差及混凝土冬期施工受冻临界强度等技术参数都是应重点控制的施工技术参数与指标。

(5) 技术间歇。有些工序之间必须留有必要的技术间歇时间。例如，砌筑与抹灰之间，应在墙体砌筑后留 6～10 天时间，让墙体充分沉陷、稳定、干燥，然后抹灰，抹灰层干燥后，才能喷白、刷浆；混凝土浇筑与模板拆除之间，应保证混凝土有一定的硬化时间，达到规定拆模强度后方可拆除等。

(6) 施工顺序。某些工序之间必须严格控制先后的施工顺序，例如，对冷拉的钢筋应当先焊接后冷拉，否则会失去冷强；屋架的安装固定应采取对角同时施焊的方法，否则会由于焊接应力导致校正好的屋架发生倾斜。

(7) 易发生或常见的质量通病。例如，混凝土工程的蜂窝、麻面、空洞，墙、地面、屋面工程渗水、漏水、空鼓、起砂、裂缝等，都与工序操作有关，均应事先研究对策，提出预防措施。

(8) 新技术、新材料及新工艺的应用。由于缺乏经验，施工时应将其作为重点进行控制。

(9) 产品质量不稳定和不合格率较高的工序应列为重点，认真分析，严格控制。

(10) 特殊地基或特种结构。对于湿陷性黄土、膨胀土、红黏土等特殊土地基的处理，以及大跨度结构、高耸结构等技术难度较大的施工环节和重要部位，均应予以重视。

3. 质量控制点的管理

设定了质量控制点，质量控制的目标及工作重点就更加明晰。

首先，要做好质量控制点的事前质量控制工作，包括明确质量控制的目标与控制参数，编制作业指导书和质量控制措施、确定质量检查检验方式及抽样的数量与方法、明确检查结果的判断标准及质量记录与信息反馈要求等。

其次，要向施工作业班组进行认真交底，使每一个质量控制点上的作业人员明白施工作业规程及质量检验评定标准，掌握施工操作要领；在施工过程中，相关技术管理和质量控制人员要在现场进行重点指导和检查验收。

最后，要做好质量控制点的动态设置和动态跟踪管理。所谓动态设置，是指在工程开工前、设计交底和图纸会审时，可确定项目的一批质量控制点，随着工程的展开、施工条件的变化，随时或定期进行质量控制点的调整和更新。动态跟踪是指应用动态控制原理，落实专人负责跟踪和记录控制点质量控制的状态和效果，并及时向项目管理组织的高层管理者反馈质量控制信息，保持施工质量控制点处于受控状态。

对于危险性较大的分部分项工程或特殊施工过程，除按一般过程质量控制的规定执行外，还应由专业技术人员编制专项施工方案或作业指导书，经施工单位技术负责人、项目总监理工程师、建设单位项目负责人签字后执行。超过一定规模的危险性较大的分部分项工程，还要组织专家对专项方案进行论证。作业前施工员、技术员做好交底和记录，使操作人员在明确工艺标准、质量要求的基础上进行作业。为保证实现质量控制点的目标，应严格按照三级检查制度进行检查控制。在施工中发现质量控制点有异常时，应立即停止施工，召开分析会，查找原因，采取对策予以解决。

施工单位应积极主动地支持、配合监理工程师的工作，应根据现场工程监理机构的要求，对施工作业质量控制点按照不同的性质和管理要求，细分为见证点和待检点进行施工质量的监督和检查。凡属见证点的施工作业，如重要部位、特种作业、专门工艺等，施工方必须在该项作业开始前，书面通知现场监理机构到位旁站，见证施工作业过程；凡属待检点的施工作业，如隐蔽工程等，施工方必须在完成施工质量自检的基础上，提前通知项目监理机构进行检查验收，然后才能进行工程隐蔽或下道工序的施工。未经过项目监理机构检查验收合格，不得进行工程隐蔽或下道工序的施工。

三、施工生产要素的质量控制

施工生产要素是施工质量形成的物质基础，其质量的含义包括：作为劳动主体的施工人员，即直接参与施工的管理者、作业者的素质及其组织效果；作为劳动对象的建筑材料、半成品、工程用品、设备等的质量；作力劳动方法的施工工艺及技术措施的水平；作为劳动手段的施工机械、设备、工具、模具等的技术性能；施工环境——现场水文、地质、气象等自然环境，通风、照明、安全等作业环境以及协调配合的管理环境。

1.施工人员的质量控制

施工人员的质量包括参与工程施工各类人员的施工技能、文化素养、生理体能、心理行为等方面的个体素质，以及经过合理组织和激励发挥个体潜能综合形成的群体素质。因此，企业应通过择优录用、加强思想教育及技能方面的教育培训，合理组织、严格考核，并辅以必要的激励机制，使企业员工的潜在能力得到充分的发挥和实现最好的组合，使施工人员在质量控制体系中发挥主体自控作用。

施工企业必须坚持执业资格注册制度和作业人员持证上岗制度；对所选派的施工项目领导者、组织者进行教育和培训，使其质量意识和组织管理能力能满足施工质量控制的要求；对所属施工队伍进行全员培训，加强质量意识的教育和技术训练，提高每个作业者质量活动能力和自控能力；对分包单位进行严格的资质考核和施工人员的资格考核，其资质、资格必须符合相关法规的规定,与其分包的工程相适应。

2.材料设备的质量控制

原材料、半成品及工程设备是工程实体的构成部分,其质量是项目工程实体质量的基础。加强原材料、半成品及工程设备的质量控制,既是提高工程质量的必要条件,也是实现工程项目投资目标和进度目标的前提。

对原材料、半成品及工程设备进行质量控制的主要内容为:控制材料设备的性能、标准、技术参数与设计文件的相符性;控制材料、设备各项技术性能指标、检验测试指标与标准规范要求的相符性;控制材料、设备进场验收程序的正确性及质量文件资料的完备性;优先采用节能低碳的新型建筑材料和设备,禁止使用国家明令禁用或淘汰的建筑材料和设备等。

施工单位应在施工过程中贯彻执行企业质量程序文件中关于材料和设备封样、采购、进场检验、抽样检测及质保资料提交等方面明确规定的一系列控制标准。

3.工艺方案的质量控制

施工工艺的先进合理性是直接影响工程质量、工程进度及工程造价的关键因素,也直接影响到工程施工安全。因此,在工程项目质量控制体系中,制定和采用技术先进、经济合理、安全可靠的施工技术工艺方案,是工程质量控制的重要环节。对施工工艺方案的质量控制主要包括以下内容。

(1) 深入正确地分析工程特征、技术关键及环境条件等资料,明确质量目标、验收标准、控制的重点和难点。

(2) 制定合理有效的有针对性的施工技术方案和组织方案。前者包括施工工艺、施工方法,后者包括施工区段划分、施工流向及劳动组织等。

(3) 合理选用施工机械设备和设置施工临时设施,合理布置施工总平面图和各阶段施工平面图。

(4) 选用和设计保证质量和安全的模具、脚手架等施工设备。

(5) 编制工程所采用的新材料、新技术、新工艺的专项技术方案和质量管理方案。

(6) 针对工程具体情况,分析气象、地质等环境因素对施工的影响,制定应对措施。

4.施工机械的质量控制

施工机械是指施工过程中使用的各类机械设备,包括起重运输设备、人货两用电梯、加工机械、操作工具、测量仪器、计量器具以及专用工具和施工安全设施等。施工机械是所有施工方案和工法得以实施的重要物质基础,合理选择和正确使用施工机械是保证施工质量的重要措施。

(1) 对施工所用的机械设备,应根据工程需要从设备选型、主要性能参数及使用操作要求等方面加以控制,使其符合安全、适用、经济、可靠和节能、环保等方面的要求。

(2) 对施工中使用的模具、脚手架等施工设备,除可按适用的标准定型选用之外,一般需按设计及施工要求进行专项设计,对其设计方案及制作质量的控制和验收应作为重点进行控制。

(3) 按现行施工管理制度要求,工程所用的施工机械、模板、脚手架,特别是危险性较大的现场安装的起重机械设备,不仅要对其设计安装方案进行审批,而且安装完毕交付使用前必须经专业管理部门的验收,合格后方可使用。同时,在使用过程中尚需落实相应的管理制度,以确保其安全正常使用。

5.环境因素的控制

环境因素主要包括施工现场自然环境因素、施工质量管理环境因素和施工作业环境环境因素。环境因素对工程质量的影响，具有复杂多变和不确定性的特点，具有明显的风险特性。要减少其对施工质量的不利影响，主要是采取预测预防的风险控制方法。

1）对施工现场自然环境因素的控制

对地质、水文等方面影响因素，应根据设计要求，分析工程岩土地质资料，预测不利因素，并会同设计等方面制定相应的措施，采取如基坑降水、排水、加固围护等技术控制方案。

对天气气象方面的影响因素，应在施工方案中制定专项紧急预案，明确在不利条件下的施工措施，落实人员、器材等方面的准备，加强施工过程中的监控与预警。

2）对施工质量管理环境因素的控制

施工质量管理环境因素主要指施工单位质量保证体系、质量管理制度和各参建施工单位之间的协调等因素。要根据工程承发包的合同结构，理顺管理关系，建立统一的现场施工组织系统和质量管理的综合运行机制，确保质量保证体系处于良好的状态，创造良好的质量管理环境和氛围，使施工顺利进行，保证施工质量。

3）对施工作业环境因素的控制

施工作业环境因素主要是指施工现场的给水排水条件，各种能源介质供应，施工照明、通风、安全防护设施，施工场地空间条件和通道，以及交通运输和道路条件等因素。

要认真实施经过审批的施工组织设计和施工方案，落实保证措施，严格执行相关管理制度和施工纪律，保证上述环境条件良好，使施工顺利进行，使施工质量得到保证。

四、施工准备的质量控制

（一）施工技术准备工作的质量控制

施工技术准备是指在正式开展施工作业活动前进行的技术准备工作。这类工作内容繁多，主要在室内进行，例如熟悉施工图纸，组织设计交底和图纸审查；进行工程项目检查验收的项目划分和编号；审核相关质量文件，细化施工技术方案和施工人员、机具的配置方案，编制施工作业技术指导书，绘制各种施工详图（如测量放线图，大样图，配筋、配板、配线图表等），进行必要的技术交底和技术培训。施工技术准备工作出错，必然影响施工进度和作业质量，甚至直接导致质量事故。

施工技术准备工作的质量控制，包括对上述技术准备工作成果的复核审查，检查这些成果是否符合设计图纸和施工技术标准的要求；根据经过审批的质量计划审查、完善施工质量控制措施；针对质量控制点，明确质量控制的重点对象和控制方法；尽可能地提高上述工作成果对施工质量的保证程度等。

（二）现场施工准备工作的质量控制

1.计量控制

施工过程中的计量，包括投料计量、施工测量、监测计量，以及对项目、产品或过程的测试、检验、分析计量等。开工前，要建立和完善施工现场计量管理的规章制度；明确计量控制责任者和配置必要的计量人员；严格按规定对计量器具进行维修和校验；统一计量单位，组织量值传递,保证量值统一,从而保证施工过程中计量的准确。

2.测量控制

工程测量放线是建筑工程产品由设计转化为实物的第一步。施工测量的质量直接决定工程的定位和标高,并且制约施工过程有关工序的质量。因此,施工单位在开工前应编制测量控制方案,经项目技术负责人批准后实施。要对建设单位提供的原始坐标点、基准线和水准点等测量控制点线进行复测,并将复测结果上报监理工程师审核,批准后施工单位才能建立施工测量控制网,进行工程定位和标高基准的控制。

3.施工平面布置图控制

建设单位应按照合同约定并充分考虑施工的实际需要,事先划定并提供施工用地和现场临时设施用地的范围,协调平衡和审查批准各施工单位的施工平面设计。施工单位要严格按照批准的施工平面布置图,科学合理地使用施工场地,正确安装设置施工机械设备和其他临时设施,维护现场施工道路畅通无阻和通信设施完好,合理控制材料的进场与堆放,保持良好的防洪排水能力,保证充分的给水和供电。建设(监理)单位应会同施工单位制定严格的施工场地管理制度、施工纪律和相应的奖惩措施,严禁乱占场地和擅自断水、断电、断路,及时制止和处理各种违纪行为,并做好施工现场的质量检查记录。

(三)工程质量检查验收的项目划分

一个建筑工程项目从施工准备开始到竣工交付使用,要经过若干工序、工种的配合施工。施工质量取决于各个施工工序、工种的管理水平和操作质量。因此,为了便于控制、检查、评定和监督每个工序和工种的工作质量,就要把整个项目逐级划分为若干个子项目,并分级进行编号,在施工过程中据此来进行质量控制和检查验收。这是进行施工质量控制的一项重要准备工作,应在项目施工开始之前进行。项目划分越合理、明细,越有利于分清质量责任,便于施工人员进行质量自控和检查监督人员检查验收,也有利于质量记录等资料的填写、整理和归档。

根据《建筑工程施工质量验收统一标准》(GB 50300—2013)的规定,建筑工程施工质量验收应划分为单位工程、分部工程、分项工程和检验批。

(1)单位工程的划分应按下列原则确定。

① 具备独立施工条件并能形成独立使用功能的建筑物及构筑物为一个单位工程。

② 对于建筑规模较大的单位工程,可将其能形成独立使用功能的部分划分为一个子单位工程。

(2)分部工程的划分应按下列原则确定。

① 可按专业性质、工程部位确定。例如,一般的建筑工程可划分为地基与基础、主体结构、建筑装饰装修、建筑屋面、建筑给水排水及供暖、建筑电气、智能建筑、通风与空调、建筑节能、电梯等分部工程。

② 当分部工程较大或较复杂时,可按材料种类、施工特点、施工程序、专业系统及类别等划分为若干子分部工程。

(3)分项工程可按主要工种、材料、施工工艺、设备类别等进行划分。

(4)检验批可根据施工质量控制和专业验收需要,按工程量、楼层、施工段、变形缝等进行划分。

(5) 建筑工程的分部分项工程划分宜按《建筑工程施工质量验收统一标准》附录B采用。

(6) 室外工程可根据专业类别和工程规模按《建筑工程施工质量验收统一标准》附录C的规定划分单位工程、分部工程。

五、施工过程的质量控制

施工过程的质量控制是在工程项目质量实际形成过程中的事中质量控制。

建筑工程项目施工是由一系列相互关联、相互制约的作业过程(工序)构成,因此施工质量控制,必须对全部作业过程,即各道工序的作业质量持续进行控制。从项目管理的立场看,工序作业质量的控制,首先是质量生产者即作业者的自控,在施工生产要素合格的条件下,作业者能力及其发挥的状况是决定作业质量的关键。其次,是来自作业者外部的各种作业质量检查、验收和对质量行为的监督,也是不可缺少的设防和把关的管理措施。

工序是人、材料、机械设备、施工方法和环境因素对工程质量综合起作用的过程,所以对施工过程的质量控制,必须以工序作业质量控制为基础和核心。因此,工序的质量控制是施工阶段质量控制的重点。只有严格控制工序质量,才能确保施工项目的实体质量。工序施工质量控制主要包括工序施工条件质量控制和工序施工效果质量控制。

工序施工条件是指从事工序活动的各生产要素质量及生产环境条件。工序施工条件控制就是控制工序活动的各种投入要素质量和环境条件质量,控制的手段主要有检查、测试、试验、跟踪监督等,控制的依据主要是设计质量标准、材料质量标准、机械设备技术性能标准、施工工艺标准以及操作规程等。

工序施工效果是工序产品的质量特征和特性指标的反映。对工序施工效果的控制就是控制工序产品的质量特征和特性指标,使其达到设计质量标准以及施工质量验收标准的要求。工序施工效果控制属于事后质量控制。其控制的主要途径是实测获取数据、统计分析所获取的数据、判断认定质量等级和纠正质量偏差。

按有关施工验收规范规定,下列工序质量必须进行现场质量检测,合格后才能进行下道工序。

(一) 地基基础工程

1. 地基及复合地基承载力检测

对灰土地基、砂和砂石地基、土工合成材料地基、粉煤灰地基、强夯地基、注浆地基、预压地基,其竣工后的结果(地基强度或承载力)必须达到设计要求的标准。检验数量为:每单位工程不应少于3点;1 000 m^2 以上工程,每100 m^2 至少应有1点;3 000 m^2 以上工程,每300 m^2 至少应有1点;每一独立基础下至少应有1点,基槽每20延米应有1点。

对水泥土搅拌桩复合地基、高压喷射注浆桩复合地基、砂桩地基、振冲桩复合地基、土和灰土挤密桩复合地基、水泥粉煤灰碎石桩复合地基及夯实水泥土桩复合地基,其承载力检验数量为总数的0.5%～1%,但不应小于3处。有单桩强度检验要求时,检验数量为总数的0.5%～1%,但不应少于3根。

2. 工程桩的承载力检测

对于地基基础设计等级为甲级或地质条件复杂、成桩质量可靠性低的灌注桩,应采用静载荷试验的方法进行检验，检验桩数不应少于总数的1%，且不应少于3根；当总桩数少于50根时，不应少于2根。

设计等级为甲级、乙级的桩基或地质条件复杂、桩施工质量可靠性低、本地区采用的新桩型或新工艺的桩基应进行桩的承载力检验，检验数量在同一条件下不应少于3根，且不宜少于总桩数的1%。

3. 桩身质量检验

对设计等级为甲级或地质条件复杂、成桩质量可靠性低的灌注桩，抽检数量不应少于总数的30%，且不应少于20根；其他桩基工程的抽检数量不应少于总数的20%，且不应少于10根；对混凝土预制桩及地下水位以上且终孔后经过核验的灌注桩，检验数量不应少于总桩数的10%，且不得少于10根。每个柱子承台下不得少于1根。

（二）主体结构工程

1. 混凝土、砂浆、砌体强度现场检测

检测同一强度等级、同条件养护的试块强度，以此检测结果代表工程实体的结构强度。

混凝土：按统计方法评定混凝土强度的基本条件是，同一强度等级、同条件养护试件的留置数量不宜少于10组；按非统计方法评定混凝土强度时，留置数量不应少于3组。

砂浆抽检数量：每一检验批且不超过250 m^3 砌体的各种类型及强度等级的砌筑砂浆，每台搅拌机应至少抽检一次。

砌体：普通砖15万块、多孔砖5万块、灰砂砖及粉煤灰砖10万块各为一检验批，抽检数量为一组。

2. 钢筋保护层厚度检测

钢筋保护层厚度检测的结构部位，应由监理（建设）单位、施工单位等各方根据结构构件的重要性共同选定。

对梁类、板类构件，应各抽取构件数量的2%且不少于5个构件进行检验。

3. 混凝土预制构件结构性能检测

对成批生产的构件，应按同一工艺正常生产的不超过1 000件且不超过3个月的同类型产品为一批。在每批中应随机抽取一个构件作为试件进行检验。

（三）建筑幕墙工程

（1）铝塑复合板的剥离强度检测。

（2）石材的弯曲强度，室内用花岗石的放射性检测。

（3）玻璃幕墙用结构胶的邵氏硬度、标准条件拉伸黏结强度、相容性试验；石材用结构胶黏结强度及石材用密封胶的污染性检测。

（4）建筑幕墙的气密性、水密性、风压变形性能、层间变位性能检测。

（5）硅酮结构胶相容性检测。

（四）钢结构及管道工程

（1）钢结构及钢管焊接质量无损检测：对有无损检验要求的焊缝，竣工图上应标明焊缝编号、无损检验方法、局部无损检验焊缝的位置、底片编号、热处理焊缝位置及编号、焊缝补焊位置及施焊焊工代号;焊缝施焊记录及检查、检验记录应符合相关标准的规定。

(2) 钢结构、钢管防腐及防火涂装检测。

(3) 钢结构节点、机械连接用紧固标准件及高强度螺栓力学性能检测。

六、施工作业质量的自控

(一) 施工作业质量自控的意义

施工作业质量的自控,从经营的层面上说,强调的是作为建筑产品生产者和经营者的施工企业,应全面履行企业的质量责任,向顾客提供质量合格的工程产品;从生产的过程来说,强调的是施工作业者的岗位质量责任,向后道工序提供合格的作业成果(中间产品)。因此,施工方是施工阶段质量自控主体。施工方不能因为监控主体的存在和监控责任的实施而减轻或免除其质量责任。《中华人民共和国建筑法》和《建设工程质量管理条例》规定:施工单位对建设工程的施工质量负责;施工单位必须按照工程设计要求、施工技术标准和合同的约定,对建筑材料、建筑构配件和设备进行检验,不合格的不得使用。

施工方作为工程施工质量的自控主体,既要遵循本企业质量管理体系的要求,也要根据其在所承建的工程项目质量控制体系中的地位和责任,通过具体项目质量计划的编制与实施,有效地实现施工质量的自控目标。

(二) 施工作业质量自控的程序

施工作业质量的自控过程是由施工作业组织的成员进行的,其基本的控制程序包括施工作业技术的交底、施工作业活动的实施和施工作业质量的检验以及专职管理人员的质量检查等。

1.施工作业技术的交底

技术交底是施工组织设计和施工方案的具体化,施工作业技术交底的内容必须具有可行性和可操作性。

从项目的施工组织设计到分部分项工程的作业计划,在实施之前都必须逐级进行交底,其目的是使管理者的计划和决策意图为实施人员所理解。施工作业技术交底是最基层的技术和管理交底活动。施工总承包方和工程监理机构都要对施工作业技术交底进行监督。施工作业技术交底的内容包括作业范围、施工依据、作业程序、技术标准和要领、质量目标,以及其他与安全、进度、成本、环境等目标管理有关的要求和注意事项。

2.施工作业活动的实施

施工作业活动是由一系列工序所组成的。为了保证工序质量的受控,首先要对作业条件进行再确认,即按照作业计划检查作业准备状态是否落实到位,其中包括对施工程序和作业工艺顺序的检查确认,在此基础上,严格按作业计划的程序、步骤和质量要求展开工序作业活动。

3.施工作业质量的检验

施工作业质量的检验,是贯穿整个施工过程的最基本的质量控制活动,包括施工单位内部的工序作业质量自检、互检,专检和交接检查,以及现场监理机构的旁站检查、平行检验等。施工作业质量检验是施工质量验收的基础,已完检验批及分部分项工程的施工质量必须在施工单位完成质量自检并确认合格之后，才能报请现场监理机构进行检查验收。

前道工序作业质量经验收合格后，才可进入下道工序施工。未经验收合格的工序，不得进入下道工序施工。

（三）施工作业质量自控的要求

工序作业质量是直接形成工程质量的基础，为达到对工序作业质量控制的效果，在加强工序管理和质量目标控制方面应坚持以下要求。

1. 预防为主

严格按照施工质量计划的要求，进行各分部分项施工作业的部署。同时，根据施工作业的内容、范围和特点，制定施工作业计划，明确作业质量目标和作业技术要领，认真进行作业技术交底，落实各项作业技术组织措施。

2. 重点控制

在施工作业计划中，一方面要认真贯彻实施施工质量计划中的质量控制点的控制措施；另一方面要根据作业活动的实际需要，进一步建立工序作业控制点，深化工序作业的重点控制。

3. 坚持标准

工序作业人员对工序作业过程应严格进行质量自检，通过自检不断改善作业，并创造条件开展作业质量互检，通过互检加强技术与经验的交流。对已完工序作业产品，即检验批或分部分项工程，应严格坚持质量标准。对不合格的施工作业质量，不得进行验收签证，必须按照规定的程序进行处理。

《建筑工程施工质量验收统一标准》(GB 50300—2013)及配套使用的专业质量验收规范，是施工作业质量自控的合格标准。有条件的施工企业或项目经理部应结合自己的条件编制高于国家标准的企业内控标准或工程项目内控标准，或采用施工承包合同明确规定的更高标准，将其列入质量计划中，努力提升工程质量水平。

4. 记录完整

施工图纸、质量计划、作业指导书、材料质保书、检验试验及检测报告、质量验收记录等，是形成可追溯性质量保证的依据，也是工程竣工验收所不可缺少的质量控制资料。因此，对工序作业质量，应有计划、有步骤地按照施工管理规范的要求进行填写记载，做到及时、准确、完整、有效，并具有可追溯性。

（四）施工作业质量自控的制度

根据实践经验的总结，施工作业质量自控的有效制度有：① 质量自检制度；② 质量例会制度；③ 质量会诊制度；④ 质量样板制度；⑤ 质量挂牌制度；⑥ 每月质量讲评制度等。

七、施工作业质量的监控

（一）施工作业质量的监控主体

为了保证项目质量，建设单位、监理单位、设计单位及政府的工程质量监督部门，在施工阶段根据法律法规和工程施工承包合同，对施工单位的质量行为和项目实体质量实施监督控制。

设计单位应当就审查合格的施工图纸设计文件向施工单位做出详细说明；应当参与建筑工程项目质量事故分析，并对因设计造成的质量事故提出相应的技术处理方案。

建设单位在领取施工许可证或者开工报告前，应当按照国家有关规定办理工程质量监督手续。

作为监控主体之一的项目监理机构，在施工作业实施过程中，根据其监理规划与实施细则，采取现场旁站、巡视、平行检验等形式，对施工作业质量进行监督检查，如发现工程施工不符合工程设计要求、施工技术标准和合同约定，有权要求施工单位改正。监理机构应进行检查而没有检查或没有按规定进行检查，给建设单位造成损失时，监理机构应承担赔偿责任。

必须强调，施工质量的自控主体和监控主体在施工全过程相互依存、各尽其责，共同推动着施工质量控制过程的展开和最终实现工程项目的质量总目标。

（二）现场质量检查

现场质量检查是施工作业质量监控的主要手段。

1.现场质量检查的内容

（1）开工前的检查：主要检查是否具备开工条件、开工后是否能够保持连续正常施工、能否保证工程质量。

（2）工序交接检查：对于重要的工序或对工程质量有重大影响的工序，应严格执行“三检”制度（即自检、互检、专检），未经监理工程师（或建设单位本项目技术负责人）检查认可，不得进行下道工序施工。

（3）隐蔽工程的检查：施工中凡是隐蔽工程，必须检查认证后方可进行隐蔽掩盖。

（4）停工后复工的检查：因客观因素停工或处理质量事故等停工，经检查认可后方能复工。

（5）分项分部工程完工后的检查：应经检查认可，并签署验收记录后，才能进行下一工程的施工。

（6）成品保护的检查：检查成品有无保护措施以及保护措施是否有效可靠。

2.现场质量检查的方法

1）目测法

目测法即凭借感官进行检查，也称观感质量检验法。其手段可概括为“看”“摸”“敲”“照”四个字。

（1）看就是根据质量标准要求进行外观检查。例如，检查清水墙面是否洁净，喷涂的密实度和颜色是否良好，工人的操作是否正常，内墙抹灰的大面及口角是否平直，混凝土外观是否符合要求等。

（2）摸就是通过触摸进行检查、鉴别。例如，检查油漆的光滑度是否良好，刷浆是否牢固、不掉粉等。

（3）敲就是运用敲击工具进行音感检查。对地面工程、装饰工程中的水磨石、面砖、石材饰面等，均应进行敲击检查。

（4）照就是通过人工光源或反射光照射，检查难以看到或光线较暗的部位。例如，检查管道井、电梯井等内部管线、设备安装质量，装饰吊顶内连接及设备安装质量等。

2）实测法

实测法就是通过实测数据与施工规范、质量标准的要求及允许偏差值进行对照，以此判断质量是否符合要求、其手段可概括为“靠”“量”“吊”“套”四个字。

(1) 靠就是用直尺、塞尺检查墙面、地面、路面等的平整度。

(2) 量就是用测量工具和计量仪表等检查断面尺寸、轴线、标高、湿度、温度等的偏差,如大理石板拼缝尺寸,摊铺沥青拌合料的温度,混凝土坍落度的检测等。

(3) 吊就是利用托线板以及线坠吊线检查垂直度,如砌体的垂直度检查、门窗的安装质量检查等。

(4) 套就是以方尺套方,辅以塞尺检查。例如,对阴阳角的方正、踢脚线的垂直度、预制构件的方正、门窗口及构件的对角线进行检查等。

3) 试验法

试验法是指通过必要的试验手段对质量进行判断的检查方法,主要包括以下内容。

(1) 理化试验。

工程中常用的理化试验包括物理力学性能方面的检验和化学成分及化学性能的测定等两个方面。物理力学性能方面的检验包括各种力学指标的测定,如抗拉强度、抗压强度、抗弯强度、抗折强度、冲击韧性、硬度、承载力的测度等,以及各种物理性能方面的测定,如密度、含水量、凝结时间、安定性及抗渗、耐磨、耐热性能的测度等。化学成分及化学性质的测定包括钢筋中的磷、硫含量,混凝土中粗骨料中的活性氧化硅成分,以及耐酸、耐碱、抗腐蚀性的测度等。此外,根据规定有时还需进行现场试验,如对桩或地基的静载试验、下水管道的通水试验、压力管道的耐压试验、防水层的蓄水或淋水试验等。

(2) 无损检测。

无损检测是指利用专门的仪器仪表从表面探测结构物、材料、设备的内部组织结构或损伤情况。常用的无损检测方法有超声波探伤、X 射线探伤、γ 射线探伤等。

(三) 技术核定与见证取样送检

1. 技术核定

在建筑工程项目施工过程中,因施工方对施工图纸的某些要求不甚明白,或图纸内部存在某些矛盾,或工程材料调整与代用,改变建筑节点构造、管线位置或走向等,需要通过设计单位明确或确认的,施工方必须以技术核定单的方式向监理工程师提出,报送设计单位核准确认。

2. 见证取样送检

为了保证建筑工程项目的质量,我国规定对项目所使用的主要材料、半成品、构配件以及施工过程留置的试块、试件等应实行现场见证取样送检。见证人员由建设单位及工程监理机构中有相关专业知识的人员担任;送检的试验室应具备经国家或地方工程检验检测主管部门核准的相关资质;见证取样送检必须严格按规定的程序进行,包括取样见证并记录、样本编号、填单、封箱、送试验室、核对、交接、试验检测、报告等。

检测机构应当建立档案管理制度。检测合同、委托单、原始记录、检测报告应当按年度统一编号,编号应当连续,不得随意抽撤、涂改。

(四) 隐蔽工程验收与施工成品质量保护

1. 隐蔽工程验收

凡被后续施工所覆盖的施工内容,如地基基础工程、钢筋工程、预埋管线工程等均属隐蔽工程。加强隐蔽工程质量验收，是施工质量控制的重要环节。其程序要求施工方首先应完成自检并合格，然后填写专用的隐蔽工程验收单。验收单所列的验收内容应与已完的隐蔽工程实物相一致，并事先通知监理机构及有关方面，按约定时间进行验收。验收合格的隐蔽工程由各方共同签署验收记录；验收不合格的隐蔽工程，应按验收整改意见进行整改后重新验收。严格隐蔽工程验收的程序和记录，对于预防工程质量隐患、提供可追溯质量记录具有重要作用。

2. 施工成品质量保护

建筑工程项目已完施工的成品保护，目的是避免已完施工成品受到来自后续施工以及其他方面的污染或损坏。已完施工的成品保护问题和相应措施，在工程施工组织设计与计划阶段就应该从施工顺序上进行考虑，防止施工顺序不当或交叉作业造成相互干扰、污染和损坏；成品形成后可采取防护、覆盖、封闭、包裹等相应措施进行保护。

八、施工质量与设计质量的协调

建筑工程项目施工是按照工程设计图纸（施工图）进行的，施工质量离不开设计质量，优良的施工质量要靠优良的设计质量和周到的设计现场服务来保证。

（一）项目设计质量的控制

要保证施工质量，首先要控制设计质量。项目设计质量的控制，主要是从满足项目建设需求入手，包括国家相关法律法规、强制性标准和合同规定的明确需求以及潜在需求，以使用功能和安全可靠性为核心，进行下列设计质量的综合控制。

1. 项目功能性质量控制

项目功能性质量控制的目的是保证建筑工程项目使用功能的符合性，其内容包括项目内部的平面空间组织、生产工艺流程组织，如满足使用功能的建筑面积分配以及宽度、高度、净空、通风、保暖、日照等物理指标和节能、环保、低碳等方面的符合性要求。

2. 项目可靠性质量控制

项目可靠性质量控制主要是指建筑工程项目建成后，在规定的使用年限和正常的使用条件下，保证使用安全和建筑物、构筑物及其设备系统性能稳定、可靠。

3. 项目观感性质量控制

对于建筑工程项目，项目观感性质量主要是指建筑物的总体格调、外部形体及内部空间观感效果，整体环境的适宜性、协调性，文化内涵的韵味及其魅力等的体现。道路、桥梁等基础设施工程同样也有其独特的构型格调、观感效果及其环境适宜的要求。

4. 项目经济性质量控制

建筑工程项目设计经济性质量，是指不同设计方案的选择对建设投资的影响。设计经济性质量控制目的在于强调设计过程的多方案比较，通过价值工程、优化设计，不断提高建筑工程项目的性价比。在满足项目投资目标要求的条件下，做到经济高效，防止浪费。

5. 项目施工可行性质量控制

任何设计意图都要通过施工来实现，设计意图不能脱离现实的施工技术和装备水平，否则设计意图再好也无法实现。设计一定要充分考虑施工的可行性，并尽量做到方便施工，这样施

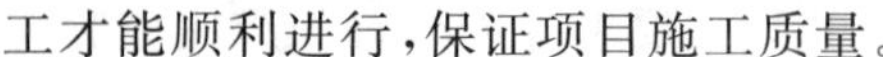

工才能顺利进行，保证项目施工质量。

（二）施工与设计的协调

从项目施工质量控制的角度来说，项目建设单位、施工单位和监理单位都要注重施工与设计的相互协调。这项协调工作主要包括以下几个方面。

1.设计联络

项目建设单位或监理单位应组织施工单位到设计单位进行设计联络，其主要任务如下。

(1) 了解设计意图、设计内容和特殊技术要求，分析其中的施工重点和难点，以便有针对性地编制施工组织设计，及早做好施工准备；对于以现有的施工技术和装备水平实施有困难的设计，要及时提出意见，协商修改设计，或者探讨通过技术攻关提高技术装备水平来实施的可能性，同时向设计单位介绍和推荐先进的施工新技术、新工艺和新工法，争取通过适当的设计，使这些新技术、新工艺和新工法在施工中得到应用。

(2) 了解设计进度，根据项目进度控制总目标、施工工艺顺序和施工进度安排，提出设计出图的时间和顺序要求，对设计和施工进度进行协调，使施工得以连续顺利进行。

(3) 从施工质量控制的角度提出合理化建议，优化设计，为保证和提高施工质量创造更好的条件。

2.设计交底和图纸会审

建设单位和监理单位应组织设计单位向所有的施工实施单位进行详细的设计交底，使实施单位充分理解设计意图，了解设计内容和技术要求，明确质量控制的重点和难点；同时认真地进行图纸会审，深入发现和解决各专业设计之间可能存在的矛盾，消除施工图的差错。

3.设计现场服务和技术核定

建设单位和监理单位应要求设计单位派出得力的设计人员到施工现场进行设计服务，解决施工中发现和提出的与设计有关的问题，及时做好相关设计核定工作。

4.设计变更

在施工期间无论是建设单位、设计单位或施工单位提出需要进行局部设计变更的内容，都必须按照规定的程序，先将变更意图或请求报送监理工程师审查，经设计单位审核认可并签发设计变更通知书后，再由监理工程师下达变更指令。

任务 4 建筑工程项目质量改进和质量事故处理

一、建筑工程项目质量改进

施工项目应利用质量方针、质量目标定期分析和评价项目管理状况，识别质量持续改进区域，确定改进目标，实施选定的解决办法，提高质量管理体系的有效性。

1.改进的步骤

改进的步骤包括:① 分析和评价现状,以识别改进的区域;② 确定改进目标;③ 寻找可能的解决办法以实现这些目标;④ 评价这些解决办法并做出选择;⑤ 实施选定的解决办法;⑥ 测量、验证、分析和评价实施的结果以确定这些目标已经实现;⑦ 正式采纳更正(形成正式的规定);⑧ 必要时,对结果进行评审,以确定进一步改进的机会。

2.改进的方法

改进的方法包括:① 通过建立和实施质量目标,营造一个激励改进的氛围和环境;② 确立质量目标以明确改进方向;③ 通过数据分析、内部审核不断寻求改进的机会,并做出适当的改进活动安排;④ 通过纠正和预防措施及其他适用的措施实现改进;⑤ 在管理评审中评价改进效果,确定新的改进目标和改进的决定。

3.改进的内容

持续改进的范围包括质量体系、过程和产品三个方面,改进的内容涉及产品质量、日常的工作和企业长远的目标,不仅不合格现象必须纠正,目前合格但不符合发展需要的也要不断改进。

二、质量事故的概念和分类

(一) 质量事故的概念

1.质量不合格

根据我国质量管理体系标准的规定,凡工程产品没有满足某个规定的要求,就称为质量不合格;而没有满足某个预期使用要求或合理的期望(包括安全性方面)要求,就称为质量缺陷。

2.质量问题

凡是工程质量不合格,必须进行返修、加固或报废处理,由此造成直接经济损失低于5 000元的称为质量问题。

3.质量事故

凡是工程质量不合格,必须进行返修、加固或报废处理,由此造成直接经济损失在5 000元(含5 000元)以上的称为质量事故。

(二) 质量事故的分类

由于工程质量事故具有复杂性、严重性、可变性和多发性的特点,所以建筑工程项目质量事故分类有多种方法,但一般可按以下条件进行分类。

1.按事故造成损失严重程度分类

(1) 一般质量事故:经济损失在5 000元(含5 000元)以上,不满5万元;或影响使用功能或工程结构安全,造成永久质量缺陷。

(2) 严重质量事故:直接经济损失在5万元(含5万元)以上,不满10万元;或严重影响使用功能或工程结构安全,存在重大质量隐患;或事故性质恶劣或造成2人以下重伤。

(3) 重大质量事故:工程倒塌或报废,或由于质量事故造成人员死亡或重伤3人以上,或直接经济损失10万元以上。

(4) 特别重大事故:凡具备国务院发布的《特别重大事故调查程序暂行规定》所列发生一次死亡30人及其以上,或直接经济损失达500万元及其以上,或其他性质特别严重的情况之一均属特别重大事故。

2. 按事故责任分类

(1) 指导责任事故:由于工程实施指导或领导失误而造成的质量事故。例如,由于工程负责人片面追求施工进度,放松或不按质量标准进行控制和检验,降低施工质量标准等。

(2) 操作责任事故:在施工过程中,由于实施操作者不按规程和标准实施操作而造成的质量事故。例如,浇筑混凝土时随意加水,或振捣疏漏造成混凝土质量事故等。

3. 按质量事故产生的原因分类

(1) 技术原因引发的质量事故:在工程项目实施中由于设计、施工在技术上的失误而造成的质量事故。例如,结构设计计算错误,地质情况估计错误,采用了不适宜的施工方法或施工工艺等造成的质量事故。

(2) 管理原因引发的质量事故:管理上的不完善或失误引发的质量事故。例如,施工单位或监理单位的质量体系不完善、检验制度不严密、质量控制不严格、质量管理措施落实不力、检测仪器设备管理不善而失准、材料检验不严等原因引起的质量事故。

(3) 经济原因引发的质量事故:由于经济因素及社会上存在的弊端和不正之风引起建设中的错误行为,而导致出现的质量事故。例如,某些施工企业盲目追求利润而不顾工程质量;在投标报价中随意压低标价,中标后则依靠违法的手段或修改方案追加工程款,或偷工减料等,这些因素往往会导致出现重大质量事故,必须予以重视。

三、质量事故的处理程序

1. 事故调查

事故发生后,施工项目负责人应按规定的时间和程序及时向企业报告事故的状况,积极组织事故调查。事故调查应力求及时、客观、全面,以便为事故的分析与处理提供正确的依据。调查结果要整理撰写成事故调查报告,其主要内容包括,工程概况,事故情况,事故发生后所采取的临时防护措施,事故调查中的有关数据、资料,事故原因分析与初步判断,事故处理的建议方案与措施,事故涉及人员与主要责任者的情况等。

2. 事故原因分析

事故原因分析要建立在事故调查的基础上,避免情况不明就主观推断事故的原因。特别是涉及勘察、设计、施工、材料和管理等方面的质量事故,往往事故的原因错综复杂,因此,必须对调查所得到的数据、资料进行仔细的分析,去伪存真,找出造成事故的主要原因。

3. 制定事故处理方案

事故的处理要建立在事故原因分析的基础上,并广泛地听取专家及有关方面的意见,经科学论证,决定事故是否进行处理和怎样处理。在制定事故处理方案时,应做到安全可靠,技术可行,不留隐患,经济合理,具有可操作性,满足建筑功能和使用要求。

4. 事故处理

根据制定的事故处理方案，对质量事故进行认真的处理。处理的内容主要包括：事故的技术处理，以解决施工质量不合格和缺陷问题；事故的责任处罚，根据事故的性质、损失大小、情节轻重对事故的责任单位和责任人做出相应的行政处分甚至追究刑事责任。

5. 事故处理的鉴定验收

质量事故的处理是否达到预期的目的，是否依然存在隐患，应当通过检查鉴定和验收做出确认。事故处理的质量检查鉴定，应严格按施工验收规范和相关质量标准的规定进行，必要时还应通过实际测量、试验和仪器检测等方法获取必要的数据，以便准确地对事故处理的结果做出鉴定。事故处理后，必须尽快提交完整的事故处理报告，其内容包括事故调查的原始资料、测试的数据，事故原因分析、论证，事故处理的依据，事故处理的方案及技术措施，实施质量处理中有关的数据、记录、资料，检查验收记录，事故处理的结论等。

四、质量事故的处理方法

1. 修补处理

当工程某些部分的质量虽未达到规定的规范、标准或设计的要求时，存在一定的缺陷，但经过修补后可以达到要求的质量标准，又不影响使用功能或外观的要求时，可采取修补处理的方法。

例如，当某些混凝土结构表面出现蜂窝、麻面，经调查分析，该部位经修补处理后，不会影响其使用及外观时；对混凝土结构局部出现的损伤，如结构受撞击、局部未振实、冻害、火灾、酸类腐蚀、碱集料反应等，当这些损伤仅仅在结构的表面或局部，不影响其使用和外观时，均可进行修补处理。再例如，对混凝土结构出现的裂缝，经分析研究后如果不影响结构的安全和使用，也可采取修补处理的方法。当裂缝宽度不大于 0.2 mm 时，可采用表面密封法；当裂缝宽度大于 0.3 mm 时，采用嵌缝密闭法；当裂缝较深时，则应采取灌浆修补的方法。

2. 加固处理

加固处理主要是针对危及承载力的质量缺陷的处理。通过对缺陷的加固处理，使建筑结构恢复或提高承载力，重新满足结构安全性、可靠性的要求，使结构能继续使用或改作其他用途。例如，对混凝土结构常用加固的方法主要有增大截面加固法、外包角钢加固法、粘钢加固法、增设支点加固法、增设剪力墙加固法、预应力加固法等。

3. 返工处理

当工程质量缺陷经过修补或加固处理后仍不能满足规定的质量标准要求，或不具备补救可能性时，必须返工处理。

例如，某防洪堤坝填筑压实后，其压实土的干密度未达到规定值，经核算将影响土体的稳定且不满足抗渗能力的要求，须挖除不合格土，重新填筑，进行返工处理；某公路桥梁工程预应力按规定张拉系数为 1.3，而实际仅为 0.8，属严重的质量缺陷，也无法修补，只能返工处理。再例如，某工厂设备基础的混凝土浇筑时掺入木质素磺酸钙减水剂，因施工管理不善，掺量多于规定的 7 倍，导致混凝土坍落度大于 180 mm，石子下沉，混凝土结构不均匀，浇筑后 5 天仍然不凝固硬化，28 天的混凝土实际强度不到规定强度的 32%，不得不返工重浇。

4.限制使用

在工程质量缺陷按修补方法处理后无法保证达到规定的使用要求和安全要求，而又无法返工处理的情况下，不得已时可做出诸如结构卸荷或减荷以及限制使用的决定。

5.不做处理

某些工程质量问题虽然达不到规定的要求或标准，但其情况不严重，对工程或结构的使用及安全影响很小，经过分析、论证、法定检测单位鉴定和设计单位等认可后，可不专门做处理。一般可不专门做处理的情况有以下几种。

(1) 不影响结构安全、生产工艺和使用要求的。例如，有的工业建筑物出现放线定位的偏差，且超过规范标准规定，若要纠正会造成重大经济损失，但经过分析、论证，其偏差不影响生产工艺和正常使用，在外观上也无明显影响，可不做处理。又例如，某些部位的混凝土表面的裂缝，经检查分析，属于表面养护不够而出现的干缩微裂，不影响使用和外观，也可不做处理。

(2) 后道工序可以弥补的质量缺陷。例如，混凝土结构表面的轻微麻面，可通过后续的抹灰、刮涂、喷涂等弥补，也可不做处理。再例如，混凝土现浇楼面的平整度偏差达到10 mm，但由于后续垫层和面层的施工可以弥补，所以也可不做处理。

(3) 法定检测单位鉴定合格的。例如，某检验批混凝土试块强度值不满足规范要求，强度不足，但经法定检测单位对混凝土实体强度进行实际检测后，其实际强度达到规范允许和设计要求值时，可不做处理。对经检测未达到要求值，但相差不多，经分析论证，只要使用前经再次检测达到设计强度的，也可不做处理，但应严格控制施工荷载。

(4) 出现的质量缺陷，经检测鉴定达不到设计要求，但经原设计单位核算，仍能满足结构安全和使用功能的。例如，某一结构构件截面尺寸不足，或材料强度不足，影响结构承载力，但按实际情况进行复核验算后仍能满足设计要求的承载力时，可不专门进行处理。这种做法实际上是挖掘设计潜力或降低设计的安全系数，应谨慎处理。

6.报废处理

出现质量事故的工程，通过分析或实践，采取上述处理方法后仍不能满足规定的质量要求或标准，则必须予以报废处理。

任务 5 建筑工程项目质量的政府监督管理

我国《建设工程质量管理条例》明确规定，国家实行建设工程质量监督管理制度，由政府行政主管部门设立专门机构对建设工程质量行使监督职能。

一、政府对工程项目质量的监督职能

为了加强房屋建筑和市政基础设施工程质量的监督，保护人民生命和财产安全，规范住房和城乡建设行政主管部门及工程质量监督机构(以下简称主管部门)的质量监督行为，根据《中华人民共和国建筑法》《建设工程质量管理条例》等有关法律、行政法规，住房和城乡建设部制定了《房屋建筑和市政基础设施工程质量监督管理规定》(住建部令第5号)，在中华人民共和国境内主管部门实施对新建、扩建、改建房屋建筑和市政基础设施工程质量监督管理的，适用该规定；而抢险救灾工程、临时性房屋建筑工程和农民自建低层住宅工程，不适用该规定。

(一) 监督管理部门职责的划分

国务院建设行政主管部门对全国的建设工程质量实施统一监督管理。国家交通、水利等有关部门按照国务院规定的职责分工，负责全国有关专业建设工程质量的监督管理。

县级以上地方人民政府建设行政主管部门对本行政区域内的建设工程质量实施监督管理。县级以上地方人民政府交通、水利等有关部门在各自的职责范围内，负责对本行政区域内的专业建设工程质量进行监督管理。

国务院发展计划部门按照国务院规定的职责，组织稽查特派员，对国家出资的重大建设项目实施监督检查。

国务院经济贸易主管部门按照国务院规定的职责，对国家重大技术改造项目实施监督检查。

(二) 政府质量监督的性质与职权

1. 政府质量监督的性质

政府质量监督的性质属于行政执法行为，是主管部门根据有关法律法规和工程建设强制性标准，对工程实体质量和工程建设单位、勘察单位、设计单位、施工单位、监理单位(以下简称工程质量责任主体)和质量检测单位等的工程质量行为实施监督。

工程实体质量监督是指主管部门对涉及工程主体结构安全、主要使用功能的工程实体质量情况实施监督。

工程质量行为监督是指主管部门对工程质量责任主体和质量检测等单位履行法定质量责任和义务的情况实施监督。

2. 政府质量监督的职权

政府建设行政主管部门和其他有关部门履行工程质量监督检查职责时，有权采取下列措施：① 要求被检查的单位提供有关工程质量的文件和资料；② 进入被检查单位的施工现场进行检查；③ 发现有影响工程质量的问题时，责令改正。

有关单位和个人对政府建设行政主管部门和其他有关部门进行的监督检查应当支持与配合，不得拒绝或者阻碍建设工程质量监督检查人员依法执行职务。

(三) 政府质量监督的机构

根据《建设工程质量管理条例》，建设工程质量监督管理可以由建设行政主管部门或者其他有关部门委托的建设工程质量监督机构具体实施。

1. 监督机构

从事房屋建筑工程和市政基础设施工程质量监督的机构，必须按照国家有关规定经国务院建设行政主管部门或者省、自治区、直辖市人民政府建设行政主管部门考核；从事专业建设工程质量监督的机构，必须按照国家有关规定经国务院有关部门或者省、自治区、直辖市人民政府有关部门考核。监督机构经考核合格后，方可实施质量监督，并对工程质量监督承担监督责任。

监督机构应当具备的条件有：① 具有符合规定条件的监督人员，人员数量由县级以上地方人民政府建设行政主管部门根据实际需要确定，监督人员应当占监督机构总人数的75%以上；② 有固定的工作场所和满足工程质量监督检查工作所需要的仪器、设备和工具等；③ 有健全的质量监督工作制度，具备与质量监督工作相适应的信息化管理条件。

2. 监督人员

监督人员应当具备的条件有：① 具有工程类专业大学专科以上学历或者工程类执业注册资格；② 具有三年以上工程质量管理或者设计、施工、监理等工作经历；③ 熟练掌握相关法律法规和工程建设强制性标准；④ 具有一定的组织协调能力和良好的职业道德。

监督人员符合上述条件经考核合格后，方可从事工程质量监督工作。

监督机构可以聘请中级职称以上的工程类专业技术人员协助实施工程质量监督。

省、自治区、直辖市人民政府建设行政主管部门每两年对监督人员进行一次岗位考核，每年进行一次法律法规、业务知识培训，并适时组织开展继续教育培训。

国务院住房和城乡建设行政主管部门对监督机构和监督人员的考核情况进行监督抽查。

主管部门工作人员玩忽职守、滥用职权、徇私舞弊，构成犯罪的，依法追究刑事责任；尚不构成犯罪的，依法给予行政处分。

二、政府对工程项目质量监督的内容

（一）质量监督的内容

政府建设行政主管部门和其他有关部门的工程质量监督管理应当包括：① 执行法律法规和工程建设强制性标准的情况；② 抽查涉及工程主体结构安全和主要使用功能的工程实体质量；③ 抽查工程质量责任主体和质量检测单位等的工程质量行为；④ 抽查主要建筑材料、建筑构配件的质量；⑤ 对工程竣工验收进行监督；⑥ 组织或者参与工程质量事故的调查处理；⑦ 定期对本地区工程质量状况进行统计分析；⑧ 依法对违法违规行为实施处罚。

（二）质量监督程序

对工程项目实施质量监督，应当按照下列程序进行。

1. 受理建设单位办理质量监督手续

在工程项目开工前，监督机构接受建设单位有关建设工程质量监督的申报手续，并对建设单位提供的有关文件进行审查，审查合格签发有关质量监督文件。建设单位凭工程质量监督文件，向建设行政主管部门申领施工许可证。

2. 制定质量监督工作计划并组织实施

监督机构根据项目具体情况，制定质量监督工作计划并组织实施。质量监督工作计划包括：① 质量监督依据的法律、法规、规范、标准；② 在项目施工的各个阶段，质量监督的内容、范围和重点；③ 实施质量监督的具体方法和步骤；④ 定期或不定期进入施工现场进行监督检查的时间计划安排；⑤ 质量监督记录用表式；⑥ 监督人员及需用资源安排。

3.对工程实体质量和工程质量行为进行抽查、抽测

(1) 监督机构按计划在施工现场对建筑材料、设备和工程实体进行监督抽样，委托符合法定资质的检测单位进行检测。监督抽样检测的重点是涉及结构安全和重要使用功能的项目。例如，在工程基础和主体结构分部工程质量验收前，要对地基基础和主体结构混凝土强度分别进行监督检测；对在施工过程中发生的质量问题、质量事故进行查处。

(2) 对工程质量责任主体和质量检测等单位的质量行为进行检查。检查内容包括参与工程项目建设各方的质量保证体系的建立和运行情况，企业的工程经营资质证书和相关人员的资格证书，按建设程序规定的开工前必须办理的各项建设行政手续是否齐全完备，施工组织设计、监理规划等文件及其审批手续和实际执行情况，执行相关法律法规和工程建设强制性标准的情况，工程质量检查记录等。

4.监督工程竣工验收

重点对竣工验收的组织形式、程序等是否符合有关规定进行监督；同时对质量监督检查中提出的质量问题的整改情况进行复查，检查其整改情况。

5.形成工程质量监督报告

工程质量监督报告的基本内容包括工程项目概况、项目参建各方的质量行为检查情况、工程项目实体质量抽查情况、历次质量监督检查中提出质量问题的整改情况、工程竣工质量验收情况、项目质量评价(包括建筑节能和环保评价)、对存在的质量缺陷的处理意见等。

6.建立工程质量监督档案

工程质量监督档案按单位工程建立，要求归档及时、资料记录等各类文件齐全，经监督机构负责人签字后归档，按规定年限保存。

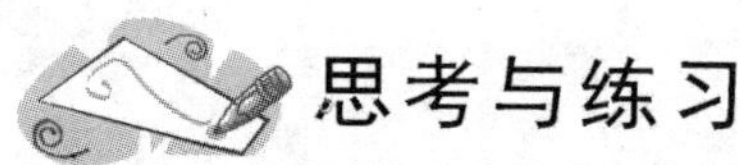

思考与练习

1.影响施工质量的因素有哪些？

2.质量管理的 PDCA 循环的含义是什么？

3.建筑工程项目质量改进的步骤是什么？

4.如何区分质量问题和质量事故？

5.质量事故是如何分类的？

6.质量事故的处理程序是什么？

7.质量事故的处理方法有哪些？

学习情境 9

建筑工程项目现场管理与环境管理

知识目标

通过本学习情境的学习，了解建筑工程项目现场管理的内容，熟悉现场管理的方法和管理措施，了解环境管理和文明施工的内容。

技能目标

通过本学习情境的学习，能够进行施工现场的基本管理，并可以解决施工现场的环境保护和文明施工的规范化问题。

任务1 现场管理

一、现场管理概述

1.现场管理的概念

施工现场是指从事施工活动经批准占用的施工场地,该场地既包括红线以内占用的建筑用地和施工用地,又包括红线以外现场附近经批准占用的临时施工用地,但不包括施工单位自有的场地或生产基地。

现场管理是指按照有关施工现场管理的规定和城市建设管理的有关法规,科学合理地安排使用施工现场,协调各专业管理和各项施工活动,控制污染,创造文明安全的施工环境和人流、物流、资金流、信息流畅通的施工秩序所进行的一系列管理工作。

现场管理就是运用科学的思想、组织、方法和手段,对施工现场的人、设备、材料、工艺、资金等生产要素进行合理配置和优化组合,通过计划、组织、控制、协调、激励等管理职能来保证实现优质、高效、低耗、按期、安全、文明生产的预定目标。现场管理的核心是对场地进行科学安排、合理使用,使其与各种环境保持协调。

2.施工现场管理的重要性

施工现场管理十分重要,它是建筑施工企业生产经营活动的基础。同时,也是企业整体管理工作中最重要的组成部分,是施工单位项目管理水平的集中体现。其重要性主要体现在以下几个方面。

(1) 施工项目管理的好坏直接影响到施工活动能否正常进行。

在施工现场上,大量的物资、劳动力、机械设备都需要通过施工活动逐步转变为建筑产品。施工现场管理得好坏,涉及人流、物流和财流是否畅通,涉及施工生产活动是否顺利进行。

(2) 施工现场管理是一面“镜子”,能照出施工单位的面貌。

施工单位的精神面貌、管理面貌和施工面貌都可以通过施工项目现场的面貌反映出来。一个文明的施工现场能会产生很好的社会效益,会赢得广泛的社会信誉;反之,则会损害企业的声誉。

(3) 施工现场管理是一个“纽带”,把各专业管理联系在一起。

在施工现场,质量管理、安全管理、合同管理、成本控制、技术创新、分包管理等各项专业管理工作合理分工,分头进行,而又密切协作,相互影响,相互制约,很难截然分开。例如,安全工作要求设置防护,现场管理要求对现场进行围护,如果二者结合良好,就可一举两得,否则将造成不必要的浪费。施工现场管理的效果,直接关系到各项专业管理的技术经济效果。

(4) 施工现场管理是处理各方关系的"焦点"。

施工现场管理涉及城市规划、市政管理、环境保护、市容整洁、城市绿化、交通运输、消防安全、文物保护、居民生活、文明建设等范畴。每一个在施工现场从事施工和管理工作的人员，都应当有法制观念，执法、守法、护法。每一个与施工现场管理发生联系的单位都要注重施工现场管理。所以，施工现场管理是一个严肃的社会问题和政治问题，不能有半点疏忽。

综上所述，施工现场管理应当通过对施工场地的科学、合理、有序地安排使用和管理，保证生产的顺利进行，还要减少污染、保护环境，达到业主和有关方面的满意。

3. 现场管理的目标

(1) 以市场为导向，为用户提供最满意的建筑精品，全面完成各项生产任务。

(2) 彻底消除施工生产中的浪费现象，科学、合理地组织作业，真正实现生产经营的高效率和高效益。

(3) 优化人力资源，不断提高全员的思想素质和技术素质；加强定额管理，降低物耗和能耗，减少物料库，占用资金现象。

(4) 优化现场协调作业，发挥其综合管理效益，有效地控制现场的投入，尽可能地用最小的投入换取最大的产出；均衡地组织施工作业，实现标准化作业管理。

(5) 加强基础工作，使施工现场始终处于正常有序的可控状态；文明施工，确保安全生产和文明作业。

二、现场管理的原则、内容和基本要求

(一) 现场管理的原则

1. 标准化、规范化原则

标准化、规范化是对施工现场的最基本管理要求。为了有效、协调地进行施工生产活动，施工现场的诸要素都必须坚决服从一个统一的意志，克服主观随意性。只有这样，才能提高施工现场的工作效率和管理效益，建立起一个科学、规范的现场作业秩序。

2. 科学合理原则

施工现场的各项工作都应当按照既科学又合理的原则办事，做到现场管理科学化，以符合现代化大生产的客观要求。同时，要做到操作方法和作业流程合理、现场资源利用有效、现场定置安全科学。

3. 经济效益原则

现场管理一定要摒弃只抓进度和质量而不计成本和市场的生产观和进度观。项目经理部应力争少投入、多产出，杜绝浪费和不合理开支，从而达到预期的经济效益目标。

(二) 现场管理的内容

1. 合理规划施工用地

施工单位根据施工项目及建筑用地的特点合理规划施工用地，并降低施工成本。首先要保证场内占地合理使用。当场内空间不充分时，应会同建设单位向规划部门和公安交通部门申

请，经批准后才能获得并使用场外临时施工用地。

2.科学设计施工总平面

施工总平面设计是工程施工现场管理的重要内容和依据，目的就是对施工场地进行科学规划，以合理利用空间。在施工总平面图上，临时设施、大型机械、材料堆场、物资仓库、构件堆场、消防设施、道路及进出口、加工场地、水电管线、周转使用场地等都应合理布置，从而呈现出现场文明，以利于安全和环境保护，利于节约成本，方便工程施工。

3.加强现场的动态管理

不同的施工阶段，施工的需要不同，现场的平面布置亦应进行调整。当然，施工内容变化是主要原因，分包单位的变化也会对施工现场提出新的要求。因此，施工现场不应是一个固定不变的空间组合，而要对它进行动态的管理和控制，但是调整也不能太频繁，以免造成浪费。一些重大设施应基本固定，调整的对象应是耗费不大和规模小的设施，或已经实现功能后失去了作用的设施，代之以满足新需要的设施。

4.加强对施工现场使用的检查

现场管理人员应经常检查现场布置是否按平面布置图进行，是否符合各项规定，是否满足施工需要，还有哪些薄弱环节，从而为调整施工现场布置提供有用的信息，也使施工现场保持相对稳定，不被复杂的施工过程打乱或破坏。

5.建立文明的施工现场

文明施工现场的建立是指按照有关法规的要求，使施工现场和临时占地范围内秩序井然，文明安全，环境得到保持，绿地树木不被破坏，交通畅达，文物得以保存，防火设施完备，居民不受干扰，场容和环境卫生均符合要求。建立文明的施工现场有利于提高工程质量和工作质量，提高企业信誉。为此，应当做到主管挂帅，系统把关，普遍检查，建章建制，责任到人，落实整改，严明奖惩。

6.及时清场转移

施工结束后，项目管理班子应及时组织清场，将临时设施拆除、剩余物资退场，组织向新工程转移，以便整治规划场地，恢复临时占用的土地，不留后患。

（三）现场管理的基本要求

1.场容管理要求

场容是指施工现场特别是主现场的现场面貌，包括入口、围护、场内道路、堆场的整齐清洁，以及办公室内环境及现场人员的行为。

（1）施工现场的场容应建立在合理地规划施工用地，分阶段、科学地进行施工总平面图设计和物料器具定位管理标准化的基础上。

（2）施工现场的场容应严格按照已审批的施工总平面图或相关的单位工程施工平面图划定的位置，布置施工项目的主要机械设备、脚手架、施工临时道路、供水管道线路、供电管道线路、供气管道或线路、施工材料制品堆场及仓库、土方及建筑垃圾、变配电间、消火栓、警卫室、现场办公、生产、生活临时设施等。

（3）施工物料器具不仅要按施工总平面图指定位置就位布置，还要根据不同特点和性质，规范布置方式与要求，执行码放整齐、限宽限高、上架入箱、规格分类、挂牌标识等管理标准。

(4) 施工现场周边应设置临时围护设施。市区工地的周边围护设施高度不应低于1.8 m，临街脚手架、高压电缆、起重把杆回转半径伸至街道的，均应设置安全隔离棚。危险品库附近应设有明显标志及围挡措施。

(5) 施工现场应设置畅通的排水沟渠系统，场地不积水，不积污泥，保持道路干燥坚实。

(6) 施工结束后应将地面上施工遗留的物资清理干净。现场不做清理的地下管道，除业主要求外，应一律切断供应源头。凡业主要求保留的地下管道，应绘成平面图交付业主，并做交接记录。

2. 环境保护要求

有关环境保护要求见本书相关内容，此处不赘述。

3. 现场消防与保安要求

消防与保安是现场管理最具风险性的工作，工程项目管理有关单位必须签订消防保卫责任协议，明确各方职责，统一领导，有措施，有落实，有检查。有特殊要求的，应制定应急计划。

施工现场布置与工程施工过程中的消防工作，必须符合《中华人民共和国消防法》的规定。要建立消防管理制度，设置符合要求的消防设施，并保持良好的备用状态。要注意进行及时的消防教育，特别是对不同工作地点的人员进行火灾发生后逃生路线的教育。施工现场除施工必需的照明外，必须设有保证施工安全要求的夜间照明。高层建筑应设置楼梯照明和应急照明。

施工现场必须安排消防车出入口和消防道路、紧急疏散通道等，并应设置明显的标志或指示牌。施工现场消防管理还应注意现场的主导风向。施工现场保卫工作，担负着现场防火、保安和现场物资保护等重任，现场人流、物流复杂，所以现场要设置固定的出入口，采用现场施工人员标识，不容许非施工人员进入现场。

4. 现场卫生防疫要求

卫生防疫是涉及现场人员身体健康和生命安全的大事，在施工现场防止传染病和食物中毒事故发生的义务和责任，应在承发包合同中明确。现场应备有医务设施，在醒目位置张贴有关医院和急救中心的电话号码，根据需要制定必要的防暑降温措施，进行消毒、防毒和疾病预防工作。食堂卫生必须符合《中华人民共和国食品卫生法》和其他有关卫生管理规定的要求。现场应设置饮水设施。

5. 施工现场综合考评要求

为加强建设工程施工现场管理，提高施工现场的管理水平，实现文明施工，确保工程质量和施工安全，应对施工现场进行综合考评，并应覆盖到工程施工的全过程。所谓建筑工程项目施工现场综合考评，是指对工程建设参与各方(业主、监理单位、设计单位、施工单位、材料供应单位及设备供应单位等)在施工现场中各种行为的评价。

项目经理部应主动接受当地建设行政主管部门对工程施工现场管理的检查与考核。对于综合考评达不到合格的施工现场，主管考评工作的建设行政主管部门可根据责任情况，向建筑企业或业主、监理单位，以及项目经理部等相关单位做出警告、降级、取消资格、停工整顿等相应的处罚。

三、现场管理的方法与措施

（一）现场管理的方法

1.标准化管理方法

首先制定有关标准和制度，严格按照标准和制度进行现场管理，使管理程序、管理方法、管理效果、管理场容、管理考核标准化。

2.核算化管理方法

核算化管理方法就是指对现场管理进行业务核算、统计核算和会计核算的方法。

3.检查和考核方法

在施工过程中，应不断检查现场管理的实际情况，并与设定的标准对比，找出差距，进行考核。

（二）现场管理的措施

1.建立项目经济责任制，不断完善项目内部的岗位责任

施工现场坚持以人为中心的科学管理，千方百计地调动、激发全员的积极性、主动性和责任感，充分发挥其加强现场管理的主体作用，重视现场员工的思想素质和技术素质的提高。

树立全员经济意识，建立起一套责、权、利相结合的项目成本管理制度，对于加强成本、降低造价具有非常重要的作用。

1）项目经理的岗位职责

项目经理应对施工现场的生活区和施工区统一规划、合理布局，以便利于生活和施工生产，便于管理；科学合理地安排施工工序；重视各工种、各专业间的横向协调，调动员工的生产积极性，以创造更大的经济效益。

2）施工人员的岗位职责

施工人员要搞好生产进度，严格按图及规范施工，严把质量关，尽量减少因质量问题而造成的返工或返修所带来的经济损失，同时对施工过程耗用的工料费用和其他费用认真把关，对增减或更改项目要做好现场签证。

3）材料员的岗位职责

材料员要做好材料的验收、保管、使用、回收工作，并与预算人员及施工人员加强联系，及时调整材料的采购需求计划，减少因计划不妥造成的损失。同时，材料员应把好质量数量验收关，不使不合格或不符合质量要求的材料进入现场，而且应做好限额领料，杜绝各个环节的材料浪费。

4）预算人员的岗位职责

预算人员应深入现场，掌握实际施工情况，包括施工进度及工程款拨付情况、材料的购置情况等，还应配合项目经理落实现场签证，并根据施工进度及有关定额计算好下一阶段的材料、人工、机械设备需用量，为材料的购置、人工和机械设备的安排提供依据。此外，预算人员应认真研究施工合同，熟悉相关定额，按照合同规定的结算方式和有关计价依据进行计算，为竣工结算

做好准备。

2. 编制合理的施工组织设计文件并组织实施

施工组织设计文件是用以指导施工全过程的技术经济文件，是工程施工现场管理的重要内容和依据，施工组织设计文件的编制对工程造价的影响至关重要，采用的施工方案不同，所需的费用也不同，甚至相差很大。因此，在施工前应组织各方面相关人员，共同研究编制施工组织设计文件，在施工过程中针对工程实际情况编制相应的施工方案，优化方案，并在施工过程中严格按所选择的施工设计或施工方案组织实施。

3. 健全和贯彻各项现场管理制度，严明奖惩

施工现场管理制度，包括上级颁布的和施工单位自身制订的规范、办法，是现场管理实践经验的总结，有着较强的科学性、规范性和可操作性。全面落实现场管理的各项制度，是项目经理抓好现场管理的基本方法。

首先要对进场人员进行规章制度的培训，提高管理人员和全体职工的法规意识，熟悉和掌握现场管理的要求和方法。其次，要结合项目实际完善现场管理细则，让员工在工作中严格按管理细则办事。最后，要有明确的奖惩制度。只有赏罚严明，才能鼓励先进、鞭策后进，使各项制度真正落到实处。因此，必须制定可行的奖惩制度和措施，并认真落实，从而提高员工按规章办事的自觉性，保证施工现场管理的有序化。

4. 考虑周围环境对工程的影响

建筑工程项目与周边环境是密切相关的，施工单位在进入工地施工时，必须充分考虑到周边环境对工程的影响，充分利用当地的资源，特别是原材料采购方面，根据不同的场地情况做好施工前的准备工作。在施工阶段还必须考虑到冬季、雨季对施工的影响，根据工期合理安排进度，编制相应的施工方案，设置好场地内的排水设施及准备所需的设备，预防引起场地坍塌等严重事件的发生，避免造成不必要的损失。

5. 做好现场的签证工作

在工程项目的实施过程中，由于施工过程的复杂和设计深度、质量等方面原因，经常会出现工程量、地质、进度的变化，工程承发包双方在执行合同中需要修改变动的部分，须经双方同意，并采用书面形式予以记录。合同、预算中未包括的工程项目和费用，必须及时办理现场签证，以免事后补签而造成结算困难。

任务 2 环境管理

一、环境管理概述

环境是组织运行活动的外部存在，包括空气、水、土地、自然资源、植物、动物、人以及它们之间的相互关系。

施工项目环境管理就是在项目运行过程中,对受到影响的环境实施的组织、计划、控制和协调等一系列的保护措施。环境管理体系是整个管理体系的一个组成部分,包括制定、实施、实现、评审和保持环境方针所需的组织的结构、计划活动、职责、惯例、程序、过程和资源。

建筑工程项目环境管理的目的是保护生态环境,使社会的经济发展与人类的生存环境相协调,控制和减少施工现场的各种粉尘、废水、废气、固体废弃物,以及噪声和振动对环境的污染和危害,节约能源,避免浪费资源。保护和改善项目环境是保证人们自身健康的需要,是保证项目顺利进行的需要,是项目参与者应尽的责任。

建筑工程项目环境管理程序为环境因素的识别→环境因素的评价→环境影响控制。

1.环境因素的识别

施工现场的环境因素是指在施工现场及管理活动中与环境发生相互作用的要素。施工现场的环境因素是产生环境影响的原因,而重要环境因素的有害影响是导致环境污染的根源,所以对有害的环境因素的管理是环境管理的核心问题。

环境因素的识别是指识别与各类施工现场作业和管理业务活动有关的所有环境因素,并考虑其产生的影响。

1)环境因素的分类

(1)按环境因素的污染物分类。

① 噪声,包括施工机械、运输设备、电动工具、模板与脚手架等周转材料和设备的装卸、安装、拆除、清理和修复等造成的噪声。

② 粉尘,包括平整场地、土堆、砂堆、石灰、现场路面、水泥搬运、混凝土搅拌、车辆进出等引起的粉尘。

③ 废水,包括施工过程搅拌站和洗车处等产生的生产废水及生活区的食堂和厕所等产生的生活废水。

④ 废气,包括油漆、油库、化学材料的泄漏或挥发等引起的有害有毒气体。

⑤ 固体废弃物,包括建筑残渣、建筑垃圾、生活垃圾、废包装物等。

⑥ 振动,包括打桩、爆破等施工对周围建筑物、构筑物、道路桥梁等市政公用设施的影响。

⑦ 光,包括施工现场夜间照明灯光产生的污染。

(2)按环境因素影响的对象分类。

① 向大气排放,包括粉尘、有毒、有害气体排放。

② 向水体排放,包括生产、生活废水排放。

③ 废弃物,包括建筑残渣、建筑垃圾、生活垃圾、废包装物等。

④ 土地污染,包括油品、化学品的泄漏。

⑤ 原材料和土地资源的使用。

⑥ 当地环境和社区性问题,包括噪声、振动、光污染等。

2)环境因素识别的方法

环境因素识别的方法有产品生命周期分析、物料测算、问卷调查、现场调查、专家咨询、水平对比、纵向对比、查阅文件和记录、测量等。

环境因素识别应注意的事项有:① 从环境因素的范围、内容和状态三个方面充分了解环境因素的分布;② 弄清环境因素影响的方式或途径;③ 要特别关注重大环境因素,防止遗漏;④ 对

环境因素保持高度警觉，持续进行动态识别；⑤ 充分发挥全体员工对环境因素的识别作用，广泛争取每位员工的意见和建议。

2. 环境因素的评价

环境因素的评价是在假定的计划或现有的控制措施适当的情况下，对与各项环境因素有关的有害环境影响做出主观的评价。评价的目的是对建筑工程项目施工全过程的全部有害影响进行评价分级，根据评价分级结果有针对性地进行环境影响控制，从而取得良好的安全业绩，达到持续改进的目的。

通常情况下，环境影响采用定量或定性相结合的评价方法。环境影响的评价方法主要是专家评估法，必要时采取打分法。

（1）专家评估法主要通过组织具有专业技术和相关经验的专家对环境因素的影响进行分析和评价。

（2）打分法对不同的环境因素从法规符合性、发生频率、影响规模和范围、影响程度、社区关注度等五个方面按规定进行打分。

环境因素影响的评价结果应形成评价记录，对于重大的环境因素还应另外建立清单，并按优先考虑的顺序排列。

3. 环境影响控制

环境影响控制过程为编制环境影响控制措施计划→评审环境影响控制措施计划→实施环境影响控制措施计划→检查。

1）编制环境影响控制措施计划

根据环境影响因素的评价分级，针对重大环境因素，制定相应的技术和管理控制措施、改善计划及相应的资金计划。环境影响控制措施计划的编制通常包括：① 制定目标、指标和专项技术及管理方案；② 制定管理程序、规章制度与安全操作规程；③ 组织有针对性的培训和教育；④ 改进现有控制措施；⑤ 制定应急预案；⑥ 加强现场监督检查和监测。

对于未列为重大环境因素的环境影响，一般可采取现有的运行控制措施加强管理。

2）评审环境影响控制措施计划

针对环境影响控制措施计划，重新评价环境影响，检查其是否有效，是否符合法律法规、标准和其他要求。环境影响控制措施计划的评审内容有：① 环境影响控制措施计划是否有效，是否符合法律法规、标准和其他要求；② 是否会产生新的环境因素；③ 选定的解决方案是否投资效果最佳，资金是否能够保证；④ 环境影响控制措施计划在实际工作中的可操作性如何。

3）实施环境影响控制措施计划

将评审合格的环境影响控制措施计划落实到建筑工程项目施工过程中。

4）检查

在建筑工程项目实施过程中，对于环境影响控制措施计划的检查包括：① 对各项环境影响控制措施的执行情况进行检查，并评价其执行结果；② 当工程的内外条件发生变化时，确定是否需要制定不同的环境影响处理方案；③ 检查是否有被遗漏或新产生的环境影响因素，如发现新的环境影响因素，应对其进行评价并和采取控制措施。

二、环境保护与文明施工

（一）环境保护

施工现场环境保护是指按照法律法规、各级主管部门和企业的要求，保护和改善作业现场的环境，控制现场的各种粉尘、废水、废气、固体废弃物、噪声、振动等对环境的污染和危害。环境保护也是文明施工的重要内容之一。

1.现场环境保护的意义

(1) 保护和改善施工环境是保证人们身体健康和社会文明的需要。

在施工现场采取专项措施防止粉尘、噪声和水源污染，保护好作业现场及其周围的环境，是保证职工和相关人员身体健康、体现社会总体文明的一项利国利民的重要工作。

(2) 保护和改善施工现场环境是消除对外部干扰、保证施工顺利进行的需要。

随着人们的法治观念和自我保护意识的增强，尤其在城市中，施工扰民问题反映突出，应及时采取防治措施，减少对环境的污染和对市民的干扰，这也是施工生产顺利进行的基本条件。

(3) 保护和改善施工环境是现代化大生产的客观要求。

现代化施工广泛应用新设备、新技术、新的生产工艺，对环境质量要求很高，粉尘、振动超标就可能损坏设备，影响设备的功能发挥。

(4) 保护和改善施工环境是节约能源、保护人类生存环境、保证社会和企业可持续发展的需要。

人类社会即将面临环境污染和能源危机的挑战。为了保护子孙后代赖以生存的环境条件，每个公民和企业都有责任和义务来保护环境。良好的环境和生存条件，也是企业发展的基础和动力。

2.施工现场的噪声及其控制

1) 噪声的分类

施工现场建筑噪声源较多而繁乱，按来源可分为以下四种。

(1) 机械性噪声，即由机械的撞击、摩擦、敲打、转动等而产生的噪声。例如，混凝土搅拌机、混凝土振捣器、金属加工车床、钢模板等产生的噪声。

(2) 空气动力性噪声。例如，通风机、鼓风机、空气压缩机、电锤打夯机等产生的噪声。

(3) 电磁性噪声。例如，发电机、变压器等产出的噪声。

(4) 爆炸性噪声。例如，放炮作业过程中产出的噪声。

2) 噪声的危害

噪声是一类影响与危害非常广泛的环境污染问题。噪声环境干扰人的睡眠与工作，影响人的心理状态与情绪，造成人的听力损失，甚至引起许多疾病。长期工作在 90 dB 以上的噪声环境中，人耳不断受到噪声刺激，听觉疲劳现象无法消除，并且会越来越重，最终发展为不可治愈的噪声聋。如果人耳突然暴露在高达 140 dB 以上的噪声中，强烈刺激就可能造成耳聋。

3）施工现场噪声的控制措施

噪声控制措施可从声源、传播途径、接收者防护等方面来考虑，具体如下。

（1）声源控制。从声源上降低噪声，这是防止噪声污染的最根本的措施，包括尽量采用低噪声设备和加工工艺代替高噪声设备和加工工艺；在声源处安装消声器消声，即在通风机、鼓风机、电动空压机、电锯等装置进出风管的适当位置设置消声器。

（2）传播途径的控制。在传播途径上控制噪声的方法主要有以下几种。

① 吸声：利用吸声材料（大多由多孔材料制成）或由吸声结构形成的共振结构（金属或木质薄板钻制成的空腔体）吸收声能，降低噪声。

② 隔声：应用隔声结构，阻碍噪声向空间传播，将接收者与噪声声源分隔。隔声结构包括隔声室、隔声罩、隔声屏障、隔声墙等。

③ 利用消声器阻止传播，允许气流通过的消声降噪设备是防治空气动力性噪声，如空气压缩机、内燃机产生的噪声等的主要装置。

④ 减振降噪：对来自振动引起的噪声，通过降低机械振动降低，如将阻尼材料涂在振动源上，或改变振动源与其他刚性结构的连接方式等。

（3）接收者的防护，让处于噪声环境下的人员使用耳塞、耳罩等防护用品，减少相关人员在噪声环境中的暴露时间，以减轻噪声对人体的危害。

（4）施工现场噪声的限值。

施工现场应遵照《建筑施工场界环境噪声排放标准》（GB 12523—2011）制定降噪制度及措施。凡在人口稠密区进行强噪声作业时，在工程施工中，要特别注意不得超过国家标准中规定的限值，尤其是夜间禁止打桩作业，一般晚 10 点到次日早 6 点之间停止强噪声作业。确系特殊情况必须昼夜施工时，尽量采取降低噪声措施，并会同建设单位找当地居委会、村委会或当地居民协调，出安民告示，求得群众谅解。建筑施工场界噪声限值如表 9-1 所示。

表 9-1　建筑施工场界噪声限值

单位：dB(A)

施工阶段	主要噪声源	噪声限值（昼间）	噪声限值（夜间）
土石方	推土机、挖掘机等	75	55
打桩	各种打桩机等	85	禁止施工
结构	振捣棒、电锯等	70	55
装修	吊车、升降机等	65	55

3. 施工现场大气污染的防治措施

施工现场的大气污染物主要有锅炉、熔化炉、厨房烧煤产生的烟尘，以及建材破碎、筛分、碾磨、加料、装卸运输过程产生的粉尘等。主要应用除尘技术和治理技术防治大气污染。施工现场大气污染的防治措施有以下几项。

（1）施工现场的建筑垃圾、渣土应在指定地点堆放，并及时清理出现场。

（2）高层或多层建筑物清理施工垃圾时，要使用封闭式串筒或其他措施处理高空废弃物，严禁凌空随意抛撒。

（3）对于细颗粒散体材料（如水泥、粉煤灰、白灰等），应尽量库内存放，如露天存放，应采取遮盖措施,运输、装卸时应采取有效措施防止和减少扬尘。

(4) 除设有符合规定的装置外,禁止在施工现场焚烧油毡、橡胶、塑料、皮革、树叶、枯草、各种包装物等废弃物品,以及其他会产生有毒、有害烟尘和恶臭气体的物质。

(5) 大城市市区的建筑工程项目已不容许现场搅拌混凝土。在容许设置现场搅拌站的工地,应将搅拌站封闭严密,并在进料仓上方安装除尘装置,采用可靠措施控制工地粉尘污染。

(6) 现场应制定洒水降尘制度,配备洒水设备,设专人负责,及时清理浮土,防止道路扬尘;拆除旧建筑物时,应适当洒水,防止扬尘污染。

(7) 车辆开出工地要做到不带泥砂,基本做到不洒土、不扬尘,减少对周围环境污染。

4.施工现场废水防治措施

施工现场废水和固体废弃物,包括泥浆、水泥、油漆、各种油类、混凝土添加剂、有机溶剂、重金属、酸碱盐等,随水流流入水体部分。如果不经处理直接排放,将会对环境造成很大危害。

施工现场废水防治措施有:① 控制污水的排放,包括控制搅拌机废水、现制水磨石作业污水、食堂污水的排放;② 禁止将有毒有害废弃物用于土方回填,以免污染地下水和环境;③ 改进施工工艺,减少污水的产生;④ 综合利用废水。

5.施工现场固体废物处理

1) 施工现场常见的固体废弃物及其危害

固体废弃物是生产、建设、日常生活和其他活动中产生的固态、半固态废弃物质。固体废弃物是一个极其复杂的废物体系。按照其化学组成可,固体废弃物分为有机废弃物和无机废弃物;按照其对环境和人类健康的危害程度,固体废弃物可以分为一般废弃物和危险废弃物。

施工工地上常见的固体废弃物包括:① 建筑渣土,包括砖瓦、碎石、渣土、混凝土碎块、废钢铁、碎玻璃、废弃装饰材料等;② 废弃的散装建筑材料,如废水泥、废石灰等;③ 生活垃圾,包括丢弃的食品、废纸、生活用具、玻璃、陶瓷碎片、废电池、废塑料制品等;④ 设备、材料等的包装材料;⑤ 粪便。

固体废弃物的危害主要表现为侵占土地、污染土壤、污染水体、污染大气、影响环境卫生及危害员工和工地附近居民的健康。

2) 固体废弃物的处理和处置

固体废弃物处理的基本思想是采取资源化、减量化和无害化的处理方法,对固体废弃物进行综合利用,建立固体废弃物回收体系。固体废弃物的主要处理和处置方法有:① 回收利用,是对固体废弃物进行资源化、减量化和无害化的重要手段之一;② 物理处理,包括压实浓缩、破碎、分选、脱水干燥等;③ 化学处理,包括氧化还原、中和、化学浸出等;④ 生物处理,包括好氧处理、厌氧处理等;⑤ 热处理,包括焚烧、热解、焙烧、烧结等;⑥ 固化处理,包括水泥固化法和沥青固化法等;⑦ 处置,包括土地填埋、焚烧、贮留池贮存等。

(二) 文明施工

1.文明施工的概念

文明施工是指保持施工现场良好的工作环境、卫生环境和工作秩序,主要包括:① 规范施工现场的场容,保持作业环境的整洁卫生;② 科学组织施工,使生产有序进行;③ 减少施工对周围居民和环境的影响;④ 遵守施工现场文明施工的规定和要求,保证职工的安全和身体的健康。

2.文明施工的意义

1）文明施工能促进企业综合管理水平的提高

保持良好的作业环境和秩序，对促进安全生产、加快施工进度、保证工程质量、降低工程成本、提高经济和社会效益有较大作用。文明施工涉及人、财、物各个方面，贯穿施工全过程，体现了企业在工程项目施工现场的综合管理水平。

2）文明施工是适应现代化施工的客观要求

现代化施工更需要采用先进的技术、工艺、材料、设备和科学的施工方案，需要严密组织、严格要求、标准化管理和较好的职工素质等。文明施工能适应现代化施工的要求，是实现优质、高效、低耗、安全、清洁、卫生的有效手段。

3）文明施工代表企业良好的形象

良好的施工环境与施工秩序，可以得到社会的支持和信赖，提高企业的知名度和市场竞争力。

4）文明施工有利于员工的身心健康，有利于培养和提高施工队伍的整体素质

文明施工可以提高施工队伍的文化、技术和思想素质，培养施工队伍尊重科学、遵守纪律、团结协作的大生产意识，促进企业精神文明建设，促进施工队伍整体素质的提高。

3.文明施工的实施方法

1）建立文明施工的管理组织和管理制度

(1) 施工现场应成立以项目经理为第一责任人的文明施工管理组织。分包单位应服从总承包单位的文明施工管理组织的统一管理，并接受监督检查。

(2) 各项施工现场管理制度应有文明施工的规定，包括个人岗位责任制、经济责任制、安全检查制度、持证上岗制度、奖惩制度、竞赛制度和各项专业管理制度等。

(3) 加强和落实现场文明施工的检查、考核及奖惩管理，以促进文明施工管理工作提高。检查范围和内容应全面周到。对检查中发现的问题应采取整改措施。

2）搜集和保存文明施工的文件和资料

应搜集和保存的文明施工的文件和资料：① 上级关于文明施工的标准、规定、法律法规等资料；② 施工组织设计(方案)中对文明施工的管理文件，各阶段施工现场文明施工的措施资料；③ 文明施工自检资料；④ 文明施工教育、培训、考核计划的资料；⑤ 文明施工活动各项记录资料。

3）加强文明施工的宣传和教育

(1) 在坚持岗位练兵的基础上，要采取派出去、请进来、短期培训、上技术课、登黑板报、广播、看录像、看电视等方法狠抓教育工作。

(2) 要特别注意对临时工的岗前教育。

(3) 专业管理人员应熟悉掌握文明施工的规定。

4）现场文明施工的基本要求

(1) 施工现场必须设置明显的标牌，标明工程项目名称、建设单位、设计单位、施工单位、项目经理和施工现场总代表人的姓名、开工和竣工日期、施工许可证批准文号等。施工单位负责现场标牌的保护工作。

(2) 建立文明施工责任制，划分区域，明确管理负责人，管理人员在施工现场应当佩戴证明其身份的证卡。

(3) 严格按照施工总平面布置图设置各项临时设施。现场堆放的大宗材料、成品、半成品和机具设备不得侵占场内道路及安全防护等设施。

(4) 施工现场的用电线路、用电设施的安装和使用必须符合安装规范和安全操作规程，并按照施工组织设计进行架设，严禁任意拉线接电。施工现场必须设有保证施工安全要求的夜间照明；危险潮湿场所的照明以及手持照明灯具，必须采用符合安全要求的电压。

(5) 施工机械应当按照施工总平面布置图规定的位置和线路设置，不得任意侵占场内道路。施工机械进场的须经过安全检查，经检查合格的方能使用。施工机械操作人员必须按有关规定持证上岗，禁止无证人员操作。

(6) 应保证施工现场道路畅通，排水系统应处于良好的使用状态；保持场容场貌的整洁，随时清理建筑垃圾。在车辆、行人通行的地方施工，应当设置施工标志，并对沟井坎穴进行覆盖。

(7) 对施工现场的各种安全设施和劳动保护器具必须定期检查和维护，及时消除隐患，保证其安全有效。

(8) 施工现场应当设置各类必要的职工生活设施，并符合卫生、通风、照明等要求。职工的膳食、饮水供应等应当符合卫生要求。

(9) 应当做好施工现场安全保卫工作，采取必要的防盗措施，在现场周边设立围护设施。

(10) 应当严格依照《中华人民共和国消防条例》的规定，在施工现场建立和执行防火管理制度，设置符合消防要求的消防设施，并保持完好的备用状态。在容易发生火灾的地区施工，或者储存、使用易燃易爆器材时，应当采取特殊的消防安全措施。

(11) 施工现场发生的工程建设重大事故的处理，按照《工程建设重大事故报告和调查程序规定》执行。

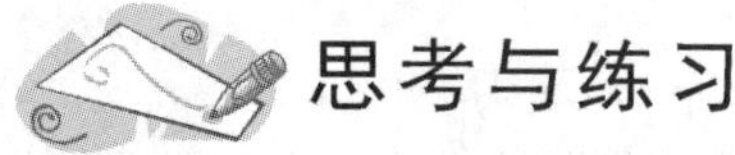

思考与练习

1. 简述项目现场管理的意义。
2. 简述项目现场管理的内容。
3. 环境因素按污染物分为哪几类？施工现场对不同污染物的控制措施有哪些？
4. 简述建筑工程项目环境管理的基本程序。
5. 简述环境保护的意义。
6. 简述文明施工的概念及内容。
7. 如何做到文明施工？

学习情境 10

建筑工程项目信息资料管理

知识目标

通过本学习情境的学习，熟悉建筑工程项目信息管理的内容和含义，掌握项目信息管理系统的功能和计算机在工程项目信息管理系统中的应用方法。

技能目标

通过本学习情境的学习，能够进行项目信息资料的整理，可以应用计算机进行项目管理信息的录入、编辑和存档。

任务 1 建筑工程项目信息资料管理概述

我国从工业发达国家引进项目管理的概念、理论、组织、方法和手段，历时几十年，在工程实践中取得了不少成绩。但是，我国至今多数业主方和施工方的信息管理水平还相当落后，其落后表现在对信息管理内涵的理解不全面，以及信息管理的组织、方法和手段基本上还停留在传统方式和模式上。

因此，我们应认识到，目前我国在建筑工程项目管理中最薄弱的工作环节是信息管理，应用信息技术提高建筑业生产效率，提升建筑业管理和项目管理的水平和能力是21世纪建筑业发展的重要课题。

一、建筑工程项目信息管理的含义和目的

信息指的是用口头的方式、书面的方式或电子的方式传输（传达、传递）的知识、新闻、可靠的或不可靠的情报。声音、文字、数字和图像等都是信息表达的形式。建筑工程项目的实施需要人力资源和物质资源，应认识到信息也是项目实施的重要资源之一。

信息管理指的是信息传输的合理的组织和控制。

项目信息管理是通过对各个系统、各项工作和各种数据的管理，使项目信息能方便和有效地获取、存储、存档、处理和交流。项目信息管理的目的是通过有效的项目信息传输的组织和控制（信息管理），为项目建设的增值服务。

建筑工程项目的信息包括在项目决策过程、实施过程（设计准备、设计、施工和物资采购过程等）和运行过程中产生的信息，以及其他与项目建设有关的信息，包括项目的组织类信息、管理类信息、经济类信息、技术类信息和法规类信息。

据国际有关文献资料介绍，建筑工程项目实施过程中存在诸多问题，其中三分之二的问题与信息交流（信息沟通）的问题有关；建筑工程项目10%～33%的费用增加与信息交流存在的问题有关；在大型建筑工程项目中，信息交流的问题导致工程变更和工程实施的错误占工程总成本的3%～5%，由此可见信息管理的重要性。

二、建筑工程项目信息管理的任务

1.信息管理手册

业主方和项目参与各方都有各自的信息管理任务，为充分利用和发挥信息资源的价值、提高信息管理的效率，以及实现有序和科学的信息管理，各方都应编制各自的信息管理手册，以规范信息管理工作。信息管理手册描述和定义信息管理的任务、执行者（部门）、每项信息管理任务执行的时间和其工作成果等，它的主要内容包括以下几个方面。

(1) 确定信息管理的任务(信息管理任务目录)。

(2) 确定信息管理的任务分工表和管理职能分工表。

(3) 确定信息的分类。

(4) 确定信息的编码体系和编码。

(5) 绘制信息输入-输出模型(反映每一项信息处理过程的信息的提供者、信息的整理加工者、信息整理加工的要求和内容,以及将经整理加工后的信息传递给信息的接收者,并用框图的形式表示)。

(6) 绘制各项信息管理工作的工作流程图,如信息管理手册编制和修订的工作流程,形成各类报表和报告,搜集信息、审核信息、录入信息、加工信息、信息传输和发布的工作流程,以及工程档案管理的工作流程等。

(7) 绘制信息处理的流程图,如施工安全管理信息、施工成本控制信息、施工进度信息、施工质量信息、合同管理信息等的处理流程图。

(8) 确定信息处理的工作平台(如以局域网作为信息处理的工作平台,或以门户网站作为信息处理的工作平台等),明确其使用规定。

(9) 确定各种报表和报告的格式,以及报告周期。

(10) 确定项目进展的月度报告、季度报告、年度报告和工程总报告的内容及其编制原则和方法。

(11) 确定工程档案管理制度。

(12) 确定信息管理的保密制度,以及与信息管理有关的制度。

在国际上,信息管理手册广泛应用于工程管理领域,它是信息管理的核心指导文件。我国施工企业应对此引起重视,并在工程实践中加以应用。

2. 信息管理部门的工作任务

项目管理班子中各个工作部门的管理工作都与信息处理有关,它们都承担一定的信息管理任务,而信息管理部门是专门从事信息管理的工作部门,它的主要工作任务如下。

(1) 负责编制信息管理手册,在项目实施过程中对信息管理手册进行必要的修改和补充,并检查和督促其执行。

(2) 负责协调和组织项目管理班子中各个工作部门的信息处理工作。

(3) 负责信息处理工作平台的建立和运行维护。

(4) 与其他工作部门协同组织搜集信息、处理信息和形成各种反映项目进展和项目目标控制的报表和报告。

(5) 负责工程档案管理等。

在国际上,许多建筑工程项目都专门设立信息管理部门(或称为信息中心),以确保信息管理工作的顺利进行;也有一些大型建筑工程项目专门委托咨询公司从事项目信息动态跟踪和分析,以信息流指导物质流,从宏观和总体上对项目的实施进行控制。

三、建筑工程项目信息的分类和表现形式

1. 建筑工程项目信息的分类

业主方和项目参与各方可根据各自的项目管理的需求确定其信息管理的分类,但为了信息交流的方便和实现部分信息共享,应尽可能做一些统一分类的规定,如项目的分解结构应统一。

可以从不同的角度对建筑工程项目的信息进行分类。

(1) 按项目管理工作的对象即按项目的分解结构进行分类，如子项目1信息、子项目2信息等。

(2) 按项目实施的工作过程进行分类，如设计准备信息、设计信息、招投标信息和施工过程信息等。

(3) 按项目管理工作的任务进行分类，如投资控制信息、进度控制信息、质量控制信息等。

(4) 按信息的内容属性进行分类，如组织类信息、管理类信息、经济类信息、技术类信息等，如图10-1所示。

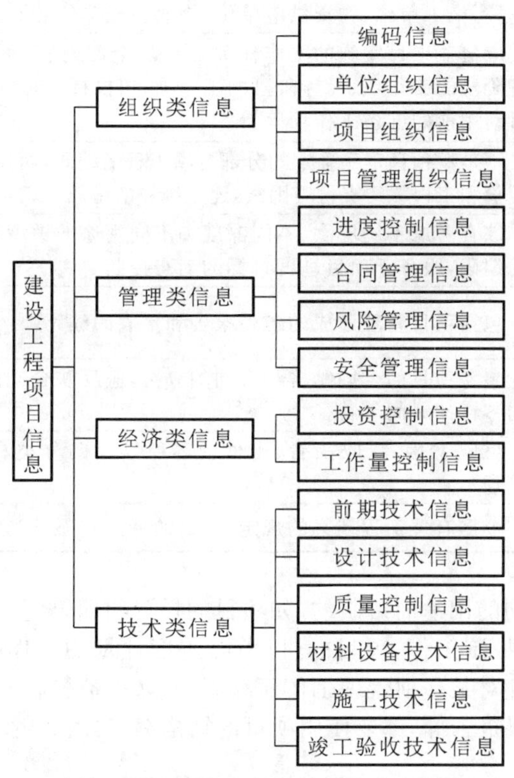

图10-1　建筑工程项目的信息按信息的内容属性进行分类

2. 建筑工程项目信息的表现形式

建筑工程项目信息的表现形式如表10-1所示。

表10-1　建筑工程项目信息的表现形式

表现形式	示　　例
书面形式	设计图纸、说明书、任务书、施工组织设计、合同文本、概预算书、统计等各类报表、工作条例、规章、制度、会议纪要、谈判记录、技术交底记录、工作研讨记录等个别谈话记录，如对监理工程师口头提出、电话提出的工程变更要求，在事后及时追补的工程变更文件记录、电话记录等
技术形式	由电报、录像、录音、磁盘、光盘、图片、照片等记载储存的信息
电子形式	电子邮件、Web网页

四、建筑工程项目信息编码的方法

编码由一系列符号（如文字）和数字组成，编码是信息处理的一项重要的基础工作。一个建筑工程项目有不同类型和不同用途的信息，为了有组织地存储信息，方便信息的检索和信息的加工整理，必须对项目的信息进行编码，其编码方法如表10-2所示。

表10-2 建筑工程项目信息的编码方法

类别	内容
项目的结构编码	根据项目结构图对项目结构的每一层的每一个组成部分进行编码
项目管理组织结构编码	根据项目管理的组织结构图，对每一个工作部门进行编码
项目的政府主管部门和各参与单位编码	包括政府主管部门、业主方的上级单位或部门、金融机构、工程咨询单位、设计单位、施工单位、物资供应单位、物业管理单位等
项目实施的工作项编码	应覆盖项目实施的工作任务目录的全部内容，项目实施的工作项包括设计准备阶段的工作项、设计阶段的工作项、招投标工作项、施工和设备安装工作项、项目动用前的准备工作项等
项目的投资项编码(业主方)/成本项编码(施工方)	不是概预算定额确定的分部分项工程的编码，而是综合考虑概算、预算、标底、合同价和工程款的支付等因素，建立统一的编码，以服务于项目投资目标的动态控制
项目的进度项(进度计划的工作项)编码	综合考虑不同层次、不同深度和不同用途的进度计划工作项的需要，建立统一的编码，服务于项目进度目标的动态控制
项目进展报告和各类报表编码	包括项目管理形成的各种报告和报表的编码
合同编码	参考项目的合同结构和合同的分类，应反映合同的类型、相应的项目结构和合同签订的时间等特征
函件编码	反映发函者、收函者、函件内容所涉及的分类和时间等，以便函件的查询和整理
工程档案编码	根据有关工程档案的规定、项目的特点和项目实施单位的需求而建立

以上这些编码是因不同的用途而编制的，如项目的投资项编码(业主方)/成本项编码(施工方)服务于投资控制工作/成本控制工作；项目的进度项(进度计划的工作项)编码服务于进度控制工作。但是有些编码并不是针对某一项管理工作而编制的，如投资控制/成本控制、进度控制、质量控制、合同管理、编制项目进展报告等，都要使用项目的结构编码，因此就需要进行编码的组合。

任务2 项目管理信息系统的意义和功能

一、项目管理信息系统的含义

项目管理信息系统(project management information system，PMIS)是基于计算机的项目管理的信息系统，主要用于项目的目标控制。管理信息系统(management information system，MIS)是基于计算机的管理的信息系统，但主要用于企业的人、财、物、产、供、销的管理。项目管理信息系统与管理信息系统服务的对象和功能是不同的。

项目管理信息系统的应用，主要是用计算机的手段，进行项目管理有关数据的搜集、记录、存储、过滤和把数据处理的结果提供给项目管理班子的成员。它是项目进展的跟踪和控制系统，也是信息流的跟踪系统。

二、项目管理信息系统的建立

1．建立项目管理信息系统的目的

建立项目管理信息系统的目的是使应用它及时、准确地提供施工管理所需要的信息，完整地保存历史信息以便预测未来，为项目经理提供决策的依据，并发挥电子计算机的管理作用，以实现数据的共享和综合应用。

2．建立项目管理信息系统的必要条件

首先，应建立科学的项目管理组织体系。要有完善的规章制度，采用科学、有效的方法；要有完善的经济核算基础，提供准确而完整的原始数据，使管理工作程序化、报表文件统一化；而完整、经编号的数据资料，可以方便地输入计算机，从而建立有效的信息管理系统，并为有效地利用信息创造条件。

其次，要有创新精神和信心。

最后，要有使用电子计算机的条件，既要配备机器，也要配备软件及人员，以便项目管理信息系统能在电子计算机上运行。

3．项目管理信息系统的设计开发

设计开发项目管理信息系统的工作应包括以下三个方面。

(1) 系统分析。

通过系统分析，可以确定项目管理信息系统的目标，掌握整个系统的内容。首先，要调查建立项目管理信息系统的可行性，即对项目系统的现状进行调查。其次，调查系统的信息量和信息流，确定各部门要保存的文件、输出的数据格式，分析用户的需求，确定纳入系统的数据流程图。最后，确定电子计算机硬件和软件的要求，然后选择最优方案，同时还要预留未来数据量的扩展余地。

(2) 系统设计。

利用系统分析的结果进行系统设计，建立系统流程图，提出程序的详细技术资料，为程序设计做准备工作。系统设计分两个阶段进行：第一阶段，进行概要设计，包括输入和输出文件格式的设计、代码设计、信息分类、子系统模块和文件设计，确定流程图，指出方案的优缺点，判断方案的可行性，并提出方案所需要的物质条件；第二阶段，进行详细设计，将前一阶段的成果具体化，包括输入和输出文件格式的详细设计、流程图的详细设计、程序说明书的编写等。

(3) 系统实施。

系统实施的内容包括进行程序设计与调试、系统调试、项目管理、系统评价等。

程序设计是根据系统设计明确程序设计的要求，如使用何种语言、文件组织方式、数据处理方式等，然后绘制程序框图，最后编写程序并写出操作说明书。

程序调试是对单个程序进行语法和逻辑检验，目的是消除程序中的错误。

系统调试是对系统运行状况进行监测、维护，以保证系统正常运行。

要使系统运转正常，就应按照项目管理的方法，结合项目管理信息系统的特点，让项目管理信息系统为项目管理更好地服务，加强项目控制与项目组建的信息沟通。

三、项目管理信息系统的功能

项目管理信息系统的功能是投资控制（业主方）或成本控制（施工方）、进度控制、合同管理。

有些项目管理信息系统还包括质量控制和一些办公自动化的功能。

1. 投资控制的功能

投资控制的功能包括：① 项目的估算、概算、预算、标底、合同价、投资使用计划和实际投资的数据计算和分析；② 进行项目的估算、概算、预算、标底、合同价、投资使用计划和实际投资的动态比较（如概算和预算的比较、概算和标底的比较、概算和合同价的比较、预算和合同价的比较等），形成各种比较报表；③ 进行计划资金投入和实际资金投入的比较分析；④ 根据工程的进展进行投资预测等。

2. 成本控制的功能

成本控制的功能包括：① 投标估算的数据计算和分析；② 计划施工成本；③ 计算实际成本；④ 计划成本与实际成本的比较分析；⑤ 根据工程的进展进行施工成本预测等。

3. 进度控制的功能

进度控制的功能包括：① 计算工程网络计划的时间参数，确定关键工作和关键路线；② 绘制网络图和计划横道图；③ 编制资源需求量计划；④ 进行进度计划执行情况的比较分析；⑤ 根据工程的进展进行工程进度预测。

4. 合同管理的功能

合同管理的功能包括：① 合同基本数据查询；② 合同执行情况的查询和统计分析；③ 标准合同文本查询和合同辅助起草等。

四、项目管理信息系统的意义

20 世纪 70 年代末期和 80 年代初期，国际上已有项目管理信息系统的商品软件，项目管理信息系统现已被广泛地用于业主方和施工方的项目管理。应用项目管理信息系统的主要意义如下。

(1) 实现项目管理数据的集中存储。

(2) 有利于项目管理数据的检索和查询。

(3) 提高项目管理数据处理的效率。

(4) 确保项目管理数据处理的准确性。

(5) 可方便地形成各种项目管理需要的报表。

任务 3 计算机在建筑工程项目管理中的运用

一、工程管理信息化的内涵

1. 工程管理信息化的含义

信息化指的是信息资源的开发和利用，以及信息技术的开发和应用。信息化是继人类社会农业革命、城镇化和工业化的又一个新的发展时期的重要标志。

工程管理信息化指的是工程管理信息资源的开发和利用，以及信息技术在工程管理中的开发和应用。工程管理信息属于领域信息化的范畴，和企业信息化也有联系。

我国建筑业和基本建设领域应用信息技术与工业发达国家尚存在较大的数字鸿沟，这反映在信息技术在工程管理中应用的观念上，也反映在有关的知识管理上，还反映在有关技术的应用方面。

工程管理的信息资源包括组织类信息、管理类信息、经济类信息、技术类信息和法规类信息等。在建设一个新的工程项目时，应重视开发和充分利用国内和国外同类或类似工程项目的有关信息资源。

信息技术在工程管理中的开发和应用，包括在项目决策阶段开发管理、实施阶段项目管理和使用阶段设施管理中的开发和应用。

2. 工程管理信息化的发展阶段

自20世纪70年代开始，信息技术经历了一个迅速发展的过程，信息技术在建设工程管理中的应用也有一个相应的发展过程。

(1) 20世纪70年代，主要为单项程序的应用，如工程网络计划的时间参数的计算程序、施工图预算程序等。

(2) 20世纪80年代，逐步扩展到区域规划、建筑CAD设计、工程造价计算、钢筋计算、物资台账管理、工程计划网络制定等，以及经营管理方面程序系统的应用，如项目管理信息系统、设施管理信息系统(facility management information system，FMIS)等。

(3) 20世纪90年代，又扩展到工程量计算、大体积混凝土养护、深基坑支护、建筑物垂直度测量、施工现场的CAD等。这时出现了程序系统的集成，它是随着工程管理的集成而发展的。

(4) 20世纪90年代末期至今，基于网络平台的工程管理。

3. 工程管理信息化的意义

工程管理信息化有利于提高建筑工程项目的经济效益和社会效益，以达到为项目建设增值的目的。

工程管理信息资源的开发和信息资源的充分利用，可吸取类似项目的正反两方面的经验和教训，许多有价值的组织类信息、管理类信息、经济类信息、技术类信息和法规类信息将有助于项目决策期多种可能方案的选择，有利于项目实施期的项目目标控制，也有利于项目建成后的运行。

信息技术在工程管理中的开发和应用能实现以下功能。

(1) 信息存储数字化和存储相对集中，如图10-2所示。

(2) 信息处理和变换的程序化。

(3) 信息传输的数字化和电子化。

(4) 信息获取便捷。

(5) 信息透明度提高。

(6) 信息流扁平化。

信息技术在工程管理中的开发和应用的意义在于以下几个方面。

(1) “信息存储数字化和存储相对集中”有利于项目信息的检索和查询，有利于数据和文件版本的统一，并有利于项目的文档管理。

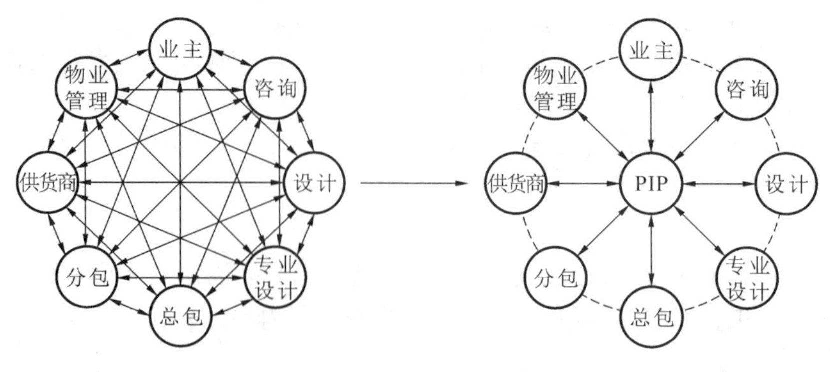

图 10-2　信息存储方式

(2)"信息处理和变换的程序化"有利于提高数据处理的准确性,并可提高数据处理的效率。

(3)"信息传输的数字化和电子化"可提高数据传输的抗干扰能力,使数据传输不受距离限制,并可提高数据传输的保真度和保密性。

(4)"信息获取便捷""信息透明度提高"以及"信息流扁平化"有利于项目参与各方之间的信息交流和协同工作。

二、互联网在建筑工程项目信息处理中的应用

在当今时代,信息处理逐步向电子化和数字化的方向发展,但建筑业和基本建设领域的信息化已明显落后于许多其他行业,建设工程项目信息处理基本上还沿用传统的方法和模式。因此,我们应采取有效措施,使信息处理由传统的方式向基于网络的信息处理平台方向发展,以充分发挥信息资源的价值,以及信息对项目目标控制的作用。

基于网络的信息处理平台由一系列硬件和软件构成,它包括以下几个组成部分。

(1) 数据处理设备,包括计算机、打印机、扫描仪、绘图仪等。

(2) 软件系统,包括操作系统和服务于信息处理的应用软件等。

(3) 数据通信网络,包括形成网络的有关硬件设备和相应的软件。

数据通信网络主要有以下三种类型。

(1) 局域网(LAN):由与各网点连接的网线构成网络,各网点对应于装备有实际网络接口的用户工作站。

(2) 城域网(MAN):在大城市范围内两个或多个网络的互联。

(3) 广域网(WAN):在数据通信中,用来连接分散在广阔地域内的大量终端和计算机的一种多态网络。

互联网是目前最大的全球性的网络,它连接了覆盖 100 多个国家的各种网络,如商业性的网络(.com)、大学网络(.edu)、非营利性组织(.org) 和军事网络(.mil)等,并通过网络连接数以千万台的计算机,以实现连接互联网的计算机之间的数据通信。互联网由若干个学会、委员会和集团负责维护和运行管理。

建筑工程项目的业主方和项目参与各方往往分散在不同的地点,或不同的城市,或不同的

国家，因此其信息处理应考虑充分利用远程数据通信的方式，如：

(1) 通过电子邮件搜集信息和发布信息；

(2) 通过基于互联网的项目专用网站(project specific Web site，PSWS) 实现业主方内部、业主方和项目参与各方以及项目参与各方之间的信息交流、协同工作和文档管理，或通过基于互联网的项目信息门户(project information portal，PIP)的为众多项目服务的公用信息平台实现业主方内部、业主方和项目参与各方，以及项目参与各方之间的信息交流、协同工作和文档管理；

(3) 召开网络会议；

(4) 基于互联网的远程教育与培训等。

三、计算机在建设工程项目管理中的运用

当前，建筑工程项目管理软件种类很多，它们各有不同的功能和操作特点，下面简单介绍几种常用项目管理软件。

(一) Microsoft Office Project

Microsoft Office Project(简称 Project)是 Microsoft 公司开发的项目管理系统，它是应用最普遍的项目管理软件之一，Project 4.0、Project 98 已经在我国获得了广泛的应用。

借助 Project 和其他辅助工具，可以满足一般要求不是很高的项目管理的需求；但如果项目比较复杂，或对项目管理的要求很高，那么该软件可能很难让人满意，这主要是因为该软件在处理复杂项目的管理方面还存在一些不足的地方。例如，资源层次划分上的不足，费用管理方面的功能太弱等。就其市场定位和低廉的价格来说，Project 是一款不错的项目管理软件。

1. 软件的特点

(1) 充足的任务节点处理数量。

可以处理的任务节点的多少是一个项目管理软件能否胜任大型复杂工程项目管理的最基本的条件。该软件可以处理的任务节点数已经超过 100 万个，可以处理的资源数也已经超过 100 万个，实际上节点数只取决于计算机系统的资源情况。

(2) 强大的群体项目处理能力。

一个大型项目要划分成若干个子项目，以及子子项目。为了实现分级管理，通常按工作分解结构进行分解或是从顶上向下分解，先粗后细进行设计；或是从底向上，先制定各子项目计划，再逐级向上集成，最后形成整个大系统。无论采用哪种方式，都要求项目管理软件具有同时处理多个项目的能力。

(3) Project 同时处理群体项目的数量已经达到 1 000 多个。

这样高的技术指标已经能够满足大型复杂工程项目管理的需求。把子项目组成主项目，也是有效地管理大型项目的要素之一。Project 提供了比较完善的解决方案。

(4) 突出的易学易用性，完备的帮助文档。

Project 是迄今为止易用性最好的项目管理软件之一，其操作界面和操作风格与大多数人平时使用的 Microsoft Office 的 Word、Excel 完全一致。对中国用户来说，该软件有很大吸引力的一个重要原因是在所有引进的国外项目管理软件中，只有该软件实现了“从内到外”的“完全”汉

化,包括帮助文档的整体汉化。

(5) 强大的扩展能力,与其他相关产品的融合能力。

作为 Microsoft Office 的一员,Project 也内置了 Visual Basic for Application(VBA)。VBA 是 Microsoft 开发的交互式应用程序宏语言,用户可以利用 VBA 作为工具进行二次开发,既可以实现日常工作的自动化,又可以开发该软件所没有提供的功能。此外,用户可以依靠 Microsoft Office Project 与 Office 家族其他软件的紧密联系,将项目数据输出到 Word 中生成项目报告,输出到 Excel 中生成电子表格文件或图形,输出到 PowerPoint 中生成项目演示文件,还可以将 Microsoft Office Project 的项目文件直接存储为数据库文件,实现与项目管理信息系统的直接对接。

2.软件的功能

(1) 进度计划管理。

Project 为项目的进度计划管理提供了完备的工具,用户可以根据自己的习惯和项目的具体要求采用“自上而下”或“自下而上”的方式安排整个建筑工程项目。

(2) 资源管理。

Project 为项目资源管理提供了适度、灵活的工具,用户可以方便地定义和输入资源,可以采用软件提供的各种手段观察资源的基本情况和使用状况,同时它还提供了解决资源冲突的手段。

(3) 费用管理。

Project 为项目管理工作提供了简单的费用管理工具,可以帮助用户实现简单的费用管理。

(4) 组织信息。

只要用户将系统所需要的参数、条件输入后,Project 就可自动将这些信息进行整理,这样用户可以看到项目的全局。同时,Project 还可以根据用户输入的信息来安排完成任务所需要的时间框架,以及设定什么时候将某种资源分配给某种任务等。

(5) 信息共享。

Project 具有强大的网络发布功能,可以将项目数据导出为 HTML 格式,这样就可以在 Internet 上发布该项目有关的信息。

(6) 方案选择。

Project 可以对不同的方案进行比较,从而为用户找出最优方案。Project 能随时对项目进程进行检验,如发现问题,可以向用户提供解决方案。

(7) 拓展功能。

Project 可以根据用户输入的数据计算其他信息,然后向用户反映这些结果对项目其他部分以及对整个项目的影响。

(8) 跟踪任务。

Project 可以将用户项目执行过程中得到的实际数据输入计算机代替计划数据,并据此计算其他信息,然后向用户显示这些变动对项目其他任务及整个日程的影响,并为后面的项目管理提供有价值的依据。

(二) Primavera Project Planner(P3)

在国内外为数众多的大型项目管理软件中,美国 Primavera 公司开发的 Primavera Project Planner (P3) 的普及程度和占有率是最高的。国内的大型和特大型建筑工程项目几乎都采用了P3。目前国内广泛使用的P3进度计划管理软件主要是指项目级的P3。P3是用于项目进度计划、动态控制、资源管理和费用控制的综合进度计划管理软件，也是目前国内大型项目中应用最多的进度计划管理软件。

1.软件的特点

(1) 拥有较为完善的管理复杂、大型建筑工程项目的手段。

(2) 拥有完善的编码体系，包括WBS(工作分解结构)编码、作业代码编码、作业分类码编码、资源编码和费用科目编码等。这些编码以及这些编码所带来的分析、管理手段给项目管理人员的管理以充分的回旋余地，项目管理人员可以从多个角度对项目进行有效管理。

2.软件的功能

(1) 同时管理多个项目，通过各种视图、表格和其他分析、展示工具，帮助项目管理人员有效控制大型、复杂项目。

(2) 可以通过开放数据库互联(open data base connectivity，ODBC)与其他系统结合进行相关数据的采集、数据存储和风险分析。

(3) P3提供了上百种标准的报告，同时还内置报告生成器，可以生成各种自定义的图形和表格报告，但其在大型工程层次划分上的不足和相对薄弱的工程(特别是对于大型建筑工程项目)汇总功能，将其应用限制在了一个比较小的范围内。

(4) 某些代码长度上的限制妨碍了该软件与项目其他系统的直接对接，后台的Btrieve数据库的性能也明显影响软件的响应速度和与项目信息管理系统集成的便利性，给用户的使用带来了一些不便。这些问题在其后期的P3e中得到了一定程度的解决。

(三) 工程项目管理系统PKPM

1.软件的特点

工程项目管理系统PKPM是由中国建筑科学研究院与中国建筑业协会工程项目管理专业委员会共同开发的一体化施工项目管理软件。它是以工程数据库为核心，以施工管理为目标，针对施工企业的特点而开发的。它包括以下三大软件。

(1) 标书制作及管理软件。它可提供标书全套文档编辑、管理、打印功能，根据投标所需内容，可从模板素材库、施工资料库、常用图库中选取相关内容，任意组合，自动生成规范的标书及标书附件或施工组织设计，还可导入其他模块生成的各种资源图表和施工网络计划图以及施工平面图。

(2) 施工平面图设计及绘制软件。它提供了临时施工的水、电、办公、生活、仓储等计算功能，生成图文并茂的计算书供施工组织设计使用，还包括从已有建筑生成建筑轮廓、建筑物布置、绘制内部运输道路和围墙、绘制临时设施(水电)工程管线、仓库与材料堆场、加工厂与作业棚、起重机与轨道、标注各种图例符号等功能。该软件还可提供自主版权的通用图形平台，并可利用平台完成各种复杂的施工平面图。

(3) 项目管理软件。它是施工项目管理的核心模块，具有很高的集成性，行业上可以和设计系统集成，施工企业内部可以同施工预算、进度、成本等模块数据共享。该软件以《建设工程施工项目管理规范》为依据进行开发，软件自动读取预算数据，生成工序，确定资源，完成项目的进度、成本计划的编制，生成各类资源需求量计划、成本降低计划、施工作业计划以及质量安全责任目标，通过网络计划控制技术、多种优化、流水作业方案、进度报表、前锋线等手段实施进度的动态跟踪与控制，通过质量测评、预控及通病防治实施质量控制。

2.软件的功能

(1) 按照项目管理的主要内容，实现四控制(进度、质量、成本、安全)、三管理(合同、现场、信息)、一提供(为组织协调提供数据依据)。

(2) 提供了多种自动建立施工工序的方法。

(3) 根据工程量、工作面和资源计划安排及实施情况自动计算各工序的工期、资源消耗、成本状况，换算日历时间，找出关键路径。

(4) 可同时生成横道图、单代号网络图、双代号网络图和施工日志。

(5) 具有多级子网功能，可处理各种复杂工程，有利于工程项目的微观和宏观控制。

(6) 自动布图，能处理各种搭接网络关系、中断和强制时限。

(7) 自动生成各类资源需求曲线等图表，具有所见即所得的打印输出功能。

(8) 系统提供了多种优化、流水作业方案及里程碑功能实现进度控制。

(9) 通过前锋线功能动态跟踪与调整实际进度，及时发现偏差并采取调整措施。

(10) 利用三算对比、国际上通行的赢得值原理进行成本的跟踪与动态调整。

(11) 对于大型、复杂及进度、计划等都难以控制的工程项目，可采用国际上流行的“工作包”管理控制模式。

(12) 可对任意复杂的工程项目进行结构分解，在工程项目分解的同时，对工程项目的进度、质量、成本、安全等目标进行分解，并形成结构树，使管理控制清晰、责任目标明确。

(13) 利用严格的材料检验、监测制度，工艺规范库，技术交底、预检、隐蔽工程验收、质量预控专家知识库进行质量保证；统计分析“质量验评”结果，进行质量控制。

(14) 利用安全技术标准和安全知识库进行安全设计和控制。

(15) 可编制月度、旬作业计划，搜集各种现场资料等进行现场管理。

(16) 利用合同范本库签订合同和实施合同管理。

(四) 清华斯维尔项目管理软件

清华斯维尔项目管理软件将网络计划及优化技术应用于建筑工程项目的实际管理中，以国内建筑业普遍采用的横道图以及双代号时标网络图作为项目进度管理与控制的主要工具，通过挂接各类工程定额实现对项目资源、成本的精确分析与计算。它不仅能够从宏观上控制工期、成本，还能从微观上协调人力、设备、材料的具体使用。

1.软件的特点

(1) 遵循规范。

软件设计严格遵循《工程网络计划技术规程》《网络计划技术》等国家标准，提供单起单终、过桥线、时间参数、双代号网络图等重要功能。

(2) 灵活实用。

软件提供所见即所得的矢量图绘制方式及全方位的图形属性自定义功能，可与 Word 等常用软件进行数据交互，极大地增强了软件的灵活性。

(3) 控制方便。

软件可以方便地进行任务分解，建立完善的大纲任务结构与子网络，实现项目计划的分级控制与管理。

（4）制图高效。

软件内图表类型丰富实用，并提供拟人化操作模式，制作网络图快速精美，智能生成施工横道图、单代号网络图、双代号网络图，资源管理曲线等各类图表，能更好地满足实际绘图与管理的需要。

（5）接口标准。

软件提供对 Microsoft Office Project 项目数据的接口，确保快捷、安全地进行数据交换并智能生成双代号网络图；可输出 AutoCAD、. emf 通用格式图形。

（6）输出精美。

软件满足用户对输出模式和规格的要求，保证图表输出美观、规范，并可以导出到 Excel 进行二次调整处理。

2. 软件的功能

（1）项目管理。

软件以树形结构的层次关系组织实际项目，并允许同时打开多个项目文件进行操作。

（2）编辑处理。

软件可随时插入、修改、删除、添加任务，实现或取消任务间的四类逻辑关系，进行升级或降级的子网操作，以及任务查找等。

（3）数据录入。

软件可方便地选择在图形界面或表格界面中，完成各类任务信息的录入工作。

（4）视图切换。

软件可随时选择在横道图、双代号网络图、单代号网络图、资源需求曲线图等视图界面间进行切换，从不同角度观察、分析实际项目。同时，在一个视图内进行数据操作时，其他视图动态适时地改变。

（5）图形处理。

软件能够对网络图、横道图进行放大、缩小、拉长、缩短、鹰眼、全图等显示，以及对网络图的各类属性进行编辑等操作。

（6）数据管理与接口。

软件可实现项目数据的备份与恢复、Microsoft Office Project 项目数据的导入与导出、AutoCAD 图形输出、. emf 图形输出等操作。

（7）图表打印。

软件可方便地打印出施工横道图、单代号网络图、双代号网络图、资源需求曲线图、关键任务表、任务网络计划时间参数计算表等多种图表。

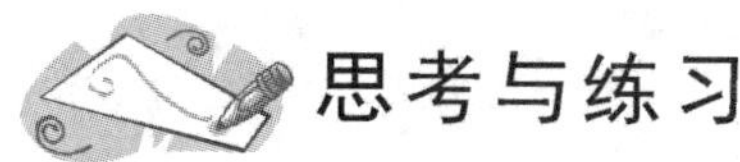

思考与练习

1. 什么是信息管理手册？

2. 简述建筑工程项目信息编码的方法。

3. 简述建筑工程项目管理信息化的含义。

4. 简述信息技术在工程管理中的开发和应用能实现哪些功能。

参考文献

[1] 全国一级建造师执业资格考试用书编写委员会. 建设工程项目管理[M]. 北京:中国建筑工业出版社,2017.

[2] 全国二级建造师执业资格考试用书编写委员会. 建设工程施工管理[M]. 北京:中国建筑工业出版社,2017.

[3] 陈俊,张国强,谢志秦. 建筑工程项目管理[M]. 2版. 北京:北京理工大学出版社,2014.

[4] 胡六星,吴洋. 建筑工程项目管理[M]. 长沙:中南大学出版社,2015.

[5] 刘晓丽,谷莹莹,刘文俊. 建筑工程项目管理[M]. 北京:北京理工大学出版社,2013.

[6] 吴美琼,徐林. 建筑工程项目管理[M]. 北京:中国水利水电出版社,2015.